CORRESPONDANCE

DE

PAUL VERLAINE

PUBLIÉE SUR LES MANUSCRITS ORIGINAUX

AVEC UNE PRÉFACE ET DES NOTES

PAR

AD. VAN BEVER

TOME DEUXIÈME

LETTRES A ÉMILE BLÉMONT (SUITE), LÉON VANIER,
ALBERT SAVINE ET AUX CHÈRES AMIES.

PARIS
ALBERT MESSEIN, ÉDITEUR
19, QUAI SAINT-MICHEL, 19

1923

Deuxième édition

CORRESPONDANCE

DE

PAUL VERLAINE

TOME DEUXIÈME

CORRESPONDANCE
DE
PAUL VERLAINE

PUBLIÉE SUR LES MANUSCRITS ORIGINAUX

AVEC UNE PRÉFACE ET DES NOTES

PAR

AD. VAN BEVER

TOME DEUXIÈME

LETTRES A ÉMILE BLÉMONT, LÉON VANIER, ALBERT SAVINE
ET AUX CHÈRES AMIES

PARIS
ALBERT MESSEIN, ÉDITEUR
19, QUAI SAINT-MICHEL, 19

1923

LETTRES A ÉMILE BLÉMONT

DEUXIÈME SÉRIE

1875-1894

LETTRES A ÉMILE BLÉMONT

DEUXIÈME SÉRIE

1875-1894

CLXIII

Arras, le 6 septembre [18]75 *.

Mon cher ami,

Voilà plus de deux mois que je vous ai envoyé, avec une lettre cordiale, quelques vers pour un *Parnasse*, vous priant de m'accuser réception.

Rien depuis. C'est mal.

Je suis ici en vacances. Je crois devoir repartir bientôt, dans une quinzaine, au plus, — au plus — pour mon village d'Outre-Manche.

Seriez-vous assez aimable pour m'instruire du sort de mes vers *apud* ce Merre (1) ?

Et de vos nouvelles, et de celles des amis, — et mille amitiés de votre

P. VERLAINE.

Chez M. Orbant,

2, impasse d'Elbronne, rue d'Amiens, Arras. Pas-de-Calais.

P.-S. : Je vous prie, discrétion sur *toutes* mes adresses. — Des sangsues !!! Compliments aux amis.

* Papier vergé, encre noire, 2 ff., recto du 1er. La suscription porte : *M. Léon Petitdidier*, 15, *rue de Douai. Paris.*

(1) L'éditeur Alphonse Lemerre.

CLXIV

Stickney, 20 septembre [18]75 *.

Mon cher ami,

Summoned (1) ici pour le 13 c^t, votre lettre m'a été envoyée d'Arras, et je viens vous en remercier de cœur.

Merci des bons efforts en faveur des mauvais vers. Puisqu'avez tant fait que de commencer, battez le « frère pendant qu'il est chauve ». Que diable ! mes vers n'ont jamais fusillé personne, pour que le *Komité des grâces* leur en veuille tant. Et remerci d'avance !

Ici, vie comme ai décrite, dans mon avant-dernière. Sobriété, « sagesse », travail, — et contentement.

Quelques vers par-ci par-là. Vais me mettre à mes trois volumes. Ci-joint un sonnet. Si jugez bon, joignez au petit paquet parnassien.

Soyez assez gentils, vous et Valade, pour m'écrire un peu, maintenant que voici mon adresse : (*Beware of the «leeches !!* (2) » *M. P. Verlaine, at M. W. Andrew's Stickney Grammar-School, near Boston, Lincolnshire, England.*

Ci-joint encore un extrait d'un assez vieux journal : *The Academy.*

* Papier vergé « Ivory », encre noire, 2 ff., recto et verso. Le sonnet figure au recto du second f.

(1) Mandé.

(2) « Se garer des « sangsues !! ! »

A ce propos, j'ai entendu dire beaucoup de bien du volume de M. Bourget, *La Vie inquiète* (1), et suis désireux de le lire. Si possible, communiquez mon désir à M. Bourget (que je ne connais pas), et qu'il soit assez aimable pour vous remettre un exemplaire que m'enverriez.

Et si voyez Mercier, qu'il serait donc gentil de m'envoyer (avec de ses nouvelles, car donnez adresse avec la recommandation ci-dessus) le 1er n^o de la *Revue du Monde Nouveau* (2), celui de la « Pénultième ».

Pour être un ours, on n'en est pas moins homme et vrai, je serai bien heureux de vos lettres, nouvelles, cancans, etc.

Amitiés à tous, particulièrement à l'*indolente* (*sic*) Valade.

Cordiale poignée de main,

P. V.

Et quoi de Lepelletier, vous prie ?

P.-S. : Une autre fois, vous enverrai toutes les corrections à opérer sur ces malheureuses *Romances sans paroles*. En attendant, corrigez ainsi le tout-à-fait dernier vers :

(1) *La Vie inquiète .Au bord de la Mer. Jeanne de Courtisols. Georges Ancelys. La Vie inquiète*, poésies. Paris, A. Lemerre, 1875, in-18.

(2) Revue littéraire, artistique et scientifique, fondée en février 1874, dont le poète Charles Cros était le rédacteur en chef.

> Elle reprit sa route *et portait...*

au lieu de : *en portant* (1).

SONNET (2)

Beauté des femmes, leur faiblesse, et ces mains pâles
Qui font souvent le bien et peuvent tout le mal,
Et ces yeux où plus rien ne reste d'animal
Que ce qu'il faut pour compatir aux fureurs mâles !

Et toujours, maternelle endormeuse des râles,
Même quand elle ment, cette voix ! Matinal
Sourire, ou chant bien doux à vêpre, ou frais signal,
Ou beau sanglot qui va s'abattre au pli des châles !

Hommes durs ! Vie atroce et lâche d'ici-bas !
Ah ! que du moins, loin des baisers et des combats
Quelque chose demeure un peu sur la montagne,

Quelque chose du cœur enfantin et subtil,
Bonté, Respect ! Car qu'est-ce qui nous accompagne,
Et ,vraiment, quand la mort viendra, que reste-t-il !

PAUL VERLAINE.

CLXV

[Stickney], 27 octobre [18]75 *.

Mon cher Blémont,

Peu surpris du résultat annoncé. Peu désolé
aussi. Relativement à ceux que vous dites, c'est de

(1) Ed. de 1874. Pièce intitulée : *Beams* (Cf. *Œuvres compl.*,
I, 191).

(2) Ce poème a paru dans *Sagesse* (Cf. *Œ. C.*, I, 210).

* Papier vergé, encre noire, 4 ff., recto. Les vers ont été
écrits sur un papier différent.

la pire cochonnerie, relativement à moi, c'est de la sottise triple et quadruple. C'est seulement dommage que Lemerre, qui au fond est un bon homme, se laisse mener par des braves gens, qui, d'ailleurs, se moquent de lui et l'exploitent. Mais cela n'est pas mon affaire, et grand bien *leur* fasse !

Croyez-vous, quand le *Parnasse* paraîtra, qu'il me soit possible de m'en faire, *au moins*, servir les livraisons ? (1) Consultez Lemerre : en ceci, du moins, le *Conseil des Quatre* n'est pas intéressé. Vous me renseigneriez.

Ci-joint une pièce de vers. Je travaille assez : deux volumes en train et un (grand) qui s'élabore. A bientôt autres fragments.

Quelles nouvelles du camp d'Agramant ? Y a-t-il quelque volume lisible à l'horizon ? Où en est votre acte avec Valade, — qui écrit peu, en effet ? —

(Dites-lui qu'il n'est qu'un cochon, mais que je lui serre la main tout de même).

Tâchez de reprendre mes vers chez Lemerre, et gardez. Reprenez aussi ma lettre, que vous m'avez écrit avoir laissée chez lui et où mon adresse était. — Dites-lui de ne donner cette dernière à personne,

---

(1) La troisième série du *Parnasse contemporain*, parut, en 1876. Verlaine qui avait brillamment collaboré aux deux précédents volumes, ceux de 1866 et de 1869, n'y figure pas. Voyez d'ailleurs, sur les divers collaborateurs du *Parnasse*, un article du poète : *A propos du livre de C. Mendès sur le Parnasse contemporain*, publié dans les *Œuvres complètes* (IV, p. 253) et, surtout, les excellentes études de Louis-Xavier de Ricard : *Petits Mémoires d'un Parnassien. Le Temps*, 13 nov., 3 et 6 déc. 1898.

de l'un ou de l'autre sexe. Il serait même à propos de répandre un bruit inauguré depuis quelque temps, que je serais en *Irlande*, près *Belfast*, dans une famille qui se dispose à voyager.

D'ailleurs, je compte avoir bientôt, à Boston même, une place plus lucrative. Mais rien n'est encore bien décidé. En attendant écrivez toujours ici.

Et soyez moins rare.

Votre bien dévoué,   P V.

[ÉCRIT EN 1875] (1)

Amour.

J'ai naguère habité le meilleur des châteaux
Dans le plus fin pays d'eau vive et de coteaux :
Quatre tours s'élevaient sur le front d'autant d'ailes,
Et j'ai longtemps, longtemps habité l'une d'elles.
Le mur, étant de brique extérieurement,
Luisait rouge au soleil de ce site dormant,
Mais un lait de chaux, clair comme une aube qui pleure
Tendait légèrement la voûte intérieure.
O diane des yeux qui vont parler au cœur,
O réveil pour les sens éperdus de langueur,
Gloire des fronts d'aïeuls, orgueil jeune des branches,
Innocence et fierté des choses, Couleurs Blanches !
Parmi des escaliers en vrille, tout aciers
Et cuivres, luxes brefs encore émaciés,
Cette blancheur bleuâtre et bien douce, à m'en croire,
Que relevait un peu la longue plinthe noire,

(1) *Amour* (*Œuvres Compl.*, II, p. 8). On sait que cette pièce dut figurer dans *Sagesse*. (Voyez l'édition des « Maîtres du Livre », Paris, Crès, 1911, in-18). On lira un commentaire de ces vers dans *Mes Prisons* (*Œuvres Compl.*, IV, p. 422).

S'emplissait tout le jour de silence et d'air pur
Pour que la nuit y vînt rêver de pâle azur.
Une chambre bien close, une table, une chaise,
Un lit strict où l'on pût dormir juste à son aise,
Du jour suffisamment et de l'espace assez,
Tel fut mon lot durant les longs mois là passés,
Et je n'ai jamais plaint ni les mois ni l'espace,
Ni le reste, et, du point de vue où je me place,
Maintenant que voici le monde de retour,
Ah vraiment, j'ai regret aux deux ans dans la tour !
Car c'était bien la paix réelle et respectable,
Ce lit dur, cette chaise unique et cette table,
La paix où l'on aspire alors qu'on est bien soi,
Cette chambre aux murs blancs, ce rayon sobre et coi,
Qui glissait lentement en teintes apaisées
Au lieu de ce grand jour diffus de vos croisées !
Car, à quoi bon le vain appareil et l'ennui
Du plaisir, à la fin, quand le malheur a lui,
(Et le malheur est bien un trésor qu'on déterre)
Et pourquoi cet effroi de rester solitaire,
Qui pique le troupeau des hommes d'à présent,
Comme si leur commerce était bien suffisant ?
Questions ! Donc j'étais heureux avec ma vie,
Reconnaissant de biens que nul, certes, n'envie.
(O fraîcheur de sentir qu'on n'a pas de jaloux !
O bonté d'être cru plus malheureux que tous !)
Je partageais les jours de cette solitude
Entre ces deux bienfaits, la prière et l'étude,
Que délassait un peu de travail manuel.
Ainsi les Saints ! J'avais aussi ma part de ciel,
Surtout, quand, revenant au jour, si proche encore,
Où j'étais ce mauvais sans plus qui s'édulcore
En la luxure lâche aux farces sans pardon,
Je pouvais supputer tout le prix de ce don :
N'être plus *là*, parmi les choses de la foule,
S'y dépensant, plutôt dupe, pierre qui roule,
Mais, de fait, un complice à tous ces noirs péchés,
N'être plus *là*, compter au rang des cœurs cachés,

Des cœurs discrets que Dieu fait siens dans le silence,
Sentir qu'on grandit sage et bon, et qu'on s'élance
Du plus bas au plus haut, en essors bien réglés,
Humble, prudent, béni, — la croissance des blés !...
— D'ailleurs, nul soin gênant, nulle démarche à faire ;
Deux fois par jour, ou trois, un serviteur sévère
Apportait mes repas et repartait muet ;
Nul bruit. Rien dans la tour jamais ne remuait
Qu'une horloge au cœur clair qui battait à coups larges.
— C'était la liberté (la seule !) sans ses charges,
— C'était la dignité dans la sécurité ! —
O lieu presque aussitôt regretté que quitté,
Château, château magique où mon âme s'est faite,
Frais séjour où se vint apaiser la tempête
De ma raison allant à vau-l'eau dans mon sang,
Château, château qui luis tout rouge et dors tout blanc,
Comme un bon fruit de qui le goût est sur mes lèvres
Et désaltère encor l'arrière-soif des fièvres,
O sois béni, château d'où me voilà sorti
Prêt à la vie, armé de douceur et nanti
De la Foi ,pain et sel et manteau pour la route
Si déserte, si rude et si longue, sans doute,
Par laquelle il faut tendre aux innocents sommets.
— Et soit aimé l'Auteur de la Grâce, à jamais !

P. V.

Octobre [18]75..

CLXVI

[Stickney], le 19 novembre [18]75 *.

Mon cher ami,

Je réponds poste pour poste, vous voyez. Aujour-
d'hui étant samedi, c'est-à-dire jour de congé, je

* Papier vergé, encre noire, 4 ff., texte au recto.

vais pouvoir causer un peu plus au long avec vous.

Tout d'abord, merci des démarches auprès du *High and mighty Publisher* (1) en question. La perte des vers n'est pas grande, et il en peut faire ses choux gras, s'il lui plaît, en garnir son salon des retoqués, ou tout autre usage (propreté ou non). Mon deuil est *assumed* (2), et je vous décharge de la commission pleinement.

Merci de votre bonne opinion sur mes vers de l'autre jour. Vous ai-je dit que j'avais deux volumes en train : *Sagesse*, dont la pièce susdite est l'ouverture, et *Amour*, dont deux fragments ci-joints (3) ? Et un volume en plan, titre indécis, mais ce sera sur la Vierge. Une espèce d'épopée, de récit tout d'une haleine, quatre à cinq mille vers, ou plus.

I

Amour.

> O mon Dieu, vous m'avez blessé d'amour,
> Et la blessure est encore vibrante.
> O mon Dieu, vous m'avez blessé d'amour !

(1) « Haut et puissant Éditeur. » Lisez : Alphonse Lemerre. On devine dans cette lettre que Verlaine envoya des vers destinés au troisième recueil du *Parnasse contemporain*, et que non seulement on ne voulut point les insérer, mais qu'on les lui égarât. Il fut un temps, on le voit dans la correspondance avec Lepelletier, où le pauvre « Lelian » était tenu fort à dédain par ses confrères.

(2) Pris.

(3) Ils ont été recueillis non point dans *Amour*, mais avec les poèmes de *Sagesse* (I, p. 432, i et ii). *L'Artiste* les a reproduits en fac-similé, d'après la version autographe originale.

O mon Dieu, Votre crainte m'a frappé,
Et la brûlure est toujours là qui tonne,
O mon Dieu, votre crainte m'a frappé !

O mon Dieu, j'ai connu que tout est vil,
Et votre gloire en moi s'est installée.
O mon Dieu, j'ai connu que tout est vil.

Noyez mon âme aux flots de votre Vin,
Fondez ma vie au Pain de votre table
Noyez mon âme aux flots de votre Vin !

Prenez mon sang que je n'ai pas versé,
Prenez ma chair indigne de souffrance,
Prenez mon sang que je n'ai pas versé !

Voici mon front qui n'a su que rougir
Pour l'escabeau de vos Pieds adorables.
Voici mon front qui n'a su que rougir.

Voici mes mains qui n'ont pas travaillé
Pour les charbons ardents et l'encens rare.
Voici mes mains qui n'ont pas travaillé !

Voici mon cœur qui n'a battu qu'en vain
Pour palpiter aux ronces du Calvaire,
Voici mon cœur qui n'a battu qu'en vain !

Voici mes pieds, frivoles voyageurs
Pour accourir au cri de votre grâce.
Voici mes pieds, frivoles voyageurs !

Voici ma voix, bruit maussade et menteur,
Pour les reproches de la pénitence,
Voici ma voix, bruit maussade et menteur !

Voici mes yeux, luminaires d'erreur
Pour être éteints aux pleurs de la prière,
Voici mes yeux, luminaires d'erreur !

— Hélas ! vous Dieu d'amour et de pardon,
Quel est le puits de mon ingratitude,
Hélas ! vous Dieu d'amour et de pardon,

Dieu de terreur et Dieu de sainteté,
Hélas ! ce grand abîme de mon crime,
Dieu de terreur et Dieu de sainteté,

Hélas, vous Dieu de joie et de bonheur
Toutes mes peurs, toutes mes ignorances,
Hélas ! vous Dieu de joie et de bonheur.

Vous connaissez tout cela, tout cela
Et que je suis plus pauvre que personne,
Vous connaissez tout cela, tout cela,

Mais ce que j'ai, mon Dieu, je vous le donne !

Juillet [18]75.

II

Je ne veux plus aimer que ma mère Marie.
Tous les autres amours sont de commandement.
Nécessaires qu'ils sont, ma mère seulement
Saura les allumer aux cœurs qui l'ont chérie.

C'est par elle qu'il faut chérir mes ennemis.
C'est pour elle que j'ai voué ce sacrifice,
Et la douceur de cœur et le zèle au service,
Comme je la priais elle les a permis.

Et comme j'étais faible et bien méchant encore,
Aux mains lâches, les yeux éblouis des chemins,
Elle baissa mes yeux et me joignit les mains
Et m'enseigna les mots par lesquels on adore.

C'est pour elle que j'ai voulu de ces chagrins,
C'est par elle que j'ai mon cœur dans les Cinq Plaies,
Et tout cet humble effort vers les croix et les claies
Comme je l'invoquais, elle en ceignit mes reins.

> Je ne veux plus penser qu'à ma mère Marie,
> Siège de la sagesse et source des pardons,
> Mère de France, aussi, de qui nous attendons,
> Inébranlablement, l'honneur de la patrie.
>
> Marie Immaculée, amour essentiel,
> Logique de la Foi cordiale et vivace,
> En vous aimant qu'est-il de bon que je ne fasse,
> En vous aimant du seul amour, Porte du Ciel ?

Août [18]75.

Je pense que je partirai bientôt d'ici pour une situation plus rétribuante, en ville, c'est-à-dire à Boston. J'attends de jour en jour une lettre de cette dernière « sous-préfecture », pour être fixé sur l'époque, qui peut être très prochaine, et ne dépas-passera pas Noël, en tous cas. J'ai assez d'anglais à présent pour aspirer à un peu plus dans un peu mieux, bien que je n'aie aucunement à me plaindre d'ici, où je suis en bons termes, cordiaux, amicaux, et où l'on fait de très gracieux efforts pour me retenir. Mais *l'arrrgent* avant tout, vous savez, surtout quand on a des économies à faire. Et puis, à Boston, ce sera un peu plus distrayant (1). « La campagne à

---

(1) A en croire le texte de la lettre à Lepelletier, du 10 avril 1875, la vie à Stickney n'était cependant point sans charme pour le poète exilé. Après ses deux années de vie cellulaire à Mons, rien ne pouvait être plus salutaire que le séjour de cette jolie ville de la côte anglaise, où Verlaine, en dehors de ses heures d'enseignement et des leçons particulières à donner dans les environs, eut le loisir de connaître à nouveau la vie familiale chez ses hôtes et de se lier avec quelques personnes d'élite, tels le chanoine Coltman, le D\ Maxwell et le Révérend Mr. Scratton. On trouvera dans l'intéressant travail de M. Jean Aubry (*Paul*

présent n'est pas beaucoup fleurie». Il neige affreusement au moment où je vous écris, et l'hiver est un bon moment pour quitter les « hameaux».

Mes occupations ? outre mes leçons, dont je vous parlais récemment, si j'ai bonne mémoire, je lis des flottes : « *Novels* », *some poetry*, Tennyson, Longfellow, [et] en ce moment, le fameux *Pilgrim's progress*, etc,..

J'alterne l'anglais avec Théologie et Mystiques, la *Somme* et *Sainte-Thérèse* : voilà des livres ! Je vous dis, sans la moindre exagération, que je suis devenu absolument incapable de m'intéresser beaucoup à autre chose. Je dis beaucoup, — parce que, ô maladie ! — j'ai encore un faible pour les vers. Il faut m'en envoyer, vous, Valade (la vache, la vache !), les amis.

Mes projets ! ô tout simplement, de me faire une position, à force de patience, soit ici, soit en France. Mais en France, plus tard, quand bien des choses auront été préparées, réparées, — s'il le faut, reconquises... En attendant, patience, travail, et oubli... des injures.

Je lis des journaux : le *Daily News*, le *Standard*, et le *Figaro* du dimanche.— J'ai ajourné l'allemand et l'italien pour me recolleter avec cet espagñol qu'ai étudié dans les six derniers mois de mes loisirs

Verlaine et l'Angleterre, Revue de Paris, 15 oct., .1918, pp. 825 et ss.), des détails sur les différents déplacements de l'auteur à cette époque, en Angleterre. Malgré ses projets, Verlaine demeura, semble-t-il, jusqu'à la fin de l'hiver 1876 à Stickney, et son installation à Boston ne fut que de courte durée, car il rentra à Paris à la fin de la même année.

belges. — A ce propos, vous qui êtes au courant d'outre-Pyrénées, ne pourriez-vous m'indiquer quelque journal, quelque revue vraiment intéressants, dans cette langue du Cid et de Hérédia ?

Envoyez-moi donc une liste, avec, si possible, la désignation du parti, le prix par trimestre ; et « pointez » moi quelques auteurs modernes, humouristes et réalistes, journaux illustrés, comiques, etc. Et mille pardons de la nouvelle corvée que me voici vous infligeant ; mais, du moins, ici, nul *Komité*, nul pacha qui vous coupe la tête quand on lui demande quelle heure il est.

Ne manquez pas de me tenir au courant des potins, livres, articles, etc., et n'oubliez pas de serrer pour moi la main à Valade (vache à part), Mérat, Bonnier (1), tous ces messieurs.

Dès que je saurai quand et où je serai à Boston, serez averti. En attendant, écrivez toujours ici, et discrétion, discrétion !

Votre bien cordial et dévoué,   P. V.

CLXVII

Mardi, 8 février [18]76 *.

Mon cher ami,

J'ai reçu avant hier votre lettre qui m'a fait

______

(1) Pierre-Elzéar (de son vrai nom P.-E. Bonnier), romancier et auteur dramatique ; auteur, avec Catulle Mendès, du poème de *Gwendoline* (1882).

* Papier vergé « Ivory », encre noire, 2 petits ff., recto et verso.

grand plaisir. Il y a des moments où, malgré tout le courage du monde, on a besoin de ne pas se sentir oublié, et dans ces moments-là, une poignée de main, un mot de souvenir sont chose bonne.

Je savais que vous aviez, en collaboration avec ce Ruminant [Valade], un acte à l'Odéon. Il va sans dire que, quand vous pourrez m'envoyer un exemplaire de *Molière à Auteuil*, (1) il sera reçu à bras ouverts, dévoré à belles dents, et même traduit mot pour mot, expliqué et commenté, à l'instar d'un classique. Donc, dès possible, *vergiss mein nicht*. Puis, vous, soyez moins rare. Et si quelque chose peut détourner, pour un instant, LA VACHE EN QUESTION des frais pâturages et des sommeils dans l'herbe, faites-lui savoir tout mon désir de ses nouvelles et lui serrez, de ma part, sa patte à la casser.

Çà, c'est vrai (du moins d'après les récits que j'en ai) que la vie littéraire, dans notre petit cercle, s'en est devenue un Pandémonium numéro un. La faute à qui et à quoi ?... Toujours est-il, que je ne me vois guère, de ce côté encore, de raisons pour regretter le parti absolu que j'ai pris, voilà près d'un an de cela : calme à tout prix, éloignement efficace... et Sagesse ! Il y a bien, c'est vrai, dans cette nouvelle façon de vivre, des heures fades et lourdes : du moins on n'y a pas d'occasion de se tromper ; pas de fautes à commettre ; partant, pas de repentir à savourer après ; *no drawbacks*, comme on dit ici ; pas de « plaisirs », ô çà, c'est vrai, mais du conten-

(1) Comédie en un acte, et en vers, par Émile Blémont et Léon Valade. Paris, Calmann-Lévy, 1876, in-12.

tement très souvent, je vous assure. Et la santé refaite ! les économies réalisées, l'anglais acquis, le sérieux *assumed*, le latin resu, du temps suffisamment pour études *sérieuses* et même pour versifier aux heures de *revenez-y*, un tas de choses, vous voyez, — pour ne pas parler du devoir accompli (je deviens d'un *province*, d'un *insulaire*, n'est-ce pas ?)

Puis, j'ai des projets. Très probable que juillet, ou août prochain en verra le commencement d'exécution. Irai sans doute à Paris, à cette époque, pour besognes sérieuses. Sans doute ! car rien n'est encore bien déterminé et tout dépend de bien des choses encore : *pour le mieux*, c'est mon « motto ».

En attendant, je pioche, je bûche, je potasse. Peu de poètes, ou de haute littérature, en fait d'anglais, pour le moment. Des journaux, des « novels », le *Punch*, le « slang », les tribunaux, *notre* patois. La conversation est en progrès J'entends et me fais entendre presque toujours, — et c'est un point.

Je connais de nom l'*Edward VII*, dont me parlez. J'ai vu le livre à Londres. C'est d'un capitaine de l'armée qui vient de se faire remercier. On croit que le livre sera saisi. Du même auteur, la *Siliad* et *Jon Duan* [*sic*] (mêmes sujets). D'ailleurs, n'ai pas lu. En parle par compte-rendus. De même pour la *Queen Mary*, de Tennyson, et l'*Inn album* de Browning. Ce dernier poème absolument cocasse, le style surtout. Articles supprimés, du « slang » en masse et passablement de grossièretés. Swinburne a une « tragédie », je crois. Je ne connais de lui que les

Poems and Ballads, et quelques articles dans la *Fortnightly*.

Voilà toutes mes nouvelles, mon cher ami ; pour aujourd'hui je ne vous envoie pas de vers, n'ayant que des bouts, des commencements. A la prochaine fois, vous accablerai.

Vous, je le répète, soyez donc moins rare et écrivez long et détaillé à

Votre bien dévoué et cordial,   P. V.

Stickney Grammar-School, near Boston. Lincolnshire. England.

Ne répandez pas cette adresse, n'est-ce pas ?

CLXVIII

Paris, le 10 février [18]77 *.

Mon cher ami, désirant, après vous avoir bien cordialement serré la main, causer un peu avec vous d'affaires assez sérieuses, je serais heureux que vous voulussiez bien m'avertir d'un jour *sûr* où je pourrai vous trouver à partir (inclusivement) de *mardi prochain*, soit vers les deux heures au café Voltaire, où je sais que vous allez, soit à l'heure qui vous plaira, où vous voudrez. A partir de *mardi prochain*, je répète.

Cordiale poignée de mains,

P. VERLAINE.

Chez Mme Veuve Verlaine, 12, rue de Lyon. E. V.

* Papier vergé blanc, encre noire, 1 f., texte au recto ; écriture grasse, date incomplète.

CLXIX

Arras, le 15 décembre 1880 *.

Mon cher ami,

Je lis à l'instant vos quelques lignes sur mon livre (1). Je sais que vous ne pouviez guère dire autre chose, et même je m'étonne, connaissant « l'esprit du journal » qu'on les ait laissé passer. Je viens donc vous remercier de l'extrême bienveillance d'une partie de votre appréciation, et vous prier d'agréer l'assurance de mon cordial souvenir. Si je savais où, dans quel café, par exemple, on vous peut trouver (et les heures), ainsi que le doux Valade, je serais heureux de vous serrer la main lors de l'extrêmement prochain et très court séjour que je compte faire à Paris.

Je me trouve aujourd'hui dans la ville aux « Places ivres d'air », etc... Mais mon adresse est : Chez M. Julien Dehée, à Fampoux, près d'Arras (Pas-de-Calais), où et d'où tout me parviendra.

Amitiés au susdit Valade et au grand Albert (2).

Votre bien dévoué,   P. V.

Ci-contre, un sonnet-dédicace pour faire partie d'*Amour*.

* Papier vergé, encre noire, 2 ff., recto du 1er et du second. Suscription : *M. Emile Blémont, rédacteur du Rappel*, 18, *rue de Valois, Paris*.

(1) *Sagesse.*, Paris, Palmé, 1881, in-8°.
(2) Albert Mérat.

A VICTOR HUGO EN LUI ENVOYANT « SAGESSE » (1)

Nul parmi vos flatteurs d'aujourd'hui n'a connu
Mieux que moi la fierté d'admirer votre gloire :
Votre nom m'enivrait comme un nom de victoire,
Votre œuvre, je l'aimais d'un amour ingénu.

Depuis, la vérité m'a mis le monde à nu.
J'aime Dieu, son Eglise, et ma vie est de croire
Tout ce que vous tenez, maître, pour dérisoire,
Et j'abhorre en vos vers le Serpent reconnu.

J'ai changé. Comme vous. Mais d'une autre manière.
Tout petit que je suis j'avais aussi le droit
D'une évolution, la bonne, la dernière.

Mais, poète, je sais l'hommage que vous doit
L'enthousiasme ancien ; le voici, plein, sincère,
Car vous me fûtes doux en des jours de misère.

P. V.

Novembre 1880.

CLXX

Dimanche, 21 [février 18]92 *.

Mon cher ami,

Je suis, je vous jure, désolé de vous importuner.
Votre bulletin de souscription est chez « Lucie »,
remplaçante de « Clarisse », brasserie très littéraire

(1) *Amour* (Cf, *Œuvres compl.*, II, p. 63).

* Papier vergé, encre noire, 2 ff., texte au recto du 1er.
La date de ce billet nous est fournie par le timbre de la poste.
On lit sur l'enveloppe : M. *Emile Blémont*, 16, *rue d'Offé-
mont.*

et très honnête, 23, rue Jacob. Cette dame a bien voulu, sur votre signature, m'avancer dix francs ; et je veux le plus tôt possible m'acquitter. Or, Signoret et moi, c'est la même chose, et vous ne doutez pas, j'espère, de mon sérieux en des cas tels. Je vous aurai donc une gratitude de plus de m'envoyer, par retour du courrier, si possible, les 20 francs de votre souscription (1). Je ne pense pas aller au « Voltaire » demain, du moins à des fins d'*Hargent*. C'est pourquoi cette très pressante missive.

Et tout à vous, en toute amitié de votre,

P. VERLAINE.

15, rue Descartes.

Le bouquin paraîtra dans trois semaines, au plus tard.

CLXXI

Le 23 février [18]92 *.

Mon cher ami,

Je reçois à l'instant votre mandat, merci de tout cœur. Je vais de ce pas acquitter ma dette chez Madame Lucie (où venez donc un de ces lundi soir) et remettre acquitté, à Signoret, chez Mallarmé, votre bulletin de souscription.

Tout à vous,   P. VERLAINE.

15, rue Descartes.

(1) Il s'agit ici de la souscription relative aux *Liturgies intimes*, de Paul Verlaine. L'ouvrage parut en mars 1892, édité par Emmanuel Signoret, dans la Bibliothèque du Saint-Graal.

* Papier quadrillé, encre blanchâtre, 1 f. recto.

CLXXII

Le 25 août 1894 *.

Mon cher ami, vous rendriez service à notre ami Cazals en lui achetant le portrait qu'il vous envoie par sa femme, et que je regrette de ne pouvoir, en ce moment, acquérir (1).

Et vous, que devenez-vous donc ? Donnez-moi de vos nouvelles ? J'ai été plusieurs fois au « Voltaire », sans vous y voir.

Tout à vous,

P. VERLAINE.

48, rue du Cardinal-Lemoine.

* Papier vergé, vieux rose, encre noire, 2 ff., recto du 1er f. Enveloppe avec suscription.

(1) L'original de ce portrait, représentant Verlaine endormi, a été reproduit dans un fascicule de *La Plume* (1-28 février 1896).

LETTRES A LÉON VANIER

1884-1895

Les lettres à Léon Vanier nous ont été, en grande partie, communiquées par M. Albert Messein. Elles proviennent du riche fonds documentaire qu'avait formé le premier éditeur des « Symbolistes » et des « Décadents » et dans lequel, grâce à la générosité de son possesseur actuel, nous avons puisé les éléments de notre documentation. Après les épîtres autobiographiques, les notes sentimentales et les récits confidentiels adressés, à E. Lepelletier, à Emile Blémont et à Léon Valade, on appréciera pleinement cet apport nouveau destiné à nous renseigner sur la vie quotidienne du poète, ses collaborations, ses voyages, ses différents séjours dans les hôpitaux, ses publications, enfin son commerce avec le principal éditeur de son œuvre. Sur CCXI lettres ou billets, pour la plupart inédits, CCI proviennent, répétons-le, de la collection Vanier, trois nous ont été communiqués gracieusement par M. Joseph Canqueteau ; enfin le texte de sept autres a été emprunté, par nous, à l'ouvrage de Charles Donos : *Verlaine intime*. Nous réimprimons intégralement cet ensemble, mais nous déclinons toute responsabilité en reproduisant plusieurs de ces lettres d'après des imprimés, les originaux de ces dernières ayant échappé à nos recherches. C'est au début de 1884, ou peu avant, que l'auteur de *Sagesse* fit la connaissance de Léon Vanier. L'éditeur avait alors trentesix ans, Verlaine point encore quarante. Les deux hommes se lièrent et leur intimité, en dépit des orages, des intérêts opposés et des dissensions, dura à ce point que, seule, la mort la rompit. Peu de mois après Verlaine, Vanier disparaissait à son tour. L'éditeur suivait de si près l'écrivain qu'on eût pu dire que l'un entraînait l'autre dans la tombe. De cette collaboration, presque quotidienne, pendant plus de douze années, il nous reste cette correspondance dont quelques parties essentielles se sont perdues. C'est peu sans doute, et c'est beaucoup en vertu de la fragilité des choses humaines pour garder le souvenir du double labeur d'un poète et du plus averti de ses admirateurs.

Ad. B.

LETTRES A LÉON VANIER

1884-1895

CLXXIII

Coulommes, par Attigny, Ardennes, le 3 fév. [188]4 *.

Cher Monsieur,

Très amusante, en effet, et même un peu rigolotte, la lettre de Mr. Ténéo. Je vous renvoie, ci-jointe, cette pièce.

J'aimerais, si moyen, avoir *Le Hanneton*, où revue par Coppée et votre serviteur (1). Si moyen !

Nuls (ou nulles)*Syrtes*, jusqu'à présent. Dites-le à Moréas.

Ayez l'œil — et le bon — sur : *Café de lettres* et *Ma Fille* (2) (*Lutèce*).

Ci-joint lettre pour chez Palmé.

Allez voir : *Jeux d'enfants* (3).

* 2 ff., papier blanc, quadrillé, encre noire, recto des 2 ff., date incomplète.

(1) Il s'agit, on le sait, de : *Qui veut des Merveilles ?* revue de l'année 1867, publiée, en effet, en collaboration avec François Coppée. Cette curieuse pièce, insérée primitivement dans *Le Hanneton*, 2 janvier 1868, se trouve au tome II des *Œuvres posthumes*, p. 205.

(2) Cf. *Mémoires d'un Veuf*. Ces deux récits parurent tout d'abord dans *Lutèce*, l'un le 20 avril 1883 et l'autre le 20 juillet 1884.

(3) *Mémoires d'un Veuf* (*Œuvres Compl.*, IV, p. 237).

La *Revue Indépendante* a publié : *Notes jetées en chemin de fer* et [*La*] *Pendule* (1).

Envoyez-moi donc ce divin Gutenberg-là.

Feu mon secrétaire, *Parti définitif*, et *Louise Leclerc* abouleront bientôt Quai Saint-Michel.

A vous, bien cordialement,

P. VERLAINE.

CLXXIV

Le 4 avril [18]84 *.

Cher Monsieur,

Excusez mon retard, pour les explications au sujet des *Romances*. Je suis extrêmement souffrant.

En mettant à 2 francs les *Romances*, je pense que ça pourrait se vendre, en dépit des horribles coquilles (2).

Quant aux *Poètes*, je vous écrirai demain, *sans faute*, relativement aux conditions et vous enverrai une liste de presse.

Bien à vous,

P. V.

Coulommes, par Attigny (Ardennes).

Vous avez dû recevoir 31 *Romances* (dont une pour vous et une pour M. Huysmans, à qui j'écrirai

----

(1) Novembre 1884-mai 1885. Le texte de *La Pendule* n'a pas été réimprimé.

* 2 ff. papier blanc quadrillé, encre violette, recto du 1er f., sans date.

(2) Voyez la lettre à Ed. Lepelletier, du 27 mars 1874 (t. I, p. 134).

très prochainement. Vous recevrez, sous un jour ou deux, 20 exemplaires du dit livre.

CLXXV

Coulommes, par Attigny, Ardennes, le 9 avril [1884] *.

Mon cher Monsieur,

Si le service de la presse n'est pas encore fait* veuillez mettre, ou faire mettre en tête de chaque volume ceci : *de la part de l'auteur, bien sympathique,* P. V.

Ajoutez, je vous prie, à ma petite liste, M. Valéry Vernier, à la *République Française*, sans préjudice de telles omissions que j'ai dû commettre et que je vous serai reconnaissant de réparer.

Votre   P. V.

1 [ex.] à M. Magui.

P. S. — Quant au *Voltaire*, j'ignore le nom de son rédacteur bibliographique.

Au fur et à mesure que des articles paraîtraient, veuillez m'envoyer les journaux.

J'ai reçu les *Amours jaunes* (1) en parfait état. Je vous indemniserai quand et comme vous voudrez.

* 1. f papier vergé blanc, encre noire, recto, date incomplète.

(1) Par Tristan Corbière (Paris, Glady, 1873, in-18).

CLXXVI

Coulommes, par Attigny, Ardennes [avril 1884 ?] *.

Monsieur Vanier,

Vous recevrez demain, ou après, un exemplaire (pour vous) des *Romances sans paroles*, ainsi qu'un autre pour M. Huysmans (1). Ces deux exemplaires seront en tête d'un nombre de 11. Si vous en désirez davantage, faites-le moi connaître.

Mon dernier volume de vers est intitulé : *Sagesse* et a été édité chez Palmé, en 1880.

Quant aux *Poètes Maudits* (2), Trézenick a dû vous les livrer avec les portraits.

Tenez-moi au courant n'est-ce pas, et croyez-moi votre bien dévoué.

P. VERLAINE.

Les *Poèmes Saturniens*, les *Fêtes Galantes* et *La Bonne Chanson* ont paru chez Lemerre.

* 2 ff. papier à lettre, quadrillé blanc, encre noire, recto du 1er f., sans date.

(1) Il s'agit de la première édition de *Romances sans paroles*, imprimée à Sens, en 1874, par les soins de Lepelletier, alors que le poète était incarcéré à Mons. Verlaine possédait encore la majeure partie des exemplaires tirés, le livre n'ayant fait l'objet d'aucune mise en vente.

(2) On sait que le texte des *Poètes Maudits* parut d'abord dans *Lutèce* (24 août-29 déc. 1883), journal littéraire dirigé par Léo Trezenik. La première édition fut tirée sur les presses de cette publication.

CLXXVII

Coulommes, samedi [avril 1884] *.

Monsieur,

J'acquiesce aux conditions énoncées dans votre dernière lettre, et vous prie de faire tout le possible en vue de l'écoulement du petit livre (1).

Quant au service de presse, je pense qu'il le faut très restreint, mais très sûr.

Ci-joint donc une toute petite liste que vous voudrez bien compléter si vous le jugez à propos.

A vous,

P. VERLAINE.

Vous recevrez par ce courrier le complément des *Romances*.

CLXXVIII

Coulommes, par Attigny, Ardennes [avril 1884] **.

Cher Monsieur,

Reçu votre lettre. Impossible d'y répondre complètement : *à demain*.

Faites le service de la Presse, *strictement*.

Demain recevrez intentions et 50 *Romances*.

* 2 ff., papier vergé blanc, encre noire, recto du 1ᵉʳ f., s. date.

(1) Peut-être s'agit-il de la mise en vente et du lancement des *Poètes Maudits*, annoncés au *Journal de la Librairie*, le 19 avril 1884.

** 2 ff., papier soie, encre noire, recto du 1ᵉʳ f., s. date.

Envoyez dans tous les cas à Mallarmé, 87, rue de Rome, — 5 exemplaires.

Mais je suis de votre avis —. Envoyez *juste* ce qu'il faut.

Et à demain lettre plus longue et les 50 *Romances.*

Bien à vous,   P. V.

CLXXIX

Le 7 août [1884.] *.

Cher Monsieur,

Le livre dont nous parlions, appartient, en effet, à M. L. (1), ainsi que la B. C. (2). Fatale mémoire la mienne!

A vous,   P. V.

CLXXX

Coulommes, par Attigny, Ardennes.

5 novembre 1884 **.

Mon cher Monsieur Vanier,

Forcé, pour être témoin dans un procès de vol à mon préjudice, d'attendre qu'on daigne m'appeler

* Carte postale, encre noire. Au recto, on lit : *M. L. Vanier, éditeur,* quai Saint-Michel, E. V. Le cachet de la poste est peu lisible.

(1) Alphonse Lemerre.
(2) *La Bonne Chanson.* Ce recueil, ainsi que deux autres, publiés à petit nombre par l'éditeur des Parnassiens, n'était pas encore épuisé.

** *Verlaine intime,* par Charles Donos, p. 117. Nous n'avons pas vu l'original de cette lettre.

de vive voix, me voici cloué ici, où vous m'enverrez,
n'est-ce pas ? les épreuves jusqu'à nouvel ordre (1).

A vous, et à bientôt j'espère, si Thémis n'est pas
trop, trop boîteuse.

PAUL VERLAINE.

CLXXXI

Coulommes, le 31 décembre [1884] *.

Cher Monsieur,

Avec mes meilleurs vœux de jour de l'an, voudrez-
vous bien donner à *Lutèce* les deux fragments des
Mémoires d'un Veuf, intitulés :

A la mémoire de mon ami Lucien Viotti.
La Morte (2).

intacts.

Rendez-moi de vagues comptes, pour mémoire,
et si vous pouviez m'envoyer quelque argent, ô que
vous seriez donc gentil !

Si des journaux parlent des bouquins, envoyez,
n'est-ce pas ?

(1) Il s'agit ici des épreuves de *Jadis et Naguère*, alors en
cours d'impression.

* 2 ff., papier à lettre, vergé blanc, encre noire, recto des 2 ff.,
date incomplète. Au dos, une note (de Vanier ?) au crayon: « *Phi-
lippe Gille, 5 lignes dans « Le Figaro » pour « Jadis et Naguère »*.

(2) *La Morte* parut à *Lutèce*, le 18 janvier et le fragment
sur Lucien Viotti, également, le 1er février de l'année 1885.
La lettre de Verlaine ne peut donc être que de la fin de 1884.

Tout à vous, cher Monsieur, et aux camarades. Que Moréas envoie donc son livre (1) à

Votre

P. VERLAINE.

CLXXXII

Coulommes, par Attigny, Ardennes, Samedi [1884] *.

Cher M. Vanier,

J'ai reçu votre lettre renfermant une autre lettre (de M. Bourges me promettant un article dans le *Gaulois*).

Je suis disposé à voir réimprimer mes poésies : *Poèmes Saturniens, Fêtes Galantes, Bonne Chanson, Choses de Jadis et de Naguère*. Lemerre et Palmé n'ont rien à voir là-dedans.

Quant à *Sagesse*, je me réserve de le réimprimer avec d'autres poésies du même ton. Je vais écrire à Morice, au sujet d'un dépôt chez vous.

Donnez donc à d'Orfer (2) quelques *Maudits*. Il ne pourrait que nous être très utile, et c'est un charmant homme.

Je vous serre la main bien cordialement.

P. V.

(1) *Les Syrtes*, poésies (Paris, Imprimerie de L. Trézenik, 1884, in-18).

* 2 ff. papier à lettre quadrillé bleu, encre noire, recto des 2 ff., sans date.

(2) Léo d'Orfer, rédacteur en chef de *La Vogue*.

CLXXXIII

Coulommes, par Attigny, (Ardennes) [1884] *.

Cher Monsieur,

Voici (ne vous l'ai-je déjà pas envoyée ? distrait par mille affaires !) voici la photographie demandée. Rops ou Forain pourraient en tirer quelque chose d'amusant, à mon sens.

A quand des épreuves ?

Je m'occupe de compléter les *Mémoires de ce Veuf là*.

Mille cordialités,

P. VERLAINE.

CLXXXIV

Coulommes, par Attigny, Ardennes, le 29 [janvier 1885]. **

Cher Monsieur,

Voici, pour ajouter aux *Mémoires d'un Veuf* (titre général), une nouvelle très ancienne. Classez-la entre *Pierre Duchatelet* et *Louise Leclercq* que vous aurez bientôt.

Bah ! risquons L'*Hystérique* !

Avez-vous [vu] : *Jeux d'enfants* ?

* 2 ff. papier blanc, quadrillé, encre violette, recto du 1er f., s. d.

** 1 f., papier de soie, encre noire, recto. Nous avons pu compléter la date de cette lettre, grâce au timbre de la poste. Au bas de la feuille, un morceau déchiré ; les derniers mots manquent.

Demandez à *Lutèce* le *Café de lettres* (1).

Tâchez donc de m'avoir l'adresse de Forain et de Rops (pour 2e série des *Poètes maudits*).

Veuillez aussi me dire quelle est la fortune de *Jadis et Naguère* (2) et quels journaux en ont parlé.

Envoyez si [possible,] vous...

Bientôt à......

P. V.

Mme *Aubin* « va bien », comme disent les « Chefs » des restaurants parisiens humbles, les miens, quand à Paris !

CLXXXV

Paris, le 1er octobre 1885 *.

Mon cher Vanier,

Moi dans la jubilation. Retrouvé masses de choses, proses et vers, que je croyais perdues. Vu Izambart qui m'a prêté vers jeunes de Rimbaud. Plan définitivement fait de *Madame Aubin* qui n'aura qu'un acte. Accouché de deux longs *Mémoires d'un Veuf*. Fais vers pour revues graves et payantes (prudence et chasteté) qui paient. Il va paraître dans *Lutèce,*

---

(1) Publié le 20 juillet 1884. Ce récit en prose n'a pas été recueilli dans les *Œuvres posthumes*.

(2) Le volume fut annoncé au *Journal de la Librairie*, le 3 janvier 1885. L'édition porte la date de 1884.

* 1 f. papier blanc, quadrillé, encre noire, recto. Billet non signé.

vers biographiques très crânes. Zut ! je brûle mes vaisseaux ! Tam tam et réclames.

Avez-vous lu, dans la *France* d'il y a quelque huit jours, une citation élogieuse de Marcel Fouquier ?

CLXXXVI

Paris, le 2 octobre [1885]*.

Cher Monsieur,

Ceci est une carte de visite. Excusez mon immense retard. J'ai eu tant de tuiles et de couleuvres ; vous saurez !

Nous allons reprendre notre correspondance. Moi, malade au lit, d'un rhumatisme articulaire aux jambes, j'écrirai plutôt court, ça me fatigue d'écrire.

Vous, abondez, pluez !

A vous de cœur,

P. VERLAINE.

Ci-joint, vers retrouvés de Rimbaud.

Mon adresse : 6, Cour Saint-François, rue Moreau, Paris.

CLXXXVII

Paris, le 20 octobre [1885] **.

Mon cher Vanier,

Envoyez donc, *prestissimo*, la *Bonne Chanson* à :

* 1 f. papier blanc, encre noire, recto. Date incomplète. (*Collection de M. Joseph Canqueteau*).

** Carte postale blanche et mauve, encre noire. Au

M. Vittorio Pica, 12, Salita S. Polito, Napoli, Italia.

Fait L. de L (1). et P. V (2). Vais me mettre à F. C. (3).

A quand ? et à vous,

P. V.

Vrai, envoyez VITE : *Bonne Chanson* à M. Pica.

CLXXXVIII

Mardi soir, fin novembre [18]85 ? *.

Mon cher Vanier,

Un sommeil de plomb qui m'a écrasé toute la nuit et une grande partie de la journée, plus la visite d'un camarade sur les 4 heures, m'ont empêché d'activer « beaucoup » les péripéties finales de la fille Leclercq. En voici toujours une page. A demain, et s'il le faut, à après-demain, mais pas plus tard, l'envoi du « point — c'est tout. »

Pas vu docteur.

Jambe un peu meilleure. Besoins moins douloureusement accomplis. Ni café, ni kirsch, ni même salycilate. (Défense des hommes de l'art).

recto : *M. Léon Vanier, éditeur, 19, quai Saint-Michel, E. V.*

(1) Leconte de Lisle.

(2) Paul Verlaine.

(3) François Coppée. Il s'agit là de trois notices pour les *Hommes d'Aujourd'hui.*

* 1 f. papier blanc, quadrillé, plié en deux, encre noire, recto et verso du 1er f., recto du 2e f.

Reçu lettre énorme et charmante de Mallarmé, avec tout plein de détails pour *Hommes du jour* (1). *Choses inédites, de Villiers,* pour moi, sont déposées à mon nom, chez son concierge, rue de Rome, 89 (2). Pourrez-vous, *tout de suite,* envoyer un commis chez ce concierge réclamer ce colis auquel Mallarmé tient naturellement énormément ? Le commis me l'apporterait ici et me le remettrait en mains propres. Si çà ne pouvait se faire, écrivez m'en de suite.

Ci-joint avec la 30e page de cette donzelle [*Louise Leclercq*] sur l'épreuve de Coppée, deux *Mémoires d'un Veuf* que je ne crois pas que vous ayez.

A vous cordialement,

P. VERLAINE.

Pour renseignements biographiques sur Villiers, parlez à Darzens, voulez-vous ? Je vais faire « Mallarmé » et commencerai la *femme Aubin* pour avoir fini fin courant.

CLXXXIX

Paris, dimanche, 10 décembre [18]85 ? *.

Mon cher Vanier,

Me voici perplexe en diable. On me dit (Morice),

(1) On trouvera un important fragment de cette lettre, datée du 16 novembre 1885, dans l'*Intermédiaire des Chercheurs et curieux* (10 sept. 1906).

(2) A l'adresse de Stéphane Mallarmé.

* 1 f. papier blanc vergé, plié en deux, encre noire, recto et verso des 2 ff. Date incomplète.

que vous voudriez détacher *Louise Leclercq* des *Mémoires d'un Veuf* pour en faire, avec additions, un volume autre. Il est évident que cette toute petite nouvelle n'a rien de commun avec le titre : *Mémoires d'un Veuf.* Mais *Madame Aubin*, elle aussi, aura-t-elle alors un lien commun avec les *Mémoires* proprement dits ? Et *Le Poteau* ? J'admets que *Pierre Duchatelet* et le *Scenario de Pantomime* puissent avec beaucoup de bonne volonté continuer ou commenter le titre et les choses proprement dites du titre. Nous voilà donc réduits à ceci :

Mémoires proprement dits.

Pierre Duchatelet.

Scenario, etc.

Mince volume. Faut-il le boursoufler de deux ou trois mémoires ? J'ai là : *Apologie* (3 pages). Ce que j'écrirais aurait tout au plus ces proportions. J'ai bien un *Pierrot gamin* (à écrire) des mêmes poussée et proportion que le *Scénario* et qui rentrerait dans le cadre, sous les mêmes précaires conditions. Et ce serait *à peu près* l'unité. Mais *Madame Aubin*, en ce cas ?

— Alors, *un* volume de nouvelles : *Louise Poteau* et autres (à faire), quand ? *Un* volume : *Mémoires, Scenario*, etc., re-quand ?

— Mais *Madame Aubin*, où ?

Question, maintenant, de succès (! ?) — d'un peu d'argent. C'est à considérer, ô oui. Question de bonne littérature, çà va sans dire, mais d'harmonie dans la publication, *qualité* non négligeable aussi.

Je suis en outre ennuyé, pire que çà, triste avec

raisons à l'appui : ma mère *alitée*, ma guérison traî-
nant comme qui dirait ironiquement.

Moralité.

Venez donc me voir, ou si pas possible très bientôt,
écrivez en détail. Causerons. — Causerons en outre
d'*Amour* et de l'autre volume de vers, aussi de la
2e *série* des *Maudits*. (Quoi avec *Lutèce* ?) Et Forain !

Tout à vous,

P. V.

Venez n'importe quel jour, sauf *jeudi*, ni quand
l'on va essayer de me mettre sur pied.

CXC

14 janvier [1886] *.

O bien aimé libraire et éditeur trez prétieux,

C'est seulement *samedi* que la « phaculté » tentera
de mettre sur ses pieds le triste macabé (*sic*) qui est
donc moi. Conséquemment, seriez gentil venir demain vendredi, pour causer des choses énoncées ès
ma dernière épistole.

Angélique aussi seriez-vous de m'apporter le prix
du « Mallarmé » et du « Villiers » sans, si possible,
escompte, et nous examinerions la petite erreur de
laquelle je vous parlais.

Besoing d'argent. Tabellion dur d'oreille, nom
d'un pétard !

Apporteriez aussi, si vous vouliez passer archange,

* 1 billet. Petit morceau de papier vergé blanc, encre noire,
recto et verso.

Puissance, Trône, Domination, Cherub, et même Séraph, — la *Tache d'encre* (1), où il est question de moi au long.

C'pas ?

A vendredi donc, ou très bientôt.   P. V.

Ci-joint APOLOGIE (2) — apporteriez aussi manuscrit des *Mémoires*, pour classement définitif.

CXCI

Janvier]18]86, le 20, au soir *.

Pourrez-vous, cher ami, venir demain matin, — choses des plus importantes, mère morte, peut-être demain matin (3). Livre prêt et courage, quand même, malgré tout.

Venez, je vous prie,   P. VERLAINE.

CXCII

Paris, 6 février 1886, samedi soir, très tard **.

Mon cher Vanier,

Les *Mémoires* sont achevés. Envoyez-moi quelqu'un, ou si possible, venez les chercher.

(1) Il s'agit de l'étude de Maurice Barrès, en partie consacrée à Verlaine : *La Sensation en littérature. La Folie de Charles Baudelaire*, IV. Cf. *Les Taches d'encre*, 5 déc. 1884, pp. 27 et ss.

(2) *Œuvres compl.*, t. IV, p. 275.

* 1 f. papier vergé blanc, encre noire, recto, L'enveloppe porte un cachet de la poste, daté du 21 janvier.

(3) Mᵐᵉ Verlaine mourut, en effet, le 21 janvier. Voyez notre tome I, p. 199.

** 1 f. papier vergé blanc. plié en deux, encre noire, recto et verso des 2 ff.

Pierrot forme 5 pages de mon écriture la plus serrée, sans guère de paragraphes (1). Vous avez le *Parnasse* ? Moi pas.

Vous avez arrêté le prix en toute justice, n'est-ce pas ? Si possible, apportez, ou faites parvenir un à-compte (2). Plutôt léger, sans trop d'excès toutefois, pour ne pas vous embêter trop souvent, s'il y avait lieu. J'attends réponse de l'autre. Notaire dégoûtant, vais agir contre lui par tous moyens pratiques. Moi, résolu à garder peu d'argent, juste pour payer au jour le jour mes dépenses indispensables.

Ne parliez-vous pas de 1re édition d'abord ? — Enfin, faites comme si vos intérêts étaient les miens.

Apportez, ou faites apporter ce qu'il y a de fait des *Maudits*, c'est-à-dire *Desbordes-Valmore*, que vous avez.

Je me mets à *Madame Aubin* et à *Pauvre Lélian* et *Villiers*. *Madame Aubin* sera, cette fois, sabrée en fort peu de temps. On pourrait, je pense, si les deux bouquins doivent paraître en même temps, tirer simultanément les *Mémoires* et le commencement du livre *Louise Leclercq*.

Dans tous les cas, vous me voyez tout au « turbin » de la prose.

(1) Voyez : *Motif de Pantomime, Œ. C.,* IV, p. 290.

(2) Verlaine venait alors d'arrêter avec Vanier les termes d'un contrat relatif à la publication des *Mémoires d'un Veuf*. Le 16 février suivant, l'éditeur s'engageait à imprimer l'ouvrage et à verser à l'auteur la somme de 250 fr. Le livre parut au cours de l'année.

Mais *Amour* et *Parallèlement* marcheront d'un bon pas aussi. Dans ma situation, il me faut déployer cette activité doublement. Par nécessité et par distraction. Jambe toujours la même. On m'offre... l'hôpital (avec recommandation, c'est vrai). C'est peut-être un peu bien traditionnel et bien poétique, çà, l'Hôpital. Quelque tentant que ce soit, j'attendrai encore un peu.

Et si voyiez pour Porel et *Les Uns et les Autres* ? Vous savez qu'il a mon volume *Jadis et Naguère* et lettre (répondue très gracieusement) où je lui propose cette botte. Serait bien, si on pouvait compter sur représentation, fin ou commencement saison. Donc, si moyen de s'aboucher dès à présent, allons-y !

Tâchons voir Forain.

Avez-vous donné à Coll (1) le croquis ?

Votre bien cordial,

P. VERLAINE.

A demain dimanche ou lundi, sans faute, n'est-ce pas ? soit par commis, soit en personne. *Mémoires* faits et prêts.

CXCIII

Paris, samedi soir, 20 fév. 1886 *.

Mon cher Vanier,

Dès après-demain lundi,, *Madame Aubin* sera à

(1) Lisez Emile Cohl, photographe d'art et dessinateur, auquel on doit un certain nombre de portraits-charges des *Hommes d'aujourd'hui*.

* 1 f. papier vergé blanc, encre noire, recto.

votre disposition, à partir de 8 heures du matin.
Venez dès que vous le pourrez la chercher, et m'apportez de quoi signer dessus aux conditions, comme
c'est entendu, des *Mémoires*.

Avez-vous vu Coll, pour photographies *miennes* ?
Je compte sur celles de ma mère pour prochainement.

Pourriez-vous me prêter un volume de vers et un
volume de farces d'Armand Silvestre ? Si nous le
mettions dans les *Hommes d'aujourd'hui* ?

Et pouvez-vous m'apporter cette deuxième partie
d'*Axël* (1) ?

A *Lundi* ?

Bien à vous.

P. VERLAINE.

CXCIV

Le 1er mars 1886 *.

Mon cher Vanier,

Demain mardi, je compte sur vous pour votre
bonne visite sans faulte (*sic*). Apportez un papier
timbré blanc, si possible, 100 francs, et vous savez
si je suis gentil pour les termes d'un traité féroce,
mais si loyal (2)

(1) Elle venait de paraître dans *La Jeune France*, du 1er janvier 1886.

* 1 f., papier à lettre vergé, deuil, encre noire, recto. Petite enveloppe de deuil.

(2) Le poète fait allusion ici au traité projeté avec Vanier,

Apportez un *Villiers*, (1) des *Lutèce*, si possible des vers (volumes) de Silvestre, ou biographie d'icelui.

Aurez *Aubin* et *Greuze* (2).

Venez, sans faulte.   P. V.

CXCV

Samedi 27 mars 1886 *.

Mon cher Vanier,

Je vous présente M. Ernest Delahaye, mon plus vieil et mon meilleur ami qui vous exposera en peu de mots ma nécessité de vous prier d'une avance *immédiate*, fût-ce aujourd'hui, dont vous m'apporterez, ou lui donneriez, le reçu que je signerai.

Mettons 50 francs du mois d'avril (3).

Je suis sûr d'ailleurs de ne plus vous importuner, puisque une transaction est sûre.

P. Verlaine.

pour son livre de prose : *Louise Leclercq*. Ce traité fut signé le 4 mars suivant.

(1) *Les Hommes d'aujourd'hui*, n° 258.

(2) Lisez : *D'après Greuze* (Cf. *Mémoires d'un Veuf*, IV, p. 270).

* 1 f. papier à lettre, vergé blanc, encre noire, recto.

(3) Nous possédons le reçu de cette avance. Il est ainsi libellé : « Reçu de M. Vanier..... la somme de cinquante francs, à valoir sur celle de deux cent cinquante, montant de ma cession à lui faite du droit de réimprimer les *Fêtes galantes* et les *Romances sans paroles*, Paris, 1er avril 1886. P. Verlaine. »

CXCVI

13 avril 1886 *.

Venez donc, que nous causions de nos affaires. Quand imprimez-vous les *Mémoires* ?

Venez le plus tôt possible. Je vous assure que c'est important. D'ailleurs, je travaille en masse et j'espère en l'avenir.

Votre

P. V.

CXCVII

[Paris], le 15 avril 1886 **.

« Mon très cher éditeur, je vais terminer pour les *Hommes d'aujourd'hui*, un chouette Goncourt aux pommes (1). Vous me devrez dix francs, prix convenu pour ce labeur. Mais il paraît que c'est aujourd'hui le terme. Mon *proprio* se rend chez vous. Veuillez lui remettre soixante francs, à titre d'avance sur ma copie à venir. »

[P. V.]

---

* 1 f. papier à lettre, vergé blanc, plié en deux, encre noire, recto du 1er f. L'enveloppe de petit format porte en suscription : *M. Léon Vanier, Editeur des Modernes*, 19, Quai Saint-Michel. E. V.

** *Verlaine intime*, p. 127. Nous n'avons pu nous procurer l'original de ce billet.

(1) *Œuvres Compl.*, V, 315. Un reçu de dix francs remis par le poète à son éditeur, pour cette notice, porte la date du 14 avril.

CXCVIII

Le 21 [avril 1886] *.

Mon cher Vanier,

Remettez, si possible, 20 francs à M. Chanzy, contre les *Dierx* et *Sully-Prudhomme* ci-joints.

Remettez lui aussi six *Silvestre*, et toutes nouvelles commandes de Biographies, s'il y a lieu.

Votre

P. V.

Venez le plus tôt possible.

CXCIX

Le 8 juillet 1886 **.

Mon cher Vanier,

Pour votre pénitence de votre *retard* de l'autre mois, je vous condamne à une *avance* de jours quant à ce qui concerne les 50 balles de ce mois-ci.

J'en aurai besoin pour me fader un petit peu, en vue d'aller me faire soigner et guérir si possible dans un vague hospice (Tenon, probablement).

* Fragment de papier blanc, plié en deux, encre noire, recto du 1er f. et verso du 2e. La date de cette lettre nous est fournie par un reçu du 30 avril, mentionnant la remise à l'éditeur Vanier du texte de la biographie de Léon Dierx.

** 2 ff. papier à lettre, vergé deuil, encre noire, recto du 1er f.

Je vous attends pour vous remettre épreuves et biographie corrigées.

Votre   P. VERLAINE.

Ou remettez à M. Chanzy, porteur de la présente (1).

CC

Le 10 août 1886 *.

Mon cher Vanier,

Je lis dans Victor Hugo ce vers :

« Cette *bibliopole* auguste et colossale ».

Bibliopole est pris ici dans le sens de *Ville de livres*. Donc, il sera prudent de supprimer le « Bibliopole Vanier » de la fin du livre, pour éviter de nous faire foutre de nous.

L'imprimeur de *Louise* [*Leclercq*] en a pris à son aise avec mes deuxièmes épreuves corrigées : toutes les fautes sont scrupuleusement maintenues.

Je corrige en conséquence méticuleusement. Ce sera prêt pour jeudi, ainsi que la 1re partie des *Mémoires*. J'aurai aussi des vers à vous donner, je pense.

Bien à vous,

P. V.

(1) Logeur du poète, à l'Hôtel du Midi, cours Saint-François, n° 6.

* 2 ff. papier à lettre, vergé blanc, encre noire, recto du 1er f.

CCI

Le 16 août 1886 *.

Mon cher Vanier,

C'est bien entendu. Vous ne donnez à l'imprimeur que les dernières épreuves de *Louise*, corrigées par moi. Vous aurez relu avec soin, surtout dans *Pierre Duchatelet*, tout ce qui peut être pris pour une allusion et soigneusement maintenu mes biffages et ratures. De même pour la 1re partie des *Mémoires*.

En bas des pages, il y a partout dans *Louise* : *Louise Leclercq*, au lieu du titre des nouvelles et de la comédie. Est-ce correct, étant donné que *Louise Leclercq* est le titre général du bouquin, ou est-ce correct autrement ? Enfin, vous verrez.

Pour Rollinat, je serais bien aise d'avoir ses trois bouquins et quelques mots de biographie. Pourrez-vous me prêter les uns et me procurer les autres ?

Compliments à tous,

Votre

P. V.

Sérieusement, pourriez-vous, sinon vous en charger vous-même, du moins tâcher de me faire savoir comment placer une traduction de *l'In Memoriam*, de Tennyson ?

* 2 ff. papier à lettre vergé blanc, encre noire, recto et verso du 1er f. Sur l'enveloppe, conservée avec la lettre, on lit : *M. Vanier, éditeur-libraire, 19, quai Saint-Michel. E. V.*

CCII

Paris, le 24 août 1886*.

Mon cher Vanier,

J'ai fini le *Rollinat* et le tiens à votre disposition, dûment recopié cette fois. Le *Barbey*, le *Dierx* et le *Sully* passeront-ils bientôt ? N'oubliez toujours pas de m'envoyer ou me procurer des épreuves. — Et le *Mallarmé* ?

Envie décidément, moi, de faire un *Ricard*. D'abord, bon ami, ensuite grand talent, enfin pour histoire définitive du *Parnasse* et mots vrais sur Lemerre and Cᵒ. A cet effet, vous seriez bien gentil de me prêter si possible, les *Parnasses*, où il y a des vers de lui, — si possible, nous procurer *Ciel, rue et foyer* (volume paru chez Lemerre), enfin donnez-moi l'adresse de Ricard, soit à Paris, soit à Montpellier (et le titre de son journal) (1).

Je voudrais aussi vous voir pour vous parler d'une combinaison qu'on me propose. *Pressé*.

Paraît que Forain songe aux *Maudits*. Vais lui écrire des plus prochainement.

* 1 f. papier à lettre, vergé blanc, plié en deux, encore noire, recto et verso du 1ᵉʳ f., recto du 2ᵉ. L'enveloppe porte le timbre de la poste avec cette date : 25 août.

(1) Xavier de Ricard habitait alors à Montpellier, où il était rédacteur au journal hebdomadaire *Le Languedoc*. Nous possédons, à la date du 8 décembre 1886, la curieuse réponse qu'il fit à la proposition de figurer dans la série des *Hommes d'aujourd'hui*.

A bientôt donc. Si venez en dehors des jours consacrés, venez plutôt les mardi et samedi (1). Les lundi, mercredi, et vendredi je vais aux bains vers 2 [h.] 1 /2.

En dehors, naturellement, du *Villiers*, des *Poètes Maudits !* dont je ne changerai pas une ligne, ni une ligne de la note finale, pourrait-on tout de même avoir *Axël* dont les deux premiers actes promettent tant, L'*Eve Future*, L'*Amour suprême*, etc... à l'œil bien entendu, prêté ou donné ?

Vous pourriez m'apporter le manuscrit si confus du *Villiers*. Je le remettrais au net. Et épreuves de dernière partie du même.

Santé meilleure.

Et nos trois bouquins, çà marche-t-il (2) ?

Je travaille very much.

A vous cordialement,

P. V.

CCIII

Paris, le 27 août 1886 *.

Mon cher Vanier,

Voici le *Barbey*. Recommandez bien les corrections, Tout bien réfléchi, apportez ou envoyez-moi

---

(1) Verlaine était depuis peu à l'hôpital Tenon, où il occupait le lit n° 2, salle Seymour.

(2) *Jadis et Naguère*, *Les Poètes Maudits* et les *Mémoires d'un Veuf* qui avaient paru successivement de 1884 à 1886.

* 1 demi-f. papier à lettre, vergé blanc, encre noire, recto et verso. Sur l'enveloppe, cette date postale : 27 août.

Louise Leclercq, pour corrections enfin finales ! ! ! !

Et ces *Fêtes Galantes*, dont nous ne parlâmes pas hier ? trop de monde à la fois pour dire autre chose que des riens. — Venez plutôt semaine jours pairs.

Vais écrire à Forain et à Kahn.

Ecrit il y a huit jours à Morice, pour *Pamphlets* ; pas réponse.

Ecrivez Ricard. Envie de faire un *Charles Cros*, puis deux ou trois personnages pas littéraires du tout. Ça finirait par faire pour plus tard un bouquin amusant, — à moins que teniez à ce que çà reste inédit pour collection *Hommes d'aujourd'hui.*

A vous,

P. V.

CCIV

[Hop. Tenon]. Paris, le 30 août 1886 *.

Mon cher Vanier,

Je pars d'ici jeudi 2 septembre, à midi précis (plutôt avant qu'après), si vous pouviez (si vous pouviez !) combien je vous goberais de venir soit au bureau, soit dans ma salle, me prendre. Nous irions en fiacre chez vous, où je mettrais bien en ordre toutes mes affaires, vers, prose, corriger épreuves, TOUCHER le prix de *Rollinat*, etc., etc.

* 1 f. papier à lettre, vergé blanc, plié en deux, encre noire, rectos du 1er et du 2e f. L'enveloppe, conservée avec la lettre, porte : *M. Léon Vanier, éditeur-libraire*, 19, *quai Saint-Michel.* E. V.

J'écris en même temps au père Chanzy de venir à la même heure, mais pourra-t-il venir ? Si je devais sortir seul avec ma jambe encore infirme aux 3/4, çà m'ennuierait considérablement. Donc, si pouvez venir, faites. Si vous ne pouvez pas, — sans doute Chanzy viendra, et alors je serai chez vous vers 1 heure, 1 h. 1/2 : préparez tout, *monnaie comprise.* — Nous causerons sérieusement, si vous avez du temps.

A vous cordialement,

P. V.

Si vous rencontrez Chanzy, au bureau, ou dans la salle, il va sans dire que nous ferons route ensemble.

CCV

[Fin octobre, ou novembre 1886] *.

Mon cher Vanier,

Pourrez-vous donner de ma part les *Mémoires d'un Veuf* et *Louise Leclercq* à M. Germain Nouveau qui vous remettra cette carte.

Je vous attends incessamment pour causer de ce que vous savez. Apportez ce que vous savez aussi.

P. VERLAINE.

* Billet écrit au crayon, au verso de la carte de visite de Germain Nouveau, Artiste-Peintre, Professeur de Dessin au Collège, Bourgoin (Isère). La date approximative de ces lignes nous est fournie par une lettre de M. Delahaye, à Verlaine, du 28 octobre. Les *Mémoires d'un Veuf* et *Louise Leclercq* parurent dans les derniers mois de l'année.

CCVI

Paris, le 9 décembre 1886 *.

Mon cher Vanier,

Je vous prie, si vous connaissez l'adresse de
M. Le Brun, de coller un pain à cacheter au pli ci-
joint et d'y ajouter le n°, avec un timbre-poste, bien
entendu, et de le mettre à la poste encore plus bien
entendu. *Le plus tôt possible*, il s'agit d'ARGENT, et
Dieu sait si j'en ai besoin.

Je ne reviendrai pas sur la question Chanzy, sinon
pour vous dire que cet Arverne doit vous envoyer
des comptes à moi, et je le crois nom de Dieu! bien
de l'argent, beaucoup de l'argent qu'il me doit, beaucoup ; aussi, vous m'apporteriez, ou m'enverriez le
plus tôt possible — pas ?

N'oubliez pas non plus, *je vous en conjure*, de me
fader le : 15 courant. Il me reste 2 fr. 50, tous fiacres,
pourboires, etc., payés, n'oubliez pas — pas ? pour
sûr, le 15, par mandat, si ne pouvez venir — pas ?

Ça marche-t-il la vente ? et la presse ? Envoyez
donc à *Mario Proth*, du *Mot d'Ordre*, à X., de l'*Echo
de Paris*, je dis X., ignorant le rédacteur littéraire,
à *Léon Bloy* (hommage de l'auteur, P. V.), aux
autres, de la part de l'auteur, P. V.; à *Barbsy*, avons-
nous envoyé ? (hommage de l'auteur, P. V.). Enfin,
faisons un service de presse *sérieux*. Moi, me revoici

* 1 f. papier blanc, quadrillé plié en deux, encre noire, recto
et verso des 2 ff.

encore prisonnier et pour longtemps sans doute. Aidez-moi de vos lumières et de vos démarches. Enfin, que j'aie quelque argent, ne fût-ce que pour vivre, comme dit le peuple.

Je fais des vers et des tas de prose, entre deux soupirs, lisez vagues gémissements, car on me traite au sulfate de cuivre, — pas très aphrodisiaque le régime !

Quoi des *Illuminations* ? Et de la *Saison* ? Et de Kahn, en général, et de *La Vogue* ?

Ah, apportez ou envoyez le plus tôt possible, le double de notre dernier traité.

Apportez aussi journaux intéressants.

Je suis à l'hospice Broussais, salle Follin, lit 6, 96, rue Didot, 14e arrondissement (Tramway gare de l'Est-Montrouge, s'arrête rue d'Alésia qui coupe la rue Didot)(1).

Tout à vous. N'oubliez pas l'échéance du 15 ! !

Votre Malfilâtre de

P. V.

Et les illustrations pour *Poètes Maudits ?* Dois-je écrire à Forain ?

Pourrez-vous m'apporter un petit arsenal à perpétrer des chefs-d'œuvre, porte-plume, plumes (pour 2 ou 3 sous), papier écolier beaucoup, encrier portatif, avec encre dedans, etc. ?

(1) Voyez au tome I, p. 202, la lettre à Edmond Lepelletier du 13 décembre 1886,

CCVII

Paris, le 16 décembre 1886 *.

Mon cher Vanier,

N'ayant pas depuis une quinzaine de nouvelles de Chanzy, bien que celui-ci m'eût promis de me venir voir, je m'inquiète de mes effets, restés dans une chambre non visitée, de ma situation comme locataire, etc. Puisque vous m'avez proposé sur sa proposition à lui-même, d'y aller, si ça ne vous dérange pas trop, veuillez donc y aller quand pourrez, — le plus tôt vaudrait mieux — et, sans autre parole d'introduction à lui que l'invitation par lui formulée parlant à votre personne, demandez lui où en sont mes affaires avec lui et si la chambre est en bon état et à ma disposition pour quel temps — et voyez si je puis, sans faiblesse — revenir quand sera temps.

Je vais mieux, on me masse à mort. J'espère remarcher, mais je ne suis pas encore sorti.

Si pouvez, voudrais lire préface de Desbordes-Valmore, *Axël* et l'*Insurgé*, de Vallès.

Si pouvez *prêter*, bien entendu.

Cros fini.

Ricard, ci... ?

Cros, ci ?... ?

??

---

* 2 ff. papier blanc, quadrillé, encre noire, écriture négligée, recto et verso du 1er f., recto du 2e.

Article dans *Passant*, vous ai-je dit ? (8, rue de Condé).

Avez-vous vu Baju ? (pas reçu dernier *Décadent*, si avez, procurez quand viendrez).

Avez-vous vu du Plessys, Cazals ? Moi, pas vu depuis éternité.

Je travaille à mort.

A vous et à bientôt,

P. V.

Lepelletier a dû faire long article dans l'*Echo de Paris*, dans les jours d'après le 25 novembre (1), un dimanche probablement.

Ah ! Vittorio Pica, 12, Salita San Polito, Naples, (Italie), voudrait une *Fêtes Galantes* et une photo de moi, par Cohl (*sic*).

Forain ? 233, Faubourg Saint-Honoré ?

CCVIII

Samedi, 25 décembre 1886 *.

Mon cher Vanier,

L'autre jour, avec cet esprit de l'escalier qui me caractérise, j'ai réfléchi que vous aviez été des moins explicites quant aux sommes dont Chanzy peut se reconnaître redevable envers moi. Je vais lui écrire,

(1) *Les Mémoires d'un Veuf* (*Chronique des livres, Echo de Paris*, 29 novembre 1886).

* 1 f. papier à lettre, vergé blanc, plié en deux, encre noire, recto et verso des 2 ff.

mais, si vous pouviez avant, me renseigner, serais obligé. Si non, n'écrivez que pour choses sérieuses. J'en ai conclu que peut-être vous aviez des chiffres peu énormes à me dire. Il va sans dire que ce n'est qu'une supposition dont *vous ferez ce que vous voudrez*, mais vous vous rendrez compte de mes inquiétudes.

Néanmoins, pourvu que j'aie quelques cents francs assurés de ce côté, je pourrais voir clair dès ma sortie, à une position quelconque.

D'ailleurs, vous savez, j'ai mes plans très sérieux alors de *Sagesse*.

Je vous en prie, envoyez bouquins aux adresses données par M. Vesseron : mettrez à M. Charles Vesseron (1), et non pas Vesserond, Rethel, Vouziers, Sedan, Charleville, etc. Il y aura, certes là, de la vente.

Je travaille beaucoup. J'ai trois nouvelles en train : une des *Contes tout ainsi*, une d'*A ma Fille*, l'autre,.... je rêve d'en faire une longue histoire très innocente pour le livre d'étrennes que je voudrais « chef d'œuvral. »

Avez bien rangé vers ?

Quand épreuves de biographies ? Je fais un *Mérat* amusant.

Mais je vous laisse à vos étrennes, livres, dorures, etc., et vous souhaite, en attendant de vous voir, une bonne et heureuse année.

---

(1) Rédacteur au *Petit Ardennais*. Verlaine lui dédia deux de ses poèmes, l'un dans *Amour* (II, p. 45), l'autre dans *Dédicaces* (III, p. 118).

Et Forain ? je vais lui écrire. Adresse de Régamey Félix ?

J'aurai peut-être un de ces jours des bouquins de la rue Moreau à vous vendre. Pas beaucoup. Quand occase. Tâchez de me prêter L'*Insurgé*, *Desbordes-Valmore*, et *Axël*, si possible.

P. VERLAINE.

Lit 6, salle Follin, Hop¹ Broussais.

CCIX

Paris, 13 janvier 1887 *.

Hôpital Broussais, lit n° 6, salle Follin.

« Mon cher Vanier,

« Ci-joint deux poèmes, l'un pour *Amour*, l'autre pour *Parallèlement*. Veuillez les classer. Encore deux cents vers et ces livres sur lesquels je compte beaucoup, seront terminés. Vous pourriez déjà les annoncer sur vos catalogues et vos couvertures.

« Mes *Nouvelles* et *Mémoires* marchent. Et cette *Madame Aubin* et *Les Uns les autres*, voilà qui me ferait du bien, si joué bientôt. Voyez-vous mèche ?

« Ma santé se rétablit. Il y a trois semaines, on m'a parlé de trois mois d'hospice. Ça me mènerait vers Pâques. Mais voici un nouveau docteur. Me tiendra-t-il aussi longtemps ? D'ailleurs, si j'étais

* *Verlaine intime*, p. 134. Nous n'avons pu retrouver le manuscrit original de cette lettre ; aussi ne la donnons-nous que sous toute réserve.

assuré au point de vue financier, je préférerais sortir avant et me soigner chez moi. Le traitement serait très simple et point coûteux. Mais voilà, il me faudra quelque assurance ?

« La vie va m'être dure. Et pourtant, si la malechance me lâche, j'ai l'idée que je puis m'en sortir — *tel que je me connais* — dignement. La pauvreté ne m'effraie pas avec la santé. Je ferai mon œuvre littéraire courageusement, tout en garantissant mes vieux jours, si possible. Quant à mon fils, la très grande dignité de ma vie me le rendra quelque jour. J'ai été extrêmement sérieux de 1875 à 1880, ayant des sous. Pourquoi ne le redeviendrai-je pas, quand tout m'y pousse, intérêt et gloire et affection naturelle si douce.

« Pour cela je dois être aidé. Je compte sur vous, libraire, et comme libraire sur vous, ami. N'est-ce pas ? Et vous verrez quel homme je puis être, net, fier et tout !...

« L** (1) s'occupe toujours de ma créance. Cette dernière est bonne. C'est un dépôt de neuf cents francs, garantie de solde du prix d'un bien vendu en 1882 et remboursable par le notaire au 15 novembre 1887 — avec intérêts à 4 1/2 pour cent (2).
— Je perdrais, s'il le fallait, l'intérêt et même, tou-

(1) Lisez : Emile Le Brun, ami du poète, lequel lui dédia deux de ses poèmes, l'un dans *Amour*, l'autre dans *Dédicaces* (Cf. *Œ. C.*, II, 19 ; III, 113). Voyez plus loin, la lettre du 27 octobre 1887.

(2) Cf. Lettre du 7 août 1887, à Edmond Lepelletier, t. I, pp. 205-206.

II 5

jours s'il le fallait, quelque chose en outre. Ça me ferait tellement de bien ! On dit qu'il est des gens d'affaires qui achètent ces sortes de créances ? En connaissez-vous un, à défaut d'un acquéreur amiable ? Indiquez-moi bien vite ce sauveur !

« Autre question qui me rend et ne devrait pas cependant me rendre perplexe. A deux lettres à mon propriétaire, consécutives à votre visite du mois dernier, lettres par lesquelles je lui demandais le montant approximatif de mon compte avec lui, je n'ai pas reçu de réponse. Il me doit de l'argent, et j'ai livres, manuscrits, effets d'habillement chez lui ; et ma chambre court, tandis que je lui disais que si je devais rester encore deux mois ici, je préférerais louer chez lui un cabinet de débarras. Ainsi, il ferait en mon absence ce qu'il voudrait de ma chambre ainsi débarrassée. J'ai peur pour mes vêtements, pour mes tableaux, mes livres, mes papiers. Je lui ai offert, également par lettre, de ravoir sa clef... Enfin, — procédé mal poli à part — je suis inquiet. Est-il seulement encore là ! car que signifie ce silence ? Que faire, que me conseillez-vous ? Je n'ose vous prier d'y aller, sous prétexte d'acheter mes livres, auquel cas je vous donnerais la clef de la chambre...

« Et nous, voyons ! sommes-nous pour faire des affaires ? De même que je vous demandais plus haut d'être ami comme éditeur et réciproquement : je vous promets, moi, d'être ami comme auteur et *vice versa*. Mon nom, à présent, est bon. Profitons-en, que je ne meure pas trop de misère d'ici quelque temps, et qui sait ! nous gagnerons peut-être pas mal d'argent.

« Répondez-moi en détail, en m'envoyant journaux. Si vous pouvez venir me voir, ce sera avec grand plaisir que je vous serrerai la main.

« Tâchons donc de savoir, avec beaucoup d'adresse, ce que devient cette cour Saint-François, où j'ai tout ce que je possède « de bien au soleil ! »

« Sur ce mot *rigolo*, je vous serre la main bien cordialement. »

[PAUL VERLAINE].

CCX

[Janvier 1887] *. 

Besoin beaucoup des argents. Vrai sans blague. Pressé, pressé. Vais faire *Goncourt*, finir *Poètes Maudits*, pour *Vogue* et me remettre enfin à *Amour*, pour avoir terminé vienne l'automne.

Besoin beaucoup des argents, etc.

CCXI

Paris, le 26 janv. 1887 **.

Mon cher Vanier,

Voici, pour quand vous irez rue Moreau, un compte

* Billet non signé, ni daté, simple paraphe, 1 f. papier blanc, encre noire, recto.

** 2 ff. papier blanc quadrillé, encre noire, recto et verso du 1er f., recto du 2e. On lit sur l'enveloppe présumée de cette

approximatif de mes recettes et dépenses depuis septembre 1885.

Actif

De mon héritage par ma mère, après tout décompte par suite de l'acte de ma femme du 25 janvier 86 . . . .   3.500

De mon héritage de ma tante que j'ai dû pour éviter nouvelles saisies abandonner par devant notaire et par le ministère de M. Cabanes (d'Aurillac) et de M. Henry fils, avoué à Arras.

Immeubles 1.500

Action ou obligation de l'Est (je crois) environ . . . .   700 ou 800

5.700

Passif

A déduire, *grosso modo*, service de ma mère, enterrement, dépenses de nourriture et diverses .   1.580

Tombeau au cimetière de Clichy, Paris.   800 (1100)

Frais d'enregistrement pour la succession de ma tante. Environ   140

(40, enregistrement de la procuration).

Voyage à Arras, dépenses légales (frais divers)   250

2.770

lettre, en marge de la suscription, mais d'une main qui n'est peut-être pas celle du poète, ces notes : *Fin juin 86 = 3755, argent dû : 368, juillet ; 41,95, août. Et au dos : 109 + 100 (Cabanes) = 209 ; pharmac. 36 ; Loyer, depuis. 20 fr. par mois ; 150 fr. donnés à M. Cadot.*

Report......	2.770	
Dettes de ma mère, depuis commencement de novembre ou fin d'octobre, médecin, drap pour ensevelissement, etc. Environ........	300	[336.84]
Mes nourriture et logement, environ 5 fr. par jour, pendant un an environ..........	1.825	
Total.....	4.895	
Actif (toujours approximatif)...........	5.700	
Passif (toujours approximatif)..........	4.895	
Reste..........	805	

Il y a 100 francs de vêtements, mais 100 francs de vente de quelques articles mobiliers. Enfin, le compte est à peu près. Je ne parle pas des consommations qui, selon moi, tiennent en grande partie dans mon compte qui est large. — Enfin, soyez prudent et réservé. D'ailleurs, je pense que je verrai enfin ces comptes qu'on me doit.

Tel est à peu près mon bilan. Il y a eu du crédit, des avances d'argent, en outre, mais il doit rester définitivement quelque chose d'encore conséquent.

Je vous confie ces chiffres tels quels. Ne les montrez que s'il vous le semblait tout à fait nécessaire. Enfin, faites tout pour le mieux.

Occupez-vous, n'est-ce pas ? d'avoir l'article de Lepelletier. M. Vesseron a-t-il reçu ses livres et envoyé l'article promis ? Etc., etc.

Je travaille toujours beaucoup. Donnez instructions précises sur la préface dont vous m'avez laissé la maquette au crayon. *Cros* recopié. *Mérat* (très intéressant) en train.

Avez-vous le manuscrit du *Voyage en France* ? (1)

(1) *Voyage en France par un Français.* Le texte de cet ou-

Bien à vous. Ecrivez bientôt à, ou venez voir

Votre

P. V.

Mon garçon de salle se recommande à vous pour un emploi dans la librairie. C'est un très brave homme qui a déjà travaillé dans cette partie. — Il s'appelle Emile Rochereuil.

P.-S. — Très intéressant, le livre de Bloy (1). Et j'y suis plus qu'honorablement traité. Le voyez-vous quelquefois ? Vous le remercierez bien de ma part. J'écrirai quelque jour à Vignier pour *Centan*. Compliments à lui, en attendant. — Donc à bientôt, vous, chez Chanzy. Et j'ai, dans tous les cas, un asile sûr pour mes affaires, — chez Mme veuve Delahaye, 13, rue de Malte.

CCXII

Paris, le 9 fév. 1887 *.

Mon cher Vanier,

Il est plus que probable, mais plus que probable seulement, que dimanche je me rendrai chez Chanzy, à l'effet de savoir enfin à quoi m'en tenir, car je lui

vrage, demeuré longtemps inédit, a été publié par M. Louis Loviot, en 1907. Voyez, de plus, les *Œuvres posth.*, II, pp. 33 et ss.

(1) *Un Brelan d'excommuniés.*

* 2 ff. papier à lettre, vergé blanc, encre noire, recto et verso du 1er f.

ai écrit, peu de jours après votre visite, lui demandant en particulier l'adresse de ce M. Cabanes avocat, ancien avoué, qui me doit de l'argent et a eu entre les mains toute l'affaire de la succession de ma tante, et pas encore de réponse.

Un M. Edouard Dubus, qui est venu me voir l'autre jour, m'a offert sa journée de dimanche à m'accompagner dans cette pérégrination. Car je ne saurai me piloter tout seul avec une jambe en « pâté de foie ». Il me faudra quelques argents pour, — en dehors les nourritures et voitures — peut-être payer les commissionnaires, en cas de déménagement. Or, vous me devez un *Mérat*,...... 10 fr.

Et je vous apporterai un *Rimbaud* « batte aux pommes » .... 10 fr.
20 fr.

Ce qui ferait vingt balles qui passeraient en partie en achats sérieux et m'aideraient à vivre encore du temps un peu à l'hospice (1). Si vous devez fermer dimanche, alors envoyez *poste par poste* mandat, sinon, n'écrivez pas et je passerai chez vous vers les 9, 10 heures. Vous m'auriez préparé la petite somme, même en cas d'absence de votre part — et si vous pouviez nous accompagner ce serait rupin, mais pas de vœux ambitieux.

Préparez aussi les manuscrits d'*Amour* et de *Parallèlement* que voici finis. Je vous apporterai la dernière pièce d'*Amour*. Je mettrais çà sommairement en ordre et nous toucherions un mot du prix.

(1) Cette somme fut versée au poète le 13 février.

Avez-vous pensé à ma créance de Juniville ? Sacrebleu ! que ces 900 (ou moins) tomberaient donc bien ! (1)

Santé toujours la même... Je pense *très sérieusement* aux avenirs. Vous, préparez-moi un conseil, hein ? en même temps que ces 20 balles.

Et à vous cordialement,

P. V.

D'ailleurs je sortirai, si je sors, de 9 à 5. Après quoi, rentrée au paradis Broussais.

CCXIII

Le 19 février 1887 *.

Mon cher Vanier,

Voici deux petits poèmes pour *Amour*, à insérer dans le manuscrit.

Envoyez-moi un mandat de 15 francs, contre le reçu ci-joint. Les 5 francs de l'autre jour seront ainsi payés.

Toujours même santé. On continue à travailler. Bon carnaval.

Votre,   P. V.

Vous écrirai un de ces jours, très en détail.

(1) Pour l'intelligence de ces lignes, voyez au tome I, p. 216, une lettre à Lepelletier du 28 novembre 1887. Il s'agissait pour le poète de rentrer en possession d'un reliquat de dépôt sur un bien vendu par lui, en 1882, à la suite d'une de ses entreprises agricoles.

* 1 f. papier à lettre, vergé blanc, plié en deux, encre noire recto du 1er f.

CCXIV

Jeudi 24 fév. 1887 *.

Mon cher Vanier,

Moi toujours : emm..dant, mais encore plus emm..dé. Besoin non pas d'argent, mais de sous, chocolat, timbres, carafons de temps en temps, etc. (les et cœtera ne sont ni nombreux ni formidables). Bref, pourrez-vous m'envoyer par mandat sur la poste les 15 francs que je vous demandais en une lettre qu'a dû vous porter Des Cadenzals (1) dimanche dernier et qui contenait un reçu de 20 francs pour deux biographies (*Cros* et *Ghil*) ? (2) De la sorte, les 5 francs que vous m'avez remis il y a aujourd'hui huit jours seront tenus pour payés. Mais Des Cadenzals est-il allé chez vous ? Au cas contraire, je vous enverrai poste par poste un reçu du mandat, le plus tôt possible, n'est-ce pas ?

Mérat est fait. Je vais me mettre à un *Rimbaud*; mort ou non, il faut qu'il soit fait. Et nous nous oc-

* 1 f. papier à lettre vergé blanc, plié en deux, encre noire recto et verso du 1ᵉʳ f., recto du 2ᵉ. On lit, en tête et à gauche du 1ᵉʳ f., la note autographe suivante de Léon Vanier, à l'encre verte : *Envoyé mandat de 15 fr. ce jour, 25 février 87. V.*

(1) Lisez : F. A. Cazals.
(2) Effectivement le 20 février précédent. Ledit reçu a été conservé dans un des dossiers du fond Vanier. C'est là que nous l'avons retrouvé parmi une grande quantité d'autres pièces curieuses, portant, pour la plupart, la signature de Verlaine, et que nous avons utilisées au cours du présent travail.

cuperons sérieusement d'une édition épatante de lui, dès que ma situation sera un peu tranquille.

Amour sera fini très bientôt. Au premier jour, je m'occuperai de bien revoir le manuscrit et celui de *Parallèlement*.

J'ai oublié dernièrement de vous reparler de ma créance sur le notaire en question et de la possibilité de m'en défaire au moins désastreux possible prix. Je répète,elle est bonne, très bonne ! 900 fr. à 4 0/0, remboursable à 6 ans, à partir de 82. Notaire : Carrette, à Juniville, arrondissement de Rethel, Ardennes (1). Si connaissiez type pour acheter, dites, n'est-ce pas ? Quel service !

Et quel service aussi ces 15 francs ! *Dès ceci reçu*, n'est-ce pas ? Car gêne vraie ici, — où je devrais toujours avoir au moins une pièce de 5 francs en réserve.

A très bientôt çà, je compte sur vous véritablement.

Votre

P. VERLAINE.

Lit 6, salle Follin, Hôpital Broussais, 96, rue Didot.

Avez-vous envoyé les trois livres à Vesseron (Charles), Charleville (Ardennes).

Et les deux *Louise* et *Mémoires* à M. François Walty, 8e régiment d'artillerie, 1re batterie, Châlons-sur-Marne.

(1) Voyez la lettre CCIX, p. 61.

CCXV

20 mars 1887 *.

[Hôpital Cochin, salle Boyer, lit 13].

Mon cher Vanier,

Voici !

Je pense rentrer dans un hospice, et vais m'en occuper demain. Serez immédiatement prévenu d'ailleurs de l'endroit. Seulement, je veux être un peu respectable en me « constituant ». Une paire de chaussettes, enfin ! et un chapeau vraisemblable ne feraient pas mal dans ce paysage triste. De plus, au lieu de 30 francs de loyer pour avril, quelques frais de déménagement immédiats bien entendu et quelques sous pour premières dépenses d'installation ; — bref, envoyez ou apportez-moi (envoyez plutôt par mandat) tout le possible, le plus tôt possible. Car cette situation de petites dettes, d'égards tout juste, etc., m'ennuie, sans compter l'horrible fatigue de garder la dignité à ces prix-là : faim et froid.

* *Verlaine intime*, p. 141. A défaut de l'original, que nous n'avons pu découvrir, nous reproduisons le texte tel qu'on peut le lire dans l'ouvrage mentionné ci-dessus. Si nous en croyons Charles Donos (qui, cependant, fait erreur en dirigeant alors Verlaine sur la maison de convalescence de Saint-Maurice, où il n'entra que le 16 mai), c'est au Dr Nélaton, chirurgien à l'Hôtel-Dieu, que l'écrivain dut sa rentrée dans les hôpitaux parisiens. Il fut hospitalisé à Cochin, dans les derniers jours du mois de mars.

Enfin ! on va pouvoir travailler. A vous, et envoyez « galette » tout de suite, — pas ?

[P. V]

CCXVI

Le 10 mai 1887 *.

Mon cher Vanier,

Affaires de « librairie » d'abord.

Amour. Dédicaces (1) :

Ecrit en 1875, à Edmond Lepelletier.

Bournemouth, à Maurice du Plessys.

Parsifal, à Jules Tellier.

Je vois un groupe sur la mer, au Dr Louis Jullien.

Un crucifix, à A. Baju.

Saint Benoît Joseph Labre, à Emile Le Brun.

Quatre Sonnets : à Léon Valade, à Ernest Delahaye, à Emile Blémont, à Victor Hugo.

Centenaire de Calderon, à José Maria de Heredia.

Parallèlement. — *Les Amies*, à René Ghil (2).

---

* 1 f. papier vergé blanc, plié en deux, encre noire, recto et verso des 2 ff.

(1) Quelques-unes de ces dédicaces ont été modifiées lors de la publication du volume. *Bournemouth*, a été donné à Francis Poictevin, *Un Crucifix*, à Germain Nouveau, *Ballade à propos de deux ormeaux* à Léon Vanier. Les pièces : *Je vois un groupe...*, *Saint Benoît Labre...* ont paru sans dédicaces et, par contre, d'autres poèmes non cités dans cette liste succincte, ont été dédiés au Dr Jullien, à Emile Le Brun et à E. Raynaud.

(2) Cette série de pièces, on le sait, a paru sans aucun envoi.

Ballade à propos de deux ormeaux qu'il avait, à Ernest Raynaud.

J'attendrai, pour d'autres dédicaces, d'avoir vu le destinataire, surtout dans *Parallèlement*, où il y a des pièces épicées.

D'ailleurs, le classement des pièces est à peu près fait. Un jour de semaine que vous aurez du temps (ayez toujours un peu d'argent dans la poche !), venez avec les manuscrits et ce sera fini. N'oubliez pas de m'apporter (dans un *Lutèce* la dernière *Fête Galante* (1) et dans, je crois bien, la *Revue critique* (Max) ou *la Libre Revue*, la pièce commençant par :

Ni pardon ni répit, dit le Monde (2).

Et les *Romances sans paroles* ? Et les *Maudits* ?

Quant à *Bonheur*, décidément en train, concurremment avec des morceaux, *possibles dans la Presse payante*, des *Nouveaux Mémoires d'un Veuf*, vous avez déjà la première pièce, raturez le titre *Bonheur*, que vous remplacerez par un simple N° 1. Il n'y aura ni titres ni dédicaces, que titre *Bonheur* et Dédicace du livre, je verrai à qui. Mettez Bonheur à droite de la page, comme indication. Ci incluses la 2e et la 4e ; la 3e est finie (42 vers), mais encore à corriger, l'aurez bientôt.

Pour *Œuvres de Rimbaud*, c'est bien toujours Félix Régamey qui tient ? Mais pour les *P[oètes] Maudits* ? ce Forain là ? Tâchez donc d'en tirer plume

(1) Cf. *Dernière Fête Galante*, n° de *Lutèce* du 21 au 28 déc. 1884. (Voy.: *Parallèlement* (Œ. C., II, 168).

(2) *Amour* (Œ. C., II, p. 32 : *Il [un veuf] parle encore*).

ou poil. Il a une photo de Rimbaud, non unique (car je dois en avoir une autre, plus *gosse* encore) et une de moi très amusante. Faut tâcher de l'avoir : son adresse, si l'avez ?

Voulez-vous me proposer des biographies à faire ? Je pense bien à France (Anatole), à Lafenestre, à Theuriet et à Lemoyne, mais il faudrait que j'eusse quelques bouquins à l'appui. Dame !

Vous savez, je sais très bien l'anglais, références très belles, etc... Je sais l'orthographe et me tenir quand il faut. Un emploi quelconque me botterait, et je saurais le garder, s'il était nécessaire. Voyez si pouviez trouver.

Que mon notaire seulement m'envoie des fonds contre créance (excellente) cédée, oh, alors ! je suis sauvé. Voyez si pouviez trouver.

Quant à Ladoux, je ne lui dois *rien*, mais rien ! et c'est un abus abominable ! l'ayant prévenu à temps, mais on me dit qu'il faut payer ce qu'il me réclame : 8 francs (1). Du Plessys l'aura vu et sans doute passera chez vous. Il s'agit de portraits de famille et de valeur auxquels je tiens beaucoup beaucoup.

Une idée : j'ai cédé mes titres à ma femme *non encore remariée et pour l'enfant* (2). Or, elle me refuse

---

(1) Il s'agit ici d'une dette de logement. Le 21 mars précédent, Verlaine avait déjà payé pour le loyer d'un mois, au même propriétaire, 5, rue Moreau, la somme de 30 francs, dont le reçu nous a été conservé dans les papiers de son éditeur.

(2) Si nous en croyons une lettre de Mme Delporte (femme séparée du poète) publiée par l'*Echo de Paris* (26 août 1896) mais dont le texte est fort douteux, cette dernière se serait remariée dans le courant de l'année 1886.

tout de l'enfant, vue, éducation et nouvelles, et, me dit-on, le fait élever avec ceux (car il paraît qu'il en a aussi) de son « mari ». Or je me trouve, toutes dettes payées, dans le *dénuement absolu*, et m'est avis de m'adresser au juge de paix qui m'a saisi et m'a félicité d'avoir été en cette circonstance un honnête homme pour que lui, magistrat, au courant de cette affaire, engage Madame ? à faire son tout petit devoir et me constituer quelques sous, sur les 20.000 francs et plus qu'elle a de ma bonne volonté. N'est-ce pas ?

Le 15, ou aux environs, n'oubliez pas M. Allemoz (1), passez chez Chanzy, dites-lui que je lui écrirai, qu'il vienne me voir, *que je pense à lui* (ceci pas devant Madame) et qu'il sache un peu ce que son beau-frère me fait. Toutefois entre nous trois.

Le projet, dont je vous parle, relativement à la rue Nicolet est ma dernière cartouche *à blanc*. Le ton des premiers vers de *Bonheur* (l'âpreté même y incluse témoigne de ma sincérité), indique assez que loin de moi l'idée de passer à des choses plus militaires — à moins que le Diable et les gens... Ecartons ce pronostic.

Aux environs du 15, plutôt avant, passez un peu aussi chez Cochin, salle Boyer, lit 13, ou faites vous y représenter par un tout petit mandat.

Et ces traités ? A vous, pensez à moi, n'est-ce pas?

P. V.

(1) Restaurateur, 8, rue Moreau. Léon Vanier fut chargé à plusieurs reprises de régler les notes qu'il présenta au nom de Verlaine.

CCXVII

Saint-Maurice, le 23 mai 1887 *.

Mon cher Vanier,

C'est pressé par le plus absolu et le plus réel besoin que je vous écris.

Voici. Comme vous le « marquait » ma lettre dernière, mon médecin en chef de Cochin m'a très inopinément et moi ne le désirant pas du tout et le demandant encore moins, envoyé en ceci qui est donc l'*Asile des convalescents de Vincennes*, où, d'ailleurs on est très bien, à part le temps affreux commun d'ailleurs, aussi, et c'est justice ! à tout le monde. Or, le séjour réglementaire ici est de quinze jours et j'y suis depuis le lundi seize courant (1), ce qui fixerait mon départ à aujourd'hui en huit, demain en huit au plus tard !

Je ferai naturellement tout le possible pour rester une quinzaine, une semaine de plus, mais je ne puis le moins du monde répondre du succès en cette circonstance et je dois m'attendre au pire, partant avoir en poche pour lundi en huit matin, au plus tard, le plus d'argent *raisonnable* possible. A l'heure qu'il est, des fameux 7 francs du 24 avril dernier, il me reste, par quel prodige d'*ordre* ?!! soixante-quinze cen-

---

* 2 ff. papier à lettre, vergé blanc, grand format, encre noire, recto et verso des 2 ff. Enveloppe avec le timbre de la poste.

(1) Voyez à l'appendice du présent tome, le fragment d'une lettre adressée au même, le 13 mai 1887.

times, sur lesquels j'ai à donner au moins trois encore pourboire de deux sous. Jugez.

Maintenant, en cas d'impossibilité de prolonger mon « restage » ici, aussi de rentrer immédiatement dans un autre hospice (quelle vie m'a là faite mon ancienne !), pour y guérir enfin tout à fait ce genouil-là, je suis à peu près sûr d'un gîte pour plusieurs — au moins — jours. Il ne resterait plus GUERE donc que la question de nourriture et d'un chapeau de 3 fr. 60, sans compter une chemise et quelques chaus-settes propres de temps à autre, — en tout état de cause et *avant tout* une respectable toute petite somme de poche à ma sortie. Donc, envoyez *dès ceci reçu*, mettons une dizaine de francs, avec idée du chiffre approximatif que pourrez me donner, ou m'avancer, si préférez le mot, en vue de ma vie de quelques jours, en attendant du définitif, ou du provisoire plus substantiel.

Ci-joint mes vers pour *Bonheur*. Donc, déjà (il n'y aura ni titre ni dédicace).

I.	*L'incroyable, l'unique horreur*...	14 vers
II.	*La vie est*.....................	40 »
III.	*Après la [chose]*	42 »
IV.	*Et, déjà très* (1).............	20 »
V.	*L'adultère*....................	32 »
		148 »

L'adultère, celui du moins... qu'a dû vous envoyer

(1) C'est la pièce VI qui débute par cette variante, dans les *Œuvres Complètes* (II, 220) : *Puis, déjà...*

ou remettre Du Plessys (plus une épigraphe pour le faux titre je pense).

Je travaille aussi à proser pour être payé. On fait de son mieux, quoi, pour sortir de cette honorable, mais ennuyeuse à la fin, mouscaille !

Public reçu dimanches et jeudis, de *midi à 4 heures.* Bateaux pour Charenton. Machir e, Tram ou « bus », Louvre-Vincennes.

Venez jeudi, si pouvez venir, me ferez plaisir. Envoyez mandat, au moins pour ce temps, afin qu'il ne soit pas dit que « le chef incontestable, etc... » soit sorti d'ici dans le « Vaste Monde », avec neuf ronds pour le « Struggle for life » dans sa profonde.

Et que le ciel vous tienne en joie ! Votre

P. V.

Adresse correcte : M. Paul Verlaine, chambre 1, lit N° 2, Galerie Argand, Asile National de Vincennes. Saint-Maurice (Seine).

CCXVIII

Saint-Maurice, le 29 mai 1887 *.

Mon cher Vanier,

Pourrez-vous me procurer, un de ces jours, pour les parcourir, quelques livres d'Anatole France, prose et vers, en vue de biographie, Même de-

---

* 2 ff., papier à lettre blanc, encre noire, recto et verso. (Cf. *Catalogue F. Vanderem*, Paris, 1921, n° 894). Cette lettre appartient actuellement à la collection de M. J. Canquéteau.

mande, si moyen, pour Theuriet, Lafenestre et
Lemoyne : études amusantes au possible, et occasion de dire quelques bonnes vérités, en même
temps de gagner — en suant — quelques patards.
Je serais heureux aussi d'entreprendre quelques
vies d'hommes (1) pas littéraires, histoire de prouver qu'on peut parler d'autre chose que du métier !!!
Et d'également voir luire et trébucher quelques
écus — bien mérités — dans des poches que « paou-
vres » ! Cherté des vivres, des loyers, des habits, des
hommes et des femmes, que me veux-tu ?

Mémoires, ainsi, n'est-ce pas ? nouveaux ? (2)

1º avez : ⎱ *Manque de formes.*
2º   ⎰ *Manque de formes* (suite).
3º avez : *L'Ægri somnia.*
4º avez : *Pro Justitia* (« *Lutèce* »).
5º avez : *Café de Lettres* (id.).
6º *Le bon Larron*
7º *La Goutte*   ⎱ n'avez pas,
8º *Mes Hospices.*   ⎰ allez avoir.

D'autres sont en route :
Avez une nouvelle d'*Histoires comme ça* ! (*Deux
mots d'une Fille*).
1º En route, d'*Histoires comme ça.*
2º En route, de *Pour ma fille.*
— A ma première sortie, piocherai ferme, chez
vous (ça vaut mieux tant que moi, si peu ou tant

(1) Et « les « *Femmes d'aujourd'hui* ? ». « Ça m'amuserait d'y
collaborer ! » (*Note de Verlaine*).
(2) Voyez la lettre du 27 octobre suivant.

de domiciles) les manuscrits de *Poètes Maudits* et
d'*Amour*.

— Au fur et à mesure de pièces nouvelles de
Bonheur, aurez.

— *Parallèlement* est complet.

— *Filles*, à Marius Michel. Vous donnerai les
dédicaces au fur et à mesure.

Les Amies (1), à René Ghil, n'est-ce pas ?

Excusez ces notes décousues. J'écris selon que les
idées me viennent, sans ordre. — Il faut, dans
Pensée du Soir, le « tendre Ovide », au lieu du
« doux Ovide » (2).

Ah ! Huysmans ! en attendant que je lui écrive,
excusez-moi auprès de lui, de n'avoir pas accusé
réception d'*En Rade* (3). Félicitations surtout pour
partie fantastique du volume : Esther et Assuérus ;
c'est d'un cochon, merveilleux vraiment ! A propos de Bloy, je retiens tout de suite ce que vous
m'avez dit de la part de Huysmans. Au fond, très
chic Les Chartreux, et je ne répugnerais pas à une
retraite chez eux (4). Qui sait ? on peut finir comme
ça ! Mais faudrait être presque un saint. Mais se
retremper dans cette atmosphère, loin de la bêtise
contemporaine, oui alors, c'est dans les très plau-

(1) *Filles*, ainsi que *Les Amies*, parurent sans dédicace.

(2) *Amour* (Cf. *Œ. C.*, II, p. 68, vers 7).

(3) Paris, Tresse et Stock, 1887, in-18.

(4) On fit répandre, à plusieurs reprises, le bruit que l'auteur de *Sagesse* allait se retirer dans un couvent. Nous en trouvons un écho attardé dans un article inexact et malveillant,
publié, anonymement, par la *Revue Hebdomadaire* du 3 août
1902, sous ce titre : *Anecdotes inédites sur Paul Verlaine*.

sibles et très faisables tentatives. On verra, quoi.
— Parlez-en donc à Huysmans : que je voie un
peu ce Bloy-là, s'il n'est pas un catholique trop
farouche. En tous cas, il n'est pas fadasse. C'est
déjà bien, ça.

Et cette édition de Rimbaud ? Mettez les choses
ci-jointes : *Hymne*, dans *Amour* (1), vers le milieu,
en attendant classement définitif, et VII, dans
Bonheur (2), à la suite, bien entendu.

Je sors du secrétariat : on va essayer d'obtenir
quinze jours gratuits, mais préférable d'être tout
prêt à payer : ça ne coûte rien d'être prêt. Et je
vous serais obligé de m'envoyer mandat de 45 fr.,
ou billet de 50 fr., à défalquer sur sommes à moi
dues, ou celle ou partie de celle à échoir le 15 juin,
Je vous en prie, faites très vite, et, en même temps,
envoyez-moi compte. De façon à ce que je voie à
rafraîchir mes créanciers, surtout cette excellente
mère Allemoz.

A vous de cœur,

P. V.

Asile des Convalescents de Vincennes, Galerie Argan d
Chambre I.

Saint-Maurice (Seine).

(1) Cette pièce, dédiée à Rachilde, a paru sous ce titre : *Délicatesse* (*Œ. C.*, II, p. 49). Voyez l'édition d'*Amour*, dans la
collection des « Maîtres du Livre ».
(2) Cf. : *Œ. C.*, II, p. 222.

CCXIX

Mardi, 7 [juin 1887] *.

Mon cher Vanier,

Je vous en supplie, *dès ceci reçu*, envoyez un mandat, ou un billet de 50 francs. Sans cela, je suis exposé à être congédié d'un jour à l'autre. Et voyez quel préjudice ! Déjà je n'ai pu sortir lundi, attendant l'un ou l'autre, comme je vous en priais instamment, dans mes deux dernières [lettres]. Je compte sur votre exactitude. Dès ceci reçu, n'est-ce pas ?

Votre   P. VERLAINE.

Asile de Vincennes (Convalescents), Saint-Maurice (Seine).

CCXX

Saint-Maurice (Seine), Asile des Convalescents de Vincennes, galerie Argand, chambre 1.

Le 17 juin 1887 **.

Mon cher Vanier,

Voici une lettre pour Huysmans. Après avoir pris connaissance de ce remarquable morceau, vous

* Petit fragment, papier blanc, quadrillé en filigrane, encre noire, recto. La date de ce billet nous a été fournie par un reçu du poète, concordant avec l'envoi de ces lignes. Le mandat de l'éditeur arriva à Saint-Maurice le 9 juin.

** 1 f. papier à lettre, vergé blanc, plié en deux, encre noire, recto et verso des 2 ff. Cette lettre figure déjà, mais assez inexactement reproduite, dans *Verlaine intime*, p. 146,

voudrez bien coller l'enveloppe et faire parvenir.

Situation bizarre. Jusqu'à présent je suis prolongé *sans payer* : toujours ça, mais c'est de l'it.décision. Aussi,... dame ! j'attends... Pas ? Quand m'écrirez (quand ?) dites-moi donc au juste *ce que vous pouvez me devoir en tout*. Et avez-vous payé la bonne *mère Allemoz* ? (1) Remémorez-vous ces deux points : ce qui me revient et Mme Allemoz ?

Quant à la publicité, qu'avons-nous de tout prêt ? Les *Romances sans paroles*, à en juger par les apparences. Dès parues, envoyez-moi deux ou trois exemplaires. Aussi, des *Fêtes Galantes*, un ou deux ou trois si possible, pour cadeaux ici, aux personnes qui s'intéressent à moi, vous comprenez. Puis je crois me rappeler que vous pensez aux *Maudits*. Mais les images ? Je serais bien aise aussi de corriger quelques phrases, et, dans le *Villiers*, de modifier un brin. — Puis, n'est-ce pas, en route pour *Amour* ! *Parallèlement* après, ou pendant ? Qu'en dites-vous ?

Temps, aussi, de faire un traité relatif à *Parallèlement*. Est-ce votre avis immédiat ? Dites ? Les règles en règle, je ne connais que ça. On peut « crapser ». — Quant aux biographies, par laquelle commencerons-nous ? Nous avons, si je ne me trompe, encore inédites, celles de *Mérat, Cros, Rollinat, Ricard* et *Rimbaud*. Je suis à celle de *France (Anatole)*. Il sera bon, je pense, de ne publier Rimbaud

____

(1) On trouve dans les papiers de Vanier, un reçu de quarante francs, signé par cette dernière, le 4 mai. La somme fut versée au compte de Verlaine.

qu'au moment de l'apparition de ses *Œuvres Complètes*. (A ce propos, et Régamey ?) Si nous nous occupions de Mérat, de Cros et de Ricard ? (Mérat et Cros, photographies chez Carjat ; vous en avez une de Ricard). Quant à Lafenestre, Theuriet et Lemoyne (Lemoyne utile, peut-être),, je voudrais bien avoir si possible, quelques-uns de leurs recueils.

J'ai écrit à l'avoué de mon ex-conjointe, en vue de voir mon fils et j'avertis sa cliente de la purée où ses bons soins me laissent me débattre. En attendant, je versifie toujours *de paupertate*. Du Plessys a même dû vous remettre un sonnet VIII pour *Bonheur*.

Vous aurez également bientôt un sonnet à Thomas pour *Amour*, qui dès lors sera clos et arrêté.

Voilà tout pour le moment. Dès qu'il y aura du nouveau dans ma situation ici, aurez détails. Ça ne peut tarder, mais j'espère bien, si on me parle de m'en aller, qu'alors les 45 balles précieusement consignées, seront utiles. Quoi qu'il en soit, vous voyez, j'escarmouche de mon mieux contre la guigne ! Il n'est pas jusqu'à ce roman pour la *Revue Indépendante* que je n'aie entamé (1).

Bref, tâchez de me venir voir un de ces jours et de m'écrire si de votre côté vous avez du nouveau à m'apprendre ou à me dire.

Bien cordialement,

P. V.

(1) Lisez : *Charles Husson*, publié fragmentairement sous ce titre : *Rampo* (Œ. P., I, 392). Voyez p. 120, n. 1.

CCXXI

[Saint-Maurice, 28 [juin 1887] *.

Mon cher Vanier,

Ci-joint tout ce que j'ai de vers, le sonnet à *Thomas* (1) et *Batignolles* (*Amour*) et le Nº VIII de *Bonheur*. Plus une petite note dont vous ferez l'usage que de droit.

Ne trouvez-vous pas, au moment où j'aspire à écrire au *Figaro* (nouvelles, etc.), prématurée l'impression de *Rollinat*, où je crois me souvenir que j'égratigne un peu l'organe en question ? Ne pourrait-on ajourner et imprimer à la place un *Anatole France* que j'ai là tout prêt (*Le Temps* !) Dans cette biographie, je parle un peu de tout le jeune monde poétique et je mets tous ces éphèbes d'accord, symbolos et décadards, avec ce grand mot : Liberté-libertas ! Une masse de noms propres illustrera ma bien simple thèse qui se résume en ceci, « tout est bon qui est bon n'importe comment. »

Je ne saurais trop insister sur Régamey, pour Rimbaud. Dès que j'irai chez vous, je m'occuperai sérieusement de cette édition (avez-vous : *Une Saison en Enfer ?*) comme des *Maudits* (et les dessins ?) et d'*Amour* définitif, du reste. Je n'ai pas de nouvelles de Thomas, depuis Cochin inclusivement, ce qui

---

* 1 demi f. papier à lettre, vergé blanc, encre noire, recto et verso. La date nous est fournie par le timbre de la poste.

(1) *Amour* (Cf. Œ. C., II, p. 58).

m'agace fort, principalement quant à mes effets propres que j'ai peur de voir mangés des mites, larves, etc. Dès que je pourrai, je décrocherai le Verlaine à l'huile (1) et il ornera votre galerie, en attendant, comme vous dîtes, que j'en meuble mes appartements. — Et Forain ? Et les images pour ces *Maudits* ? —J'aime bien les vers de Kahn. Son adresse s. v. p. ?

Votre   P. V.

P. S. — Je *dois* sortir vendredi, 1er juillet, pour rentrer quelques jours après. C'est obligatoire, — ennuyeux, mais obligatoire. Je serai chez vous vers 2 heures 1/2. Si vous ne devez pas y être, faites moi préparer mes manuscrits, — tous! — que j'y mette d'abord de l'ordre. Donc, à vendredi, vers deux heures et demie.

CCXXII

Hôpital Tenon, salle Seymour, rue de la Chine, E. V.

Vendredi, 15 juillet 1887 *.

Mon cher Vanier,

Admis avec la plus grande facilité. M. le Dr Berger m'a dit dès le premier jour, avant hier donc : « Vous

(1) Il s'agit ici du portrait peint par J. Valadon, et que Vanier eut en dépôt. Voyez p. 148, note 1.

* 1 f. papier à lettre vergé blanc, encre noire, recto et verso. Le cachet postal, sur l'enveloppe, porte la même date que la lettre.

vous reposerez quelques jours, puis irez à Vincennes ».
Or on va d'ici à Vincennes les mardis. Sera-ce mardi
prochain, ou mardi prochain en huit ? voilà ce que je
me demande, hélas ! avec inquiétude, en cette vie
d'inquiétudes que je mène depuis déjà si longtemps !
Si ce doit être pour mardi prochain, — alors force
m'est — force m'est aussi, au fait, dans l'autre hypothèse — de vous demander un autre petit mandat
de 5 francs, sur traités, afin, car j'en suis réduit à
14 sous, ceci mis à la poste, de pouvoir, fort de
quelques francs, écrire à Mendès (18, rue Berlioz),
en vue de copie dans son journal, de reproductions
littéraires, à l'avoué de Mme Delporte, pour choses
que savez (avec un timbre dedans pour réponse), à
un prêtre que connais pour conseil et peut-être position, à Thomas pour habits et les portraits, s'ils ne
sont pas chez vous déjà, enfin à diverses personnes
suivant les circonstances, acheter quelque tabac
(après avoir écrit aux amis de m'en apporter), enfin
veiller à un pantalon et à des espadrilles. Après quoi,
on verra. Faites moi bien mon compte, surtout, que
cette fois ma sortie même régulière ne me surprenne
pas et que je puisse ou compter sur quelque argent,
ou sur quelque place, autrement, quoi ?...

Enverrez aussi bien vite, avec ce mandat là, les
deux pièces de *Bonheur* inachevées : *Ces vers durent
être faits* ; *L'homme pauvre de cœur est-il si rare en
somme* ? Pauvre *Bonheur* tout de même que le mien !
— Je vais, dès que j'aurai plumes et encre, retra-
vailler à *Bonheur* et à toutes sortes de copies faciles
à placer. Tellier doit un de ces jours m'amener

Lemaître qui est en train de faire son étude sur moi. Ce sera un petit coup de commerce. Et les *Romances*, se vendent-elles ? (1) Envoyez à Clovis Hugues, en effet, avec « Hommage de l'auteur, P. Verlaine ». Peu importe que ce soit de mon écriture.

Misère tout de même de vivre ainsi. Je vous assure que j'ai des larmes dans le cœur en écrivant tout ceci. Mais je ne ferai rien que de fier et de simple. *Potius mori quam fœdari* ; c'est ma devise bien vraie. Et mourir chrétiennement, digne de mes parents et en exemple à mon fils.

Enfin, écrivez vite, avec les choses dedans, ou mieux venez, si pouvez, dimanche. Si veniez, pourriez m'apporter quelques livres pour signer des dédicaces. Ah, il me faudra aussi écrire à Lepelletier !

Votre bien cordial et bien désolé, mais qui sera fort,   P. VERLAINE.

Pourriez parler de moi à ce secrétaire de l'*Assistance Publique*, comme incurable intéressant. Mieux valent Laennec et Bicêtre, que la mort de besoin, à la rigueur.

CCXXIII

19 (juillet) 1887 *.

Mon cher Vanier,

Avoir « élicité » les plus incroyables aveux de la

(1) Sans nul doute la nouvelle édition publiée chez Vanier en 1887, avec un portrait de l'auteur par A. des Gachons.

* 1 f. papier à lettre, vergé blanc, encre noire, recto. Cette lettre a été envoyée de l'Hôpital Tenon où Verlaine séjournait depuis le début de juillet.

part de séides de tel ou tel, d'ailleurs un peu mes débiteurs si oubliez ! Avoir vu Thomas que vais tâcher de revoir à travers ses rendez-vous.

Pauvre, povre, pavre, voilà un refrain qui ne vous [en marme..e] (2e édition : emm..demallarder) ni plus ni moins que

Votre,   P. V.

Veuillez lire (puisqu'il paraît que c'est vous, qui me dictez ma conduite, — on me l'a dit aujourd'hui. Devinez ! Est-ce ou non *Judengasse* et *Chicago*), — veuillez, dis-je lire la lettre ci-jointe (pour Paulus), à ce futur intervoyeur là.

Et à en même temps que ceci très avide et dévorateur. — O nouvô ! ! Et ô d'autres, d'autres !

CCXXIV

Mardi, [mardi] 9 août [1887] *.

Mon cher Vanier,

Asile National de Vincennes, Saint-Maurice, Seine, Galerie Argand, chambre S, lit 13, dimanches et

* 1 demi f. papier à lettre, vergé blanc, encre noire, texte recto, verso et dans toutes les marges. Une note autographe, non signée ni datée, mais remise conjointement à cette lettre, récapitule assez clairement les réclamations qu'on lira plus loin. En voici le texte succinct : « RÉSUMÉ DES COMMISSIONS : 1º *Œuvres poétiques* de Lemoyne et Theuriet ; 2º M'envoyer le nº du 22 sept. du *Parti National*, où chronique nouvelle de Tellier sur moi : garderai et rendrai ; 3º Parler de moi, pour *trucs* en vue de sous ; 4º Le Secrétaire ? ; 5º Le p'tit mandat pour plumes, tabac, pipes ; ah ! et les vieilles savates, si possible ! »

jeudis midi à 4 heures, visite aussi jour de l'*Assomption*, 15.

Thomas m'annonçait jeudi votre visite pour jeudi de cette semaine, donc jeudi 11. Pièce de cent sous très à sa fin, et besoin de ce pantalon de toile grise foncé, dans les 3 francs ! ! Apportez, si pouvez, encrier portatif, afin que je signe quelques dédicaces dont Thomas m'a parlé. Avez-vous le chapeau et le portrait ?

Ci-joint pièce pour *Amour*. Vous y remarquerez le mot *dol* (1). C'est le 1er coup de tocsin de la guerre engagée entre Mme Delporte et moi. (Aurez *pièces* jeudi) ; « dol sans pair », c'est d'une belle sonorité presque hérédienne, hein ? (et « dol » est le mot propre pour ces sortes de saletés). A propos, Tellier vous a remis le *Herédia* ? *Ponchon* toujours en suspens. *Lafenestre* en très bon train, peut-être fini jeudi. Pourrez-vous m'apporter et prêter du Lemoyne ? et du Theuriet (pour finir les biographies de poètes, vite) ? — Procurez-vous, si ne l'avez, le n° du 1er août de l'*Echo de Paris* (article de Lepelletier sur *Romances*) (2). Il paraît qu'il y a une bonne presse ! ! ! Ça se vend-t-il un peu (3) ?

Allons-nous songer à *Amour* ? Et les *Maudits* ? Avez-vous la photo de la rue Castiglione ?

(1) Il s'agit ici de la pièce XIV, de la série consacrée à « Lucien Létirois ». Voyez *Œ. C.*, II, *Amour*, p. 97. Le mot *dol* figure à la dernière strophe.

(2) Numéro du 1er août 1887.

(3) Ces deux derniers mots ont été ajoutés au crayon, par Verlaine.

Et le Secrétaire, bigre, le Secrétaire ? Vais récrire à Mendès. N'y avez-vous pas été ? m'a dit Thomas. Merci (1).

Bien entendu nous maintenons le commencement des *Mémoires*, la « m..... » et tout. Ils vont bien aller, ces mémoires, parallèlement à cette fameuse autobiographie dont Baju menace la société et cet « inphâme » xixe siècle. Il n'y va d'ailleurs pas de main morte dans l'éloge, Baju. Je l'ai d'ailleurs l'autre jour remercié comme fallait, c'est très aimable au fond, malgré le conseil de me suicider que j'attendrai encore avant de suivre.

A jeudi donc et à vous bien cordialement.

P. V.

L'Anthologie Lemerre (2) me concernant a-t-elle paru ? Pardon de ce griffonnage. Vous avez de bons yeux, vous !

Pantalon toile gris foncé, plutôt long et large, à cause de blanchissage, dans les 3 francs si possible, — mesurer sur mon noir.

CCXXV

Le 16 août 1887 *.

Mon cher Vanier,

Ci-incluse la lettre pour Kahn. Mettez l'adresse

(1) Merci, a été ajouté au crayon, par l'auteur.

(2) *Anthologie des Poètes français du XIXe siècle.* Paris, s. d., p. 114 (Notice sur Verlaine, par Auguste Dorchain).

* 1 f. papier bis, encre noire, recto.

— eh bah ! — le timbre et envoyez chaud (1). Reçu le phalzar et l'immense gosse, dont merci. *Ponchon* fini ; *Lafenestre* en train ; après, *Lemoyne* et *Theuriet*. J'aurai terminé une nouvelle (pour ?) jeudi. Je bûche un morceau major pour *Bonheur*, et un, féroce, pour *Parallèlement* qui se corsera de plus en plus et, définitivement, par ce moyen, tiendra sa place *importante* dans l'ensemble de mes vers.

Si Thomas n'a pas apporté chapeau et portrait, et si vous le voyez, insistez pour qu'il apporte tout de suite, chapeau surtout !

Le Secrétaire surtout ! ! Je compte sortir vers le 31 août. Donc pas de retard, — au cas où on n'aurait rien trouvé d'autre part. (Laennec, traitement des *chroniques*) — ankylose, moi, incomplète, consécutive à une hydarthrose rhumatismale remontant, l'hydarthrose, à septembre 85.

Si vous voyez avocats, Ajalbert, Lods (aux dames, au roy los !), parlez leur de mon cas et si je n'ai pas le droit absolu d'exiger qu'on me laisse en communication de près et de loin avec mon fils.

Dans la pièce pour *Parallèlement*, que je vous ai donnée jeudi dernier, mettre : *Le Pauvre du chemin creux*, au lieu de l'*Idiot*, etc. C'est intitulé : *Vieille* (2).

A vous cordialement,

P. V.

[Saint-Maurice].

(1) On trouvera un long fragment de la lettre à Gustave Kahn, dans l'ouvrage de Ch. Donos, *Verlaine intime*, p. 156.
(2) Lisez : *Guitare* (Cf. Œ. C., II, 182).

CCXXVI

[Saint-Maurice], le 31 âout 1887 *.

Ouf ! 128 vers, dont 28 pour *Amour* (classer après, *Ni pardon, ni répit…* (1), voilà ce volume *bien fini*. Dès que je serai sorti, nous l'arrangerons définitivement et il n'y aura plus qu'à imprimer d'un seul bloc *Parallèlement*, qui n'attend plus qu'une seule pièce en *train* (*Mes mains.·,* !) Paraîtra-t-il en même temps, orné, ou non, d'une eau-forte significative ? Quoi qu'il en soit, voilà, avec les *Maudits* complets (on pourra rallonger *Corbière* et *Lélian*), de la besogne pour l'hiver et le printemps. *Bonheur* sera fini pour le milieu de l'été. Les Nouvelles paraîtront dans journaux, pour pain et seront en volumes au fur et à mesure, après quoi je pourrai me livrer aux nouveaux *Mémoires* et à un ou plusieurs grands poèmes et à du théâtre, prose et vers. *Toujours* penser à Porel, pour *Les Uns et les Autres* et *Madame Aubin*).

— Le Secrétaire ! ! ?

Charles Morice, 39, rue de Condé, Lyon (Rhône), naturellement m'écrit qu'il compte faire dans *Le Salut Public* de cette ville un long article sur moi. Pour celà, il voudrait la collection de mes œuvres. Voyez. Je lui écris qu'il poursuive son projet de petits livres sur les Contemporains et en fasse un sur moi pour coïncider avec la publication d'*Amour*.

J'ai reçu une lettre de *Germinal*, à propos du mot

* 1 petit f. papier blanc, quadrillé, encre noire, recto et verso.
(1) *Ballade en rêve* (*Œ. C.*, II, 35).

« accident », du *Mot d'ordre*, s'excusant et me promettant rectification dans le *Mot d'Ordre* et *Paris* (1). Surveillez *Paris* ; je me charge du *Mot*.

Forain ? 233, Faubourg Saint-Honoré ? J'irai le voir d'ailleurs, ainsi que Mendès et Lepelletier. Vous, soignez Secrétaire, resecrétaire, secretary for ever ! et tâchez de m'avoir prêt dès mon arrivée chez vous (sans doute milieu de la semaine prochaine à moins qu'avant), une petite somme me permettant de vivre quelques jours et faire démarches, évitant hospice de nouveau s'il est possible. Car soupé, soupé ! n'est-ce pas, petite somme, fût-ce avance sur travaux d'*autant plus sûrs* (je travaille encore facilement, vous savez). Tâchez préparer documents, livres *sur* ou *de*, plutôt *sur* Theuriet et Lemoyne (revues, livres de critiques ?) Çà fera encore deux biographies. J'aurai deux nouvelles pour *Figaro* et *Gil Blas*. Enfin, pour le mieux. — Ferez prévenir à temps du jour de mon départ, c'est-à-dire de mon passage chez vous ? voudrez prêt aussi, (2) mon complet et CE CHAPEAU ?

A vous,

P. V.

Je parlerai aussi à Lods et à Ajalbert, pour gosse. Quid de Ghil et des « Aminches » ?

Reçu vos huit timbres. Merci. Je les ai employés *duement, tous, hélas* ! Le dernier est sur cette enveloppe Bull.

(1) Voyez notre tome I, p. 327 (note relative à la p. 218).
(2) Lisez : « Voudrez-vous tenir prêt... »

Pourrez-vous toucher, ou faire toucher, 18, rue d'Enghien, les quelques sous que me doit *La Vie populaire* ? Ci-joint un mot *ad hoc*.

CCXXVII

[Saint-Maurice], le 6 septembre 1887 *.

Mon cher Vanier,

Je pars d'ici après déjeuner, *vendredi 9 courant*. Je serai chez vous entre midi et 1 heure, où j'attendrai du Plessys pour courses, vers 2 heures. En l'attendant, je réviserai soigneusement l'ordre d'*Amour* qui dès lors sera tout prêt pour l'impression. Il faudra profiter du regain de bruit produit par la brochure de Baju (1). Que diriez-vous d'une biographie de lui, très documentée, très longue, et un peu batailleuse, ou beaucoup ! puisqu'on nous provoque ? Battre le fer tandis qu'il est chaud ?

Que dites-vous des projets de Morice ? A mon avis, devriez y donner suite dans notre intérêt (au moment d'*Amour*). Tâchons donc de faire quelque argent — enfin ! au moins deux éditions, cette fois, et soigner la presse !

Le Secrétaire ! ! !

Vais d'ailleurs voir tous gens pour caser, — ou argent.

* Fragment, papier blanc, encre noire, recto et verso.

(1) *L'Ecole Décadente*, Paris, Vanier, 1887, in-18. On s'étonne aujourd'hui de l'intérêt pris par Verlaine à cette brochure fort insignifiante.

Préparez, n'est-ce pas ? petits argents et effets propres, pour le cas où vous ne seriez pas là. *Vendredi* vers midi, 1 heure. Sans faute, je vous prie.

Apporterai longue pièce pour *Parallèlement* et bonne part du *Theuriet*. Aurez-vous documents ? Et pour Lemoyne ? Je songe à « Aycard », aussi. Il doit bien y avoir encore des poètes ou prosateurs à faire, que diable ! Cherchez, vous.

N'est-ce pas, sommes, habits, documents, *Amour* pour vendredi, de midi à 1 heure, sans faute.

A vous cordialement,

P. VERLAINE.

Ayez l'adresse d'Ajalbert. Est-on passé pour moi à *La Vie populaire*, 18, rue d'Enghien. ?

CCXXVIII

[A Léon Vanier], 13 sept. 1887 *.

J'écris à Morice ce que vous voudrez bien mettre, si vous voulez, à la poste, au poste, à la boîte ! Je crois que c'est bien écrit et direct.

A vous,

PAUVRE LELIAN ! (1)

Dame ! J'écris jeunement ! Pas ?

* 1 f., papier à lettre, vergé blanc, encre noire, texte au recto et dans le sens vertical. Date au crayon.

(1) Anagramme du nom de Paul Verlaine.

CCXXIX

Du Café de « l'Avenir », 10 heures du matin

20 septembre 1887 *.

J'écris une lettre très bien à Lepelletier, pour mandat, en vue de Bougival demain. Je vais essayer encore d'une démarche en vue d'hôpital, cette après-midi (1). Puis-je faire mieux ?

Vous êtes témoin que je ne vous accuse pas. JE SUIS JUSTE. Je n'en veux à personne qu'à mon beau-père, au fond, et qu'à malheureusement ma femme, à travers lui. J'en veux aussi à certains sentiments de méfiance, touchant ma sagesse, qu'eut même ma Sainte de mère, mais qui ont abouti et vont aboutir à quoi ?

J'adorerais de ne plus du tout obstruer un tout petit peu vos affaires et quelque peu la circulation de votre magasin de bibliopole. J'espère même faire un jour l'honneur et le décor des deux. En attendant j'oserai encore, s'il y a lieu, me présenter chez vous pour ma correspondance — et le tirage de plans dont vous parliez tout à l'heure, ce demain.

Et à vous tout ainsi et comme çà.

P. V.

A moins que je n'entre ès hospices aujourd'hui, et alors j'irai, dès qu'on m'aura reçu, chercher mon

---

* 2 petits ff. papier vergé blanc, encre noire, recto des 2 ff.

(1) Il entra à l'Hôpital Broussais le jour même. Lisez, p. 146, la lettre du 16 mars 1888.

baluchon de « pavre » et vous édifier sur ma boîte et le
compartiment d'icelle. Sans rancune, et en Baju !...

CCXXX

26 septembre 1887 *.

Salle Follin, lit n° 22, hôpital Broussais, rue Didot, Paris.

Mon cher ami,

« Reçu ici comme l'enfant prodigue. Doux reproches tout au plus. Et arrivé à très bon port, en
dépit de toutes les « vertes ». Faut dire qu'avant de
m'embarquer et après avoir payé l'hôtel, j'avais
plantureusement mangé (ce qui, par parenthèse, a
fort écorné la médaille de sauvetage dernière). La
même surveillante m'a remis ès-mains du même
docteur et du même interne qu'en mars dernier.
Ceux-ci semblent sceptiques au sujet d'une guérison
de ma pauvre jambe. « C'est chronique », fut le
dernier mot du Chef, qui, néanmoins, a ajouté :
« Bains sulfureux tous les deux jours et le plus de
mouvements possible ; dans trois semaines, s'il n'y
a pas d'amélioration sensible, on verra à vous endormir et à essayer d'une opération ». L'opération
consiste à plier la jambe de force.

« Cette perspective m'amusa tout juste, car si

* *Verlaine intime*, p. 161. Voyez, de plus, le *Catalogue Vandérem*, Paris, 1921, n° 891. Nous reproduisons le texte tel qu'il
se présente dans l'ouvrage de Ch. Donos, l'original ayant jusqu'ici échappé à nos recherches. Il apparaît toutefois que ce
texte est fragmentaire.

j'allais changer mon cheval borgne contre un aveugle et avoir une loque, une chiffe, en place d'un poteau ? Aussi bien, je n'aime pas beaucoup le chloroforme... Enfin, qui vivra verra...

« En attendant, je vais recevoir 25 francs, pour ma collaboration à une Revue. Je mettrai très précieusement 20 francs de côté pour quand je sortirai, dès le prime jour, me procurer une chambre, une quinzaine... Mais, il me faudra aussi avoir de quoi manger sous mon toit, à 20 francs la quinzaine.

« C'est vrai que j'ai fait un impair en ne dépensant pas judicieusement vos argents et les 50 francs de Coppée, mais si seulement il me les avait envoyés directement, avec un mot pour moi, ou me les avait remis à la bonne franquette, je crois être sûr que j'en eusse mieux usé et ne me fusse pas trouvé dans des cas à me nourrir avec deux croissants et quelques amers !! D'ailleurs « ma gourme » est jetée. Je vois clair à ma très sombre situation. Je serais un imbécile, alors ! de faire la bête au moment où je vais avoir des chances de réussir... Et puis ma créance de Junéville est bonne ; je vais avoir mes 940 francs. — Moralité : Vous, m'aider, et pour ce, bien me dire ce que vous pouvez faire ?

. . . .

« Comme éditeur, je vous envoie 24 vers assez amusants, pour *Parallèlement*. Ca finira par faire un *chic* bouquin.

« Terminé Péladan. Rigolo ! Si pouvez me procurer les œuvres de Theuriet et de Lemoyne (à mon nom, Theuriet et Lemoyne ne refuseraient certes pas), je pourrai faire, dès maintenant, ces biographies pour *Hommes d'aujourd'hui.*

« A vous cordialement. P'tit mandat, p'tit mandat, tout de suite S. V. P. ! »

P. V.

CCXXXI

Dimanche, 16 oct. 1887 *.

Mon cher Vanier,

Serais heureux de vous voir, pour connaître ce fameux projet pour moi ne pas crapser de faim trop. Et la seconde pièce cent sous (solde Baju) serait bien aimable d'abouler *le plus tôt possible*, — car il se pourrait très bien que je partisse d'un jour à l'autre.

Archi probable d'ailleurs que j'irai à Bougival, dès ma sortie (1).

Et comme peut-être vous ne seriez pas là quand je me présenterais chez vous (on ne sort guère d'*ici* avant midi et ce n'est pas trop près pour un boiteux, force me serait donc de dîner par cœur et de coucher rue de la Bucherie... ou la revanche de Gladys. Envoyez conséquemment, dès ceci reçu, ou venez. Merci de çà et de projet mirobolant.

N. S. I. P.

Tout à vous,

P. V. ; mais pas de visite.

* 1 fiche, encre violacée, recto et verso. L'enveloppe porte ce mot : *Urgent.*

(1) Chez Edmond Lepelletier.

J'avais donné à Du Plessys une nouvelle pour le ?
Figaro.

AMOUR

Gais et Contents... à Charles Vesseron.

Adieu, à Maurice du Plessys (1).

Publions vite *Baju*, de peur que Boulenger ne soit bientôt plus amusant et pour tam tam, d'ailleurs.

Et *Amour*, à très bientôt, n'est-ce pas ?

Tout de même, je crois *Parallèlement* fini, cette fois. Cela ne m'est pas très facile.   P. V.

Tâchez pour *André Lemoyne*.

Zut ! voilà le Secrétaire *ad patres*. « C'est fait pour moi. » Ci-joint deux pièces pour *Parallèlement*. Je dois avoir fini un long *Mémoire d'un Veuf*.

Nulle visite depuis trois fois. Pas de nouvelles de Dujardin (2), mais j'ai une *lettre de lui*. Parole d'honneur, je le ferai aller en justice. C'est trop canaille ; j'écris à Lepelletier en même temps que ceci. Je vous en prie, venez m'expliquer ce que vous avez à me dire ou écrivez et envoyez le mandat. Quelle vie ! !

(1) Cette pièce parut sans dédicace.

(2) Edouard Dujardin, directeur de la *Revue Indépendante*, depuis le 1er novembre 1886. Verlaine venait de faire paraître, le 12 octobre, dans cette revue, un poème de quarante-six vers : *Angelus de Midi*, destiné à prendre place dans *Amour* (*Œ. C.*, II, p. 50). Sans la crise de dénuement traversée par le poète, on s'expliquerait mal sa véhémence et son indignation à réclamer le montant de ses droits, car, non seulement la revue rétribuait ses auteurs, mais encore Verlaine ne cessa-t-il d'y collaborer, ainsi qu'au *Fin de Siècle* que dirigea, par la suite, M. Edouard Dujardin.

CCXXXII

HôPITAL BROUSSAIS   Le 27 octobre 1887 *.
    Salle Follin
        lit 22
96, rue Didot, 14e arrt.

Mon cher Vanier,

Morice s'étonne que vous ne lui ayez pas accusé réception de son étude sur moi. Il vous prie de le faire, en répondant à la longue lettre dont il m'a, écrit-il, accompagné l'envoi de son manuscrit. Il désire qu'un portrait (très amusant) de moi, par Estoppey, celui qui a fait le crayon si impressionnant de ma mère morte, — paraisse en tête du bouquin, ledit portrait gravé par Maurice Baud, 17, ou 27, rue du Val de Grâce, mais qui n'est point à Paris en ce moment. Il vous serait reconnaissant, au cas où l'impression du volume dans les conditions qu'il vous propose serait élucidée, de lui envoyer l'argent le plus tôt possible. Ce lui rendrait un grand service, lui permettant de revenir à Paris, où il est sûr de gagner vite et beaucoup. C'est, vous le savez, un garçon de très grand avenir et que j'aime, beaucoup, autant que je l'estime et ce n'est pas peu dire. Faites donc tout ce que vous pourrez pour le rendre content.

* 1 f. papier à lettre blanc quadrillé, plié en deux, encre violacée, recto et verso des 2 ff.

Moi je ne le suis pas, à vrai dire, beaucoup content, de votre exactitude. Il y a quinze jours vous deviez venir, et venir muni de bons projets sauvatoires de votre serviteur, et *nix*, *nox*, pas plus de Vanier que sur ma main. Je compte sur vous le plus tôt possible. C'est si sérieux, vraiment.

Moi, je fais de mon mieux. Lepelletier m'assure l'hospitalité à Bougival, mais cela ne peut, bien entendu, avoir qu'un temps (1). Le Brun de retour à Paris, 9, rue Victor Cousin, s'occupe de ma créance ardennaise qui doit échoir le 15 novembre prochain (940.50). J'écris par ce courrier même à Dujardin, l'invitant poliment à me payer *sans retard*, invitant aussi Kahn « à se souvenir » du manuscrit des *Illuminations* (2), de la brochure de la *Saison en Enfer* et des livres miens empruntés très jadis. Enfin, *La Vie populaire* de cette semaine a publié *Mon Poteau* (3) (achetez et envoyez, voulez-vous ?) Je travaille à une pièce de *Bonheur* et j'ai un assez long *Mémoire d'un veuf* qu'aurez quand viendrez. Ci-joint un autre plus court, *La dernière à Madame Delporte*, et j'en forge un qui sera le *clou* du volume. Vous voyez que je suis gentil tout plein.

Vous, soyez le donc aussi. Nous pouvons beaucoup plus l'un pour l'autre et je me sens plein de bonne volonté pour ma part. Mais pour cela, il faut que je

(1) Voyez, t. I, lettre à Ed. Lepelletier, du 9 octobre 1887.

(2) Le texte des *Illuminations* de Rimbaud, on le sait, avait été publié sur les originaux, par les soins de Verlaine, à *La Vogue*, dont M. Gustave Kahn était le directeur.

(3) 20 octobre 1887.

vive un peu tranquille. Apportez-donc vos combinaisons *le plus tôt possible*, je vous en supplie, et cette fois, partons d'un pied sûr pour une « chouette aux pommes » carrière de gloire (soit !) et de galette un peu.

N'est-ce pas ? venez sans retard. Cent sous ne seront pas de trop avec.

Apportez journaux et livres si vous avez, *Péladan*, ou autre. Je m'ennuie parfois tant !

Ah ! et *Amour ?* Et *Baju ?* Si vous voyez Raynaud, dites-lui que lui écrirai quelque jour, quand j'aurai timbres. — Misère ! = Id. pour Darzens.

Thomas me dit que vous imprimez les *Maudits*. Va pour ça, mais j'eusse préféré *Amour*. D'ailleurs, nous les arrangerons un peu, ces *Maudits*. Apportez-moi *Corbière* si possible, et si possible *Axël*, de Villiers.

Ne sais toujours quand on me foutra à la porte. A vous et à très bientôt, n'est-ce pas ?

P. V.

Et apportez :
La Vie populaire.
Un bouquin.
L'autre moitié de Baju.
Et surtout l'étude de Morice *.
J'ai ici suite d'un *Theuriet*, dont avez le commencement. Forcément arrêté, n'ayant pas ici de livres de Theuriet (de vers).

---

* Ce qui vient après l'astérisque a été ajouté au crayon par l'auteur.

Ça nous fait des *Nouveaux Mémoires d'un Veuf* (1).

I.   *Manque de formes.*
II,   *Manque de formes* (suite et fin).
III·   *Epitaphe.*
IV.   *Ægri Somnia.*
V.   *Pro Justitia.*
VI.   *Café de lettres.*
VII.   *What next ?* (mes Hospices).
VIII.   *La goutte.*
IX.   *Provinces* (un fragment sur Arras, aux
        mains de Tellier).
X.   *Le bon larron.*
XI.   *Vadrouille et Projet* (je l'ai ici).

Le tout, sauf I⁰, entre vos mains. Un joli commencement de bouquin qui va s'accroître rapidement.

CCXXXIII

Lundi, 31 octobre 87 *.

Mon cher Vanier,

Oublié hier de corriger sur l'épreuve le titre de la ballade qui doit être :

BALLADE

POUR NOUS ET NOS AMIS (2).

(1) Quelques-uns de ces récits, sauf *Epitaphe, Café de lettres, Pro Justitia, Vadrouille et Projet*, demeurés inédits, ou publiés sous un autre titre, figurent dans les *Œuvres posthumes* (I, *Souvenirs*).

* 1 demi f., papier quadrillé, encre violacée, recto et verso.

(2) La pièce parut sous cette dénomination : *Ballade des*

Dire à Ghil, je vous prie, que je *veux* corriger les épreuves de la biographie sur *mon* manuscrit. S'il ne veut pas nous rendre celui-ci, eh bien, je passerai la main à notre ami Pierre et Paul, n'est-ce pas ?

N'oubliez pas de m'envoyer *Le Poteau.*

Et à jeudi, sans faute. J'ai lu l'étude Morice et vu la reliure, rien à y redire, tant c'est rien *batte.* Pensez à lui envoyer des argents et de m'en réserver à moi aussi. Traités, donc jeudi.

Votre,

P. VERLAINE.

Amour et l'étude *Verlaine* à l'impression tout de suite, alors ? Et les *Maudits* (moins les dessins).

CCXXXIV

Dimanche, 6 novembre 1887 *.

Mon cher Vanier,

On m'a remis vers 11 h. 1/2 *La Revue littéraire* (que j'ai lue en entier), et votre mot, ainsi qu'une lettre (de Nouveau). Le commis attendait une réponse. On l'a fait attendre, paraît-il, une heure et il est parti et a bien fait, puisque quelle réponse immédiate ?

bons écrivains, dans *Le Décadent,* du 1er déc. 1887. Elle figure dans les *Œuvres complètes,* III, 205. (Cf., *Ballade en faveur des dénommés Décadents et Symbolistes*). Voyez la lettre de Verlaine au journal *Le Décadent,* du 1-15 janvier 1888.

* 2 ff., papier à lettre, quadrillé blanc, encre noire, recto et verso des deux ff.

J'admets les colères de Griffin et celles de Darzens à qui je vais écrire (Darzens, connaissant son adresse à lui seulement) pour lui demander, à lui un jeune qui m'a *dernièrement encore* conseillé de ne pas me défendre moi-même contre certaines attaques directes pourtant, *à la longue*, ce que pourtant les Jeunes penseraient *à la fin* d'une telle longanimité mienne, et si tout de même le fer doit ou non « armer mon bras », ou le plomb, ou n'importe quoi ! Car c'est bon d'être Don Quichotte, mais encore, ne fût-ce que contre des *Malinos de Viento*, faudrait-il pour mériter cette gloire dérisoire, s'un peu pourfendre.

Avant de quitter *La Revue littéraire et artistique*, je vous y signale un article de M. Georges Gourdon (?), où sont très admirés des vers de *Sagesse*, *cités en entier*, après une déploration de ma chute à « la pagode de M. Mallarmé ». Preuve qu'en effet il faut [publier la biographie *Baju*] (1) à revoir un peu, après celles de *Hérédia*, *France* et *Lafenestre*, où éclate le bon sens de ma bonne foi, nettement, sans amphigouri, ni reculade en rien de rien de ce qu'il faut du Décadisme bien entendu.

Et la morale de tout çà, la voici, avec historique et arguments autour. Il paraît que Le Brun et moi (en bien y repensant, des dates tout de même me reviennent), nous nous étions trompés sur l'exigibilité immédiate de ma créance de Juniville. C'est pour Avril, dit le notaire — et les notaires NE SE TROMPENT PAS — pour avril seulement, ces

(1) Ici le texte a été raturé. L'auteur a écrit en marge: *Mots inutiles, rayés, nuls.*

900 francs, qui m'eussent, en ce moment, sauvé !
et d'ici là que faire, moi, à moins que VOUS, puisque
déterminé donc à m'acheter *La Bonne Chanson* et
Les Saturniens (ci sans doute 250 francs), ne me
donniez *une fois* cette semaine, le plus tout de suite
possible, pour me permettre d'en faire un usage ju-
dicieux, cette fois, — chambre et pension payées
d'avance et quelques sous pour dépenses indispensables, plus la *seule* possibilité de placer *moi-même*
enfin, un peu rhabillé, ma copie qui est *bonne*, j'en
suis sûr, avec çà, que quand je veux, je peux être
aussi pratique que possible. Ceci bien dit, une fois,
deux fois, trois fois ! Faites fructifier cette absolue
parole du seul bon sens possible quant à ce qui
concerne votre exploiteur,

PAUL VERLAINE.

Je vous attends, avec ou sans Barrès, *jeudi*, ou
avant, sans faute, ô sans faute, n'est-ce pas ? car çà
devient vital en diable, ou mortel, comme vous voudrez.

D'ailleurs, dès en sortant d'ici, — où vraiment je me
sens, très gracieusement, mais d'autant péniblement
quant à mon amour-propre, *souffert*, supporté, ul-
céré, — une fois sérieusement fadé, j'irai après passage chez vous pour littératures, à Bougival où com-
biner vie peut-être, m'entendre pour journalisme. —
Donc à jeudi, ou lettre très vite — pas ?

P. V.

Et qu'est-ce, 250 francs, en présence des belles
chances qui s'offrent ?   P. V.

Ci-joint un *Impudent*, pour *Parallèlement*, à mettre après la longue pièce : *Rôdeur vanné*, que nous intitulerions l'*Impénitent*. (Note au crayon et en marge du 1er f.).

CCXXXV

Lundi, le 7 [novembre 1887] *.

Post-Scriptum

Tout bien réfléchi, je ne dois pas écrire à Darzens, et ces gamineries ne m'atteignent pas : *Parallèlement* et *Bonheur* ouvriront les yeux à ceux qui seront dignes de voir.

Sur ce mot modeste, je vous engage à bien méditer, touchant ma très humble et très modeste proposition de quelque argent qui me permettra de ressusciter, quand il en est juste temps, sous la forme d'un monsieur vraisemblable et qu'on n'insultera pas, et qui gardera toute prudence, digne toutefois.

Aussi bien dès sorti un peu fadé, chez Lepelletier, d'où rayonner vers Mendès, Silvestre, sans compter mes 45 francs DE RENTE qui vont m'arriver et que [vais] mettre de côté. — Tâcherai tirer « yauque » (quelqu' chose) de ce Dujardin qui, m'a dit Ghil, vu hier, sait très bien jouer du juge de paix vis-à-vis de ses débiteurs. Mes deux nouvelles et les sept ou huit *Mémoires d'un Veuf* inédits, me vaudront bien aussi quelque pépète, — sans parler de mes actuels travaux. Donc, réponse et à jeudi.

* 2 ff. papier à lettre, quadrillé blanc, encre noire, recto et verso des 2 ff.

II   8

CCXXXVI

Mercredi, le 9 novembre 1887 *.

Mon cher Vanier,

Vous aurez, je suppose, médité sur, et, j'espère, fait fructifier au moins quelque peu ma lettre d'hier. Et je vous attends demain *jeudi*, pour sûr, avec de bonnes assurances et, s'il se peut, des « papiers » pour réfléchir dessus.

Lu l'article, au moins poli, de *La Revue nouvelle*. Je voudrais bien pourtant qu'il fût connu que je ne suis pas un buveur d'absinthe, non plus qu'un pessimiste, et que je n'ai pas eu que des *velléités* de « mysticisme ! ! ! ! ! mais un homme, au fond très digne, réduit à la misère par un excès de délicatesse, un homme avec des faiblesses et trop de bonhomie, mais de tout point gentleman et hidalgo. Faudra trouver quelqu'un qui écrive çà. Dame, puisqu'on imprime bien le contraire qui est faux ! Le contraire, j'entends « manque de dignité », car celui qui m'attaquerait pour l'argent, par exemple aurait affaire à moi. Quant aux choses de C...œur, çà m'est égal.

Mettre bien en ordre mes proses inédites qui vont me servir. Quoi du livre de Morice et d'*Amour* ? C'est ces deux là qui sont importants, ainsi que quelques biographies, *Hérédia*, *France*, *Lafenestre*, *Baju*, avec des *retouches*, après. Bon qu'il y eût, en

* 1 f. papier quadrillé, encre noire, recto et verso.

présence des hostilités extérieures, un armistice *civil*
ou civique, entre poètes, pour le moment.

A demain donc. Je vais corriger les épreuves des
Maudits, — en ne modifiant qu'une phrase mal en
ordre dans le *Mallarmé*, autrefois à moi signalée par
le pauvre R. Caze (1).

Et quoi aussi de d'Esparbès et de son manuscrit
de Corbière ?

Bien à vous, et à demain jeudi,

P. V.

Devriez m'apporter, avec un nouveau livre de lecture, le manuscrit des seconds *Maudits*, où changements importants à ajouter, si j'ose m'expri-
mer ainsi. Je vous rendrai le *Goncourt* et vous ren-
drais le *Parnasse Belge* pour acheter un chapeau
mou.

Ne sais que leur écrire à ces jeunes gens... me donnerez conseil.

CCXXXVII

 Lundi, 11 novembre 1887 *. 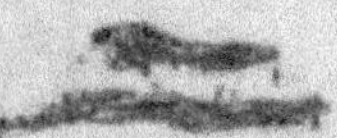

Mon cher Vanier,

Hier un peu gêné pour parler librement. Voici
comment je calcule :

---

(1) Robert Caze, romancier naturaliste et journaliste, tué en
duel.

* 2 ff. papier quadrillé blanc petit format, encre violette,
recto et verso des 2 ff. Enveloppe timbrée.

40 francs qui me reviennent du notaire.

25 de *La Revue Indépendante*, que j'espère avoir.

 5 francs de *La Vie populaire*.
______

70 francs.

Nous sommes convenus (le sommes-nous bien ?) de 125, pour *Poèmes Saturniens*.

70 et 125 font 195. Tellier, vu hier un instant, me dit qu'avec 120 francs, je puis très largement avoir chambre, pension et blanchissage. De 195 retranchez 120, me resteraient 75 francs pour souliers, quelques nippes, etc. J'oubliais les 3 fr. 60 du chapeau que me devez. Nulles dépenses *bêtes, parole d'honneur* ! Donc, sans vous obérer trop, n'est-ce pas ? je pourrais passer déjà un bon mois, — plus le temps que j'aurai passé chez Lepelletier, qui pourra plus que problablement m'aider, soit pour copie à placer, soit pour, peut-être, ma créance de Juniville.

Ma copie consiste en assez de lignes pour représenter au moins 150 francs.

150 et 125 de *La Bonne Chanson*, font = 275 dont je déduis 120 du second mois = restent 155, ce qui nous donne un bon troisième mois ; 120, avec 35, pour faire le garçon.

Trois mois, à partir, je suppose, du 15 novembre, nous amènent au 15 février. De février à avril, on pourra avoir dans ces trois mois, travaillé, trouvé emplois ou leçons (ou alors un Vincennes quelconque). En tout cas, sans aucune hypothèse de copie placée (! !) nous avons au plus juste :

40 francs de Juniville, 250 francs de *Saturniens*

et *Bonne Chanson*, payables en 2 ou 3, si on veut, à la grande rigueur, et 3 fr. 60 = 293 fr. 60.

Or, Dujardin est presque sûr, les 5 de *La Vie populaire*, sûrs, et les 100 de copie, une supposition plutôt en moins qu'en plus.

Voilà. J'attends votre réponse *pour le mieux, le plus tôt possible*. Je vais écrire à Lepelletier, mais c'est plutôt par excès de délicatesse, car je suis archi-invité par ce très intime (1).

Ecrivez donc et je sortirai s'il y a lieu. Mais je dois savoir si je puis compter sur vous, dans ces conditions, ou à peu près.

Soyez assez gentil pour m'écrire, ou venir le plus tôt possible.

Alors nous imprimons *Amour*.

Pensez à Morice qui a besoin 5 francs (*sic*) argent, pour se rendre à Paris, d'où il va envoyer articles au premier journal de Lyon, où il sera dès lors en pied. Il insiste beaucoup, beaucoup.

A vous de cœur (est-ce assez peloteur ?)

P. V.

Si l'article de Lemaître paraît, envoyez ou apportez, s. v. p.

Entre temps, je pourrai m'amuser à vous faire les *Theuriet*, *Lemoyne* et aussi quelques jeunes. Et l'édition de Rimbaud ? Enfin, tâchez voir pour leçons ou petit emploi. Sans compter que je pourrai m'occuper de ma créance de 1.500 francs, plus les intérêts 5 0/0 de 4 ans.

(1) Voir au tome I, la lettre du 28 novembre 1887.

CCXXXVIII

Paris, le 25 novembre 1887 *.

Mon cher Vanier,

Je compte toujours sur votre visite très prochaine, ou sur lettre, n'est-ce pas ?

Maintenant, où en sommes nous d'*Amour* ? Me semble que les épreuves sont lentes à venir. Pourtant, c'est une de nos grandes chances. A bientôt, si pourtant n'est-ce (encore) pas ?

Et quelque biographie : *Heredia, France* ; sur cette gamme-là, correcte, distinguée, quoi, car concurremment avec *Parallèlement* et tout ce que vous voudrez de latéral, de simultané, de contemporain, d'immédiatement, intérieur, succédané, riverain, proche, etc., à — ou avec — ou de *Amour* (*sic*), nous faut être distingué comme tout, c'est évident. L'Académie et la Croix sont au bout... (1) Apportez-

---

* *Verlaine intime*, p. 149 (reproduction, d'après une photographie, de l'autographe original). Le texte de cette lettre dont nous ne reproduisons ici qu'un fragment, le reste ayant échappé à nos recherches, figure également en fac-similé, dans les *Œuvres Posthumes* (II, 120). Il est illustré d'un dessin de l'auteur représentant ce dernier, de profil, vêtu en académicien, décoré et tenant de la main droite des jetons de présence. On lit, en manière de légende, d'une part, ces mots : « 1.200 fr. par an ! » et de l'autre, cette allusion à un scandale du temps, touchant le trafic des décorations : « Et rien de Mme Limouzin, Mossieu ! »

(1) Le texte du fac-similé est presque illisible.

moi donc un bouquin de lecture ! Je m'ennuie en
dehors du travail, beau - coup, boco, baca !... (1)

[P. V.]

[Hôpital Broussais].

CCXXXIX

Jeudi soir [fin novembre 1887] *.

Mon cher Vanier,

Avez-vous fait *fructifier* ma dernière si sérieuse
lettre ? En ce cas, faites-le moi savoir au plus tôt,
car je m'ennuie mortellement, vrai ! Je vois, grâce
à cette *réclusion* qui n'en finit pas, mes espérances
s'en aller. Tant, évidemment que je serai ici, dans
cette prison et dans ce sépulcre, je ne pourrai rien
faire de bon en matière de débrouillage de ma foutue
situation. Avec l'avance dont je vous parlais, je
puis du moins essayer de me remuer, de me montrer,
de voir les gens et prouver que je ne suis ni mort, ni
mourant, ni renonçant à rien de la vie, de mes droits
d'homme et de littérateur. Mes calculs établissent
jusqu'à l'évidence que je puis lutter deux *bons* mois
au moins, au moins avec les 250, plus 35, que j'ai,
sans compter sur les 25 de Dujardin et mes chances
de placer de la copie.

Et si, comme j'en doute *très peu*, je réussis, dès
tout de suite, à placer de la copie et à trouver de

(1) La fin manque.

* Fragment papier quadrillé blanc, encre carminée, recto et
verso, s. d. Cette lettre, ainsi que la suivante, paraît avoir été
écrite au logis de la cour Saint-François, rue Moreau, entre
deux séjours à l'hôpital Broussais.

l'argent sur mon *excellente créance* de Juniville, eh bien me voilà relancé dans une vie normale, et si j'échoue, il sera toujours temps de rappliquer ès l'A. P. (1) jusqu'à ce mois d'avril. Mais, je n'échouerai pas. Et si vous avez encore votre méfiance de ma conduite raisonnable future, proposez-moi quelque chose *d'immédiat*, basé sur ces deux volumes à vous céder.

Rationnez-moi, pensionnez-moi, jusqu'à concurrence des 250 francs en question, mais sortez-moi de ce cachot où je me meurs d'énervement — ou envoyez-moi faire foutre, *mais le plus tôt*, dans les deux cas, sera le mieux.

J'attends donc réponse circonstanciée, *le plus poste pour poste possible*, ou votre visite sérieuse extrêmement prochaine.

A vous cordialement,

P. Verlaine.

Et reportez-vous aux termes et aux calculs de ma dernière lettre. Elle est très sérieusement faite.

CCXL

[Fin novembre 1887] *.

Mon cher Vanier,

J'ai, vous le comprendrez, de petites dettes dans mon quartier : blanchissage, raccommodage et tein-

(1) L'Assistance publique.

* Carte postale blanche et mauve, encre noire. Texte au verso et au recto, autour de l'adresse : *M. Léon Vanier Editeur-Libraire*, etc., La date que nous fournissons est incertaine.

turerie, sans compter la nourriture depuis quelques jours, tous infimes détails, mais qui représentent environ 25 francs. Faute d'avoir pu payer ces sommes dérisoires, et n'étant pas un homme à pouf, même provisoire, ni à plongeon, je n'ai pu entrer à l'hospice.

D'ailleurs, mon principal protecteur M. le Dr J. (1) est malade et ne peut s'occuper de çà autrement que par écrit, ce qui est long. Donc, chambre à payer, ci : 30 francs, 30 et 25 = 55. Resteraient à mon « actif » 25 francs, je crois. 30 + 25 + 25 = 80. C'est 80 fr., *échus du 1er mars qui me sont nécessaires*, les derniers 25 surtout, pour vivoter jusqu'à rentrée dans hospice, si rentrée possible. Quant à *Amour* (question à part des 80 francs ci-dessus), je n'ai pas le manuscrit de l'épilogue. Du moins, il n'était pas dans le paquet apporté par votre commis. Dès que j'aurai recouvré ce commencement, je finirai et vous donnerai. Soyez donc assez bon pour m'envoyer ces 80 francs tout de suite. Même adresse.

A vous cordialement,

P. V.

Envoyez par mandat. Il y a peut-être une erreur de 5 francs dans ce compte. Enfin, au plus vite, n'est-ce pas ?

Quant à la casquette de loutre (c'est donc Thomas qui vous l'a rendue ?) elle appartient au malade n° 4

---

(1) Lisez : le Dr Louis Jullien, ami du poëte. Verlaine lui dédia plusieurs poèmes (*Œ. C.*, II et III). Voyez, p. 243.

de la salle Follin. Je serais aise qu'elle lui fût remise. Mais ces manuscrits ?

D'ailleurs, je vais tâcher de faire de l'argent plus tard. Quant à *Amour*, c'est fait, sauf l'épilogue, *Parallèlement* aussi.

Je réfléchis qu'une carte postale est susceptible d'être lue par le facteur, ou un commis, et je mets cette carte sous enveloppe. Encore deux sous dépensés pour Guillaume Ier !

CCXLI

Broussais, 2 décembre au soir, 1887*.

Mon cher Vanier,

Vu hier Morice, accompagné de Baud, le graveur, et de Remacle, qui m'a remis les épreuves des *Maudits*, auxquelles je vais me mettre. Il y aurait quelque peu à ajouter, peut-être, au *Villiers*. Je ne sais quelles œuvres ont été rééditées de lui, outre *Axël*, que je n'ai pas lu en entier, *L'Eve future* et *L'Amour suprême*. *Tribulat Bonhomet* (ou *Claire Lenoir*), est-il réimprimé ? Petites questions que je vous prie de résoudre, pour le bien informé de mon étude.

Morice m'a aussi remis, en outre du petit bouquin à l'auteur duquel je répondrai quelque jour, la lettre dans laquelle je vous écris. J'ai répondu à ce mon-

---

* Ecrit au verso d'une lettre adressée à P. Verlaine, par M. Albert de Nocée, avocat belge, chargé par ses confrères de préparer une anthologie des écrivains contemporains français et belges. — 2 f. papier quadrillé, encre violette.

sieur en rectifiant les renseignements ci-dessus (j'ai opté en 72, non en 73) et en disant que je vous priais par le même courrier de lui envoyer des choses que je vous désignerai. Or je vous charge, si vous voulez bien, de faire ce choix qui ne doit pas faire double emploi avec l'*Anthologie* de Lemerre. Ci-joint la couverture de cette publication, que j'ai d'ailleurs reçue pour tout potage, incluse dans la lettre. Je vous la donne pour que vous puissiez juger. — Envoyez donc, le plus tôt possible vers et prose — puisque Mallarmé et Vignier — des amis à vous ! — en sont d'avis et ne me faites pas manquer de parole à ce brave belge.

Quand vous viendrez — quand ? avec des papiers timbrés, hein ? — je vous remettrai un mot pour envoyer à ces Parnassiens (de Bruxelles en Brabant), pourtant, enfin.

Avez-vous vu Dujardin ? J'attends toujours ses 25 francs.

Et nos biographies ? Et ces vers de Theuriet ? de Lemoyne ?

Avez-vous vu Régamey ? N'oubliez pas de lui parler de mon portrait qui est rue Nicolet, 14 : s'adresser à M. Mauté, de MA part, ou non.

Dites moi donc si vous retarderez encore longtemps *Amour* (Morice m'a dit que vous redoutiez... la guerre ! ! !) J'ai presque envie d'y intercaler encore une ou deux centaines de vers ; car le volume est un peu mince. Mais rien ne vaudrait mieux à mon sens que d'imprimer bien vite. Que nous fait la guerre ! !

On travaille à *Bonheur*, à *Parallèlement* (bien que fini) à ces *Mémoires* et à deux nouvelles, dont l'une peut s'annoncer comme titre principal d'un volume : *Charles Husson* (1), enfin on est gentil.

Et ce courage à la poche ?

Enfin à bientôt, — à dimanche ?

Et à vous *ex imo corde*.

P. VERLAINE.

CCXLII

]Commencement de décembre 1887] *.

[Mon cher Vanier],

Après *Parallèlement* et les monacos !! [mes] biographies moins collets montés ? Mais, ô Vanier, un peu de courage à la poche, que diable, puisque, sérieusement parlant, nous sommes sûrs de gagner de l'argent !

A ce propos, vu Morice, hier jeudi. Il voudrait bien que le portrait fut gravé. Paraît que la dépense ne serait pas énorme. Fendez-vous donc un peu, puisque vous pouvez compter sur [moi ?], nom d'une papinette ! Son travail est fort beau et ne pourra manquer de se vendre abondamment. Son

(1) Ce récit qu'on retrouve sous ce titre : *Rampo*, dans les *Histoires comme ça* (*Œuvres posth.*, I, 392), a paru dans la *Revue Indépendante* du 26 déc. 1888.

* *Verlaine intime*, p. 181, et *Œuvres posthumes*, II, 423 (fragment reproduit très médiocrement en fac-similé). Le texte est illustré au début de deux petits croquis de Verlaine.

idée de conférence aussi est excellente. Battons le
fer, battons la caisse, puisqu'il le faut. Je dis :
puisqu'il le faut, car vous connaissez mon insou-
ciance habituelle. Mais il serait trop bête à moi,
dans ma double situation d'homme dont le nom
monte autant que ses finances ont baissé (mes
finances !) de ne pas tendre ses voiles au vent qui
souffle.

Et la *Revue Bleue* ? Sitôt l'article paru, n'oubliez
pas d'envoyer.

Il y a à Montmartre *un très joli portrait* de moi,
par Régamey, qui appartient à mon fils. Si on pouvait, par Régamey même, l'avoir pour les *Poètes
Maudits*, c'est, certes, le meilleur portrait de moi
qui soit.

Thomas vous a-t-il [procuré... mes papiers] ? (1)

[P. V.]

Surtout déchirez ceci, qu'il ne reste rien de ces
bons hommes peu dignes de la gravité séante à des
grands hommes.

CCXLIII

Jeudi 6 décembre [1887 ?] *.

Mon cher Vanier,

Je n'y comprends rien. Darzens jeudi dernier,

(1) Mots illisibles. La fin manque, ainsi que la signature. La
phrase qui suit a été écrite en marge et dans le sens vertical.

* 2 petits ff. papier à lettre, vergé blanc ; en tête, au recto

Baju dimanche, m'ont dit que vous aviez l'intention immédiate de m'envoyer soit mandat (préférable), soit tabac et savates. Et rien de rien ! J'use mes souliers. Quand je sortirai, j'aurai des talons éculés et des trous. Comment pourrai-je faire alors ? *C'est désolant.* Je vous en prie, faites diligence pour m'envoyer çà le plus tôt possible. Je n'ai plus un sou. Je suis obligé d'emprunter pour affranchir ceci ! !

Je vous en prie encore une fois, tenez moi au plus tôt au courant de nos rapports financiers. Si vous ne pouvez rien pour moi, au moins que je puisse voir ailleurs. Je n'aurais jamais pu penser qu'avec tant d'espoir de succès, je dusse aujourd'hui redouter la mort de faim, car c'est çà littéralement, alors ! (1) Réponse vite.

A vous,

P. V.

Je travaille pourtant toujours, mais vrai, je suis découragé, hanté d'idées rouges ; pas de nouvelles de Dujardin qui m'avait pourtant promis *par écrit*, 25 francs.

Je vous en supplie, réponse immédiate.

P. V.

du 2ᵉ f. : LE DÉCADENT, *Directeur* : ANATOLE BAJU, 5 *bis*, rue Lamartine, Paris. La lettre et le post-scriptum occupent le recto et le verso du 1ᵉʳ f. ; les notes, le recto et le verso du 2ᵉ f. Encre carminée.

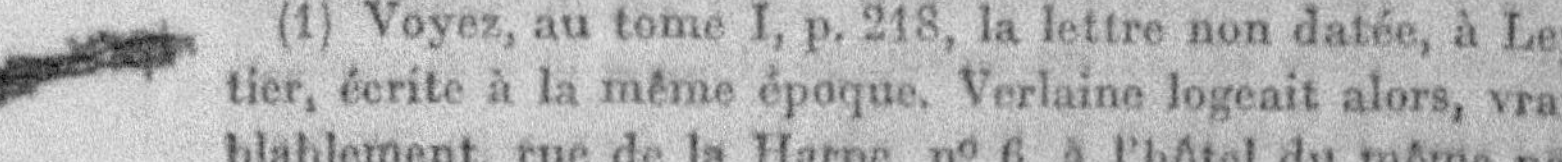

(1) Voyez, au tome I, p. 218, la lettre non datée, à Lepelletier, écrite à la même époque. Verlaine logeait alors, vraisemblablement, rue de la Harpe, n° 6, à l'hôtel du même nom.

Vous a-t-on remis vers pour *Amour* et *la* Biographie *Baju* ?

Et voyez toujours pour le Secrétaire. A quand *Amour* ?

Rien de Morice ?

NOTES

Dans la biographie de Baju, au paragraphe « mais il convient d'ajouter, etc. » au lieu de « *indépendamment de* » mettre : « *abstraction faite de* ». (1)

Quant à l'énumération des poètes, modifier ainsi : « Homère, Sophocle, Lucrèce, Ovide, Théroulde, Dante, Villon, Ronsard, Shakespeare, Calderon, Racine, Gœthe, Byron, Lamartine, Poë. » (2)

Nous réimprimerons sans doute bientôt Les Poèmes *Saturniens.* Il n'y a qu'un changement à faire. Le dernier vers de *César Borgia* doit être modifié comme ceci :

Emise hors du nœud de rubis qui s'allume (3),
l'autre vers :

Elancée hors, etc.,
avait treize pieds. C'est même Anatole France qui me l'a fait remarquer, il y a quelque vingt ans.

Corrigez çà sur l'exemplaire à sacrifier pour la réimpression, de peur qu'on ne l'oublie plus tard. Il y a aussi, je me rappelle, dans *Nuit du Walpurgis*

1) Cf. *Les Hommes d'aujourd'hui* (Œ. *C.*, V, p. 372). La correction n'a pas été faite par l'éditeur.

(2) *Ibid.*, p. 377. Le texte publié contient le nom de Musset.

(3) On lit dans le texte des *Œuvres Complètes*, I, p. 66 :

S'élançant hors d'un nœud de rubis qui s'allume.

classique, je crois : *cadense*, au lieu de *cadence* (1).
Corriger également.

CCXLIV

Paris, 3 janv. 1888 *.

Mon cher Vanier,

Bon jour et bon an.

Ci-joint, une dernière pièce pour joindre à la série *Lucien Létinois*, dans *Amour* et une carte pour Mérat, à propos de sa décoration. J'ignore son adresse. (Est-il toujours employé au Sénat ?) Vous le saurez plus vite — sans comparaison — qu'un pauvre reclus de mon espèce, et voudrez bien envoyer la carte, *sous enveloppe cachetée* le plus tôt possible.

C'est je pense, le moment, ou jamais, de publier la biographie dudit Légionnaire que vous avez depuis longtemps en vos cartons (sans préjudice de celles de Baju et de Rimbaud). J'attends ces épreuves et votre visite quelqu'un de ces jours. Venez plutôt en semaine de bonne heure, tâchez d'obtenir par Triollet et l'Econome de rester une couple d'heures au moins. Nous mettrons l'ordre définitif dans *Amour.* Amenez le plus de manuscrits possible. Nous profiterons de l'occasion pour bien ranger le tout, *Parallèlement* et ce qu'il y a de *Bon-*

---

(1) *Œuvres Complètes*, I, p. 31, vers 19, *cadencée*, et non point *cadence.*

** 2 ff. papier à lettre, vergé, deuil, encre violette, recto et verso des 2 ff.

heur. Apportez les brouillons aussi. Enfin, un ou deux bouquins, pour moi lire, et des journaux, vieux ou non.

Ayez l'adresse de Forain à qui j'écrirai. Avez-vous tâté Régamey ? Quid du bouquin de Morice et du portrait par Baud ?

Dujardin m'a enfin envoyé les 25 balles.

Envoyez, ou apportez la brochure de Griffin, (1) dont on m'a parlé comme d'une chose assez terne du reste.

J'aurai, je crois, une dernière, dernière, dernière, pièce à vous donner pour *Amour*. C'est sur l'hôpital (2). Ça va avoir une cinquantaine de vers. Ainsi le volume pourra compter 1500 « and look serious ».

Quid de l'Anthologie Lemerre ?

Envoyâtes vous à celle Belge ?

Et les *Mémoires* à mon artilleur de Nancy ?

La *Revue de Paris* a-t-elle inséré mes vers ? Ça paie, paraît-il.

Tout à vous et à très bientôt avec manuscrits, j'espère.

P. VERLAINE.

Je vais savoir dans quelques jours, si je reste ou non (3). J'ai écrit à ce sujet au Dr Jullien, pour re-

______

(1) *Ancaeus*, poème dramatique. Paris, Vanier, 1888, in-18.

(2) Sans doute la pièce insérée, par la suite, dans *Bonheur*, sous ce titre : *Ecrit en* 1888. Voyez la lettre CCLI.

(3) Verlaine venait de rentrer à l'Hôpital Broussais.

commandation possible au nouveau Chef de service, vous en *tout cas*, tenez sommes prêtes et *papiers timbrés*, je vous en prie très *sérieusement*.

CCXLV

8 janvier [1888] *.

Mon cher Vanier,

Ci-joint deux pièces pour *Amour*, à joindre dans l'ordre de la *table* DÉFINITIVE ci-contre. Je calcule que le volume aura un peu plus, ou très peu moins de 1500 vers (1). Vous avez dû recevoir différentes pièces de différentes mains, dernièrement, entre autres un *Sonnet à Morice* (2). En tous cas, j'ai ici, bien recopiées, ces choses.

Arrivez un jour de *semaine*, excepté jeudi, *de bonne heure*, avec le manuscrit d'*Amour* et tous manuscrits, JE VOUS EN SUPPLIE, — *brouillons et tout*. Aussi ce que vous avez de Rimbaud. (Nulle nouvelle, depuis, de M. Izambard, moi).

---

* 1 f. papier vergé deuil, encre carminée, texte recto et verso ; la table occupe le verso.

(1) Il existe dans les papiers du fonds Vanier une note autographe, au crayon, qui porte ce chiffre à 1822. Le même document nous fournit un état du nombre de vers publiés par Verlaine. Le total pour *Jadis et Naguère*, *Poèmes Saturniens*, *Fêtes Galantes*, *Bonne Chanson*, *Romances sans paroles*, *Sagesse*, *Parallèlement*, *Amour* et *Bonheur*, s'élève approximativement, selon ce compte, à 6.100 vers.

(2) *Œuvres Compl.*, II, p. 59.

Pour *Amour*, le classement sera facile et *définitif*. S'agira principalement des pièces de la série *Lucien Létinois*. Nous arrangerons aussi *Parallèlement* (plus de 1000 [vers] déjà) et mettrons de l'ordre dans les proses.

Le Parti National, daté *samedi 7 janvier*, cite fragment de ma lettre au *Décadent* (1). Le sonnet attribué à Rimbaud n'est pas de lui, bien entendu, ni de moi non plus, grands dieux (2) ! D'ailleurs, je n'ai pas encore reçu ce deuxième numéro et je n'en parle que d'après les extraits qu'en donne *Le Parti National*..

Apportez LECTURE, papiers timbrés et *tous* manuscrits.

A très bientôt donc.

Votre P. V.

P. -S. — On s'attend de jour en jour au départ du chef de service et à son remplacement. J'ignore donc si mon séjour doit ou non se prolonger encore longtemps. Réservez sommes, s. v. p.

(1) Elle parut sous la date du 1er-15 janvier 1888. On en trouvera le texte dans la suite.

(2) Il est, sans nul doute, de Laurent Tailhade. Voyez l'analyse d'une curieuse lettre de ce dernier à P. Verlaine, dans un des catalogues d'autographes de Charavay (14 mai 1922) : « J'ai eu le tort, écrivait le 14 mars 1889, l'auteur de *Vitraux*, de signer autrefois du nom d'Arthur Rimbaud de mauvais pastiches de sa manière, embellis de gloses en style décadent, mais je me suis abstenu avec scrupule de cette irrévérence depuis que vous avez bien voulu me faire connaître le déplaisir que vous en ressentez. »

AMOUR (1)

1 Prière du matin.

2 Ecrit en 1875. * A Edmond Lepelletier.

3 Bouquet à Marie.

4 Bournemouth. * A Francis Poictevin.

5 Angélus.

6 Un Crucifix. * A Anatole Baju.

7 Ballade à propos de deux ormeaux qu'il avait. * A L. Vanier.

8 Sur un reliquaire qu'on lui avait dérobé. * A Madame X...

9 *Je vois un groupe sur la mer...*

10 *Ni pardon ni répit, dit le monde...*

11 Ballade en rêve.

12 Adieu.

13 Ballade en l'honneur de Louise Michel.

14 Sur la mort du roi Louis II de Bavière.

15 Parsifal. * A Jules Tellier.

16 * Saint-Graal.

17 « Gais et contents » * A Charles Vesseron.

18 A Fernand Langlois.

19 Délicatesse. * A Mlle Rachilde.

20 Angélus de Midi.

21 A Léon Valade.

22 A Ernest Delahaye.

23 A Emile Blémont.

24 A Charles de Sivry.

25 A Emmanuel Chabrier.

26 A Edmond Thomas.

27 A Charles Morice.

28 A Maurice du Plessys.

29 A Victor Hugo, en lui envoyant *Sagesse.*

30 * Calderon.

31 Saint Benoît Labre.

32 Paraboles.

(1) Les mots précédés d'une astérisque ont été ajoutés au crayon par l'auteur. La numérotation inexacte a été corrigée par nous.

33 Statues pour Tombeau.
34 Buste pour Mairies (1).
35 Drapeau blanc.
36 Pensée du soir. * A Ernest Raynaud.
37 Ecrit en 1888. * A mon ami le Dr Louis Jullien.
38 Lucien Létinois.
39 Batignolles.
40 A Georges Verlaine.

CCXLVI

16 janvier 1888 (?) *.

Mon cher Vanier,

J'ai remis dimanche une lettre et les épreuves, sous enveloppes pour vous, à M. Jules Tellier, 18, *Avenue des Gobelins*, qui a dû mettre ces deux choses à la poste. Voyez ce qu'il y a à faire, je garde l'épreuve et la corrige dans tous les cas (2).

A jeudi,

P. V.

CCXLVII

Paris, le 20 janvier 1888 **.

Mon cher Vanier,

Ci-joint *une dernière* pièce pour *Amour*, à classer

(1) Ces deux derniers titres (33 et 34) ont été raturés au crayon.

* Petit fragment de papier bleu quadrillé, encre noire, recto.

(2) Il s'agit ici de la notice consacrée à Rimbaud, dans les *Hommes d'aujourd'hui.* Voyez la lettre suivante.

** 2 ff. papier à lettre, vergé, deuil, encre violette, recto et verso des 2 ff.

dans la série *Lucien Létinois* (si ça continue, *Amour* deviendra plus considérable intrinsèquement que l'*Iliade*). Je vous l'envoie, avec une table spéciale de cette série à joindre, la série, pas la table ! dans l'ordre assigné à celle-ci dans la table générale, la seule à imprimer.

J'ai écrit hier à Forain et à Régamey, touchant les portraits des *Maudits* pour Forain, et celui de Rimbaud, ainsi que le mien, à la plume, par Régamey, qui est aux mains de l' « épouse Delporte ».

J'avais, dimanche, remis à Tellier, dans deux des enveloppes timbrées mises par vous dans le paquet que m'avait remis votre commis samedi soir, les épreuves corrigées du *Rimbaud* et une lettre assez longue pour vous. J'ai, dans la journée même de lundi (si je ne me trompe), à moins que ce ne soit mardi, le jour enfin où votre commis est revenu dans la matinée — fait mettre à la poste, corrigées, les épreuves nouvelles. Avez-vous enfin reçu tout ou partie ? — et n'oubliez pas de me procurer quelques exemplaires *coloriés*.

Ecrit aussi à Théodore Hannon, lui parlant de la collaboration de Rops à *Parallèlement*.

Je grille d'impatience de vous voir avec *tous* manuscrits, brouillons et nets, prose et vers. Venez dans des conditions à avoir au moins une bonne heure à être seuls. Papier timbré aussi, — et si quelque argent de poche et timbres... J'ai un *Lemoyne* et le *Theuriet* tout prêts d'être achevés.

Apportez encore, ou mieux, si ça ne vous dérange pas, envoyez, à M. Izambart, rue de la Faisanderie,

46, près de l'avenue du Bois de Boulogne, Paris, les choses de Rimbaud lui appartenant ; elles consistent en :

1. *Le Forgeron* (incomplet).
2. *Ophélie.*
3. *Comédie en trois baisers.*
4. *A la Musique.*
5. *Ce qui retient Nina.*
6. *Vénus Anadyomène.*
7. *La Bête nouvelle* ; *Un Cœur sous une soutane.*

J'ai dû recopier : *A la Musique, Ophelia* et *Ce qui retient Nina.* Gardez ces copies. M. Izambart me rendra toutes ces machines dans quelques jours. Il veut s'en servir pour un article de *souvenirs*, dans la *Revue Bleue* (il a été le professeur de rhétorique à cet Arthur-là, au lycée de Charleville).

J'espère que je suis un poëte exact, ponctuel, avec son éditeur ; déguisez-vous, vous, pour me récompenser, en homme enfin pressé. Venez le plus tôt possible, muni de bonnes affaires. Qu'*Amour* paraisse bientôt, et que *le plus grand poète du monde* (*Sequentia sancti Evangeli secundum Bajum*), puisse être assuré à sa sortie de *Ægypto* de ne pas TROP crever de faim ni de froid ! *Amen.*

Votre   P. V.

POST-SCRIPTUM *

Un malheur, j'ai perdu mon couteau, objet plus nécessaire à un malade qu'à un paysan. Pourriez-

* Note au crayon sur une fiche de papier blanc.

vous, en venant me voir, m'acheter dans le petit bazar du boulevard Saint-Michel, ou n'importe où, un couteau à 4 sous. Je vous donnerai en échange un grand remerciement.

Comme çà l'*amitié ne sera pas coupée*.

P. V.

CCXLVIII

[Fin janvier 1888] *.

Infâme éditeur à la rescousse,

Vous êtes un gredin de ne jamais venir. Je vous attends depuis des temps ! Pour vous punir, voici, « sous ce pli », la VRAIE DERNIÈRE pièce d'*Amour* qui, j'espère, va, n'est-ce pas, enfin paraître. C'est le moment ou jamais, je pense. La pièce ci-jointe complète bien la série *Lucien Létinois*, c'est le *desideratum* dont nous avons quelquefois parlé. Elle humanise et explique (avec la pièce *Puisque encore…* qu'elle suit immédiatement) (1) cette série douloureuse et j'ose croire touchante, unique en tous cas dans notre littérature. Et mon pauvre gosse, au moins comprendra ! ! !

A propos, avez-vous entendu parler de « l'épouse Delporte » ?

J'ai aussi une pièce, ô forte celle-là, pour *Parallè-*

---

* 1 f. papier à lettre, vergé blanc, encre noire, recto et verso.

(1) Il s'agit ici du poème XVI (*Œuvres Compl.*, II, p. 100), débutant par ce vers :

Cette adoption de toi pour mon enfant.

lement, mais j'hésite un peu. Besoin encore de la relire et de la relire avant de la risquer.

Et si vous n'êtes pas un éditeur à la mie de pain (style Broussais, Tenon, Cochin, Vincennes, « C'est des lieux comm' des aut's, on en prend l'hébêtude »), vous allez reconnaître illico et récompenser mon activité, mon zèle, ma ponctualité, ma patience, et toutes mes vertus, en venant AVEC TOUS MANUSCRITS ET PAPIERS TIMBRÉS, dès, si possible, ceci reçu, assez de bonne heure pour pouvoir un peu collationner *Amour*, arranger *Parallèlement*, et mettre de l'ordre dans les autres choses. N'OUBLIEZ PAS LES BROUILLONS.

Et faites qu'*Amour* paraisse bientôt, vrai !

Un nouveau journal illustré, *Le Journal des Deux-Mondes* publie un long article, où je suis apprécié assez drôlatiquement, en un style bizarre, et où ce pauvre Baju « écoppe », mais « écoppe » ! Si ne l'avez pas, vous le donnerai. J'en ai deux exemplaires.

Ci-joint, table nouvelle de la série *Lucien Létinois* (1). Mais rien ne peut être définitif avant d'avoir vérifié ensemble le manuscrit TOTAL.

Apportez lecture, si avez. Mon avis sur *La Terre* (2) ? Ecœurant et superbe, mais surtout lamentable. Quel triste usage de la précieuse liberté de tout dire ! Puis, même comme « paysanterie », que c'est peu observé, superficiel et très souvent ramassé parmi les plus fades lieux communs.

(1) Le texte de la table manque.
(2) Le célèbre roman de Zola venait alors de paraître en librairie.

Voyez-vous jour à des leçons, ou place pour moi ?
J'écris des proses ?

On doit un de ces jours m'endormir et me briser
la jambe. Là aussi, j'hésite. Si j'allais changer mon
cheval borgne ? Ah que j'eusse quelque argent et je
n'aurais pas ces craintes ! — Ayez-moi de l'argent,
vous, dites ?

En attendant, venez voir le plus tôt possible

Votre,

P. V.

N'est-ce pas, envoyez à Izambart ses manuscrits
de Rimbaud ? Il me les réclame très sérieusement.

Rimbaud a dû paraître (1). Apportez-moi plusieurs exemplaires coloriés, S. V. P.

Et le *Verlaine*, de Morice !

CCXLIX

Le 3 février 1888 *.

Mon cher Vanier,

Vu hier soir Darzens qui m'a dit n'avoir pas l'intention de publier une édition de Rimbaud, mais
une simple étude dans *La Jeune France*. Quant aux
vers qu'il a, il doit me les montrer au premier jour.
Il est aussi « à la piste » d'une chose en prose qu'il

(1) Cf. *Les Hommes d'aujourd'hui* (n° 318) ; le fascicule
venait d'être imprimé tout récemment. Le bon à tirer de l'éditeur porte la date du 17 janvier 1888.

* 2 ff. papier à lettre rose, encre noire, recto et verso des 2 ff.

croit avoir été offerte à un éditeur (?) par Rimbaud lui-même, ce qui m'étonne fort. Enfin, ça s'élucidera.

Voyez-vous Kahn ? Il a toujours à moi mes livres reliés, le manuscrit des *Illuminations* (qu'on se serait partagé, m'a dit Darzens ! ! !), la plaquette avec dédicace de la *Saison en Enfer*, et qui me doit, sauf 40 francs payés, le prix de ma copie à *La Vogue* et la partie de l'argent fait avec le vente des *Illumina-tions* (1). Je tiens sérieusement à ces objets, surtout, je l'avoue, au dernier. Que Kahn donc pense un peu à moi et soit enfin raisonnable.

Je vous attends toujours avec deux ou trois *Rim-baud* coloriés, des épreuves d'*Amour*, des timbres et ce papier timbré là. Bientôt n'est-ce pas ?

Reçu nouvelles de la personne qui me doit 1500 francs (2). C'est encore très vague, mais enfin ce sont des nouvelles.

Rien d'autre pour le moment. Santé de même. Aurai biographies *Lemoyne* et *Theuriet* à vous re-mettre ; çà nous met au courant.

A vous cordialement. Excusez, pressé. Vous écris dans un hourvari : lavage de salle, encombre-ments, etc.

P. VERLAINE.

Ah ! reçu lettre de Régamey, très aimable. Me promet visite avec le Rimbaud, de lui, et même de

(1) Le volume avait paru dans les éditions de *La Vogue*, en 1886. Verlaine avait donné, la même année, dans cette pu-blication, des fragments d'*Amour*, des *Mémoires d'un Veuf* et de *Parallèlement*.

(2) Voir tome I, p. 213, note 1.

moi. Va s'occuper de mon portrait de moi, par lui, qui est chez l' « apouse » Delporte. — Rien reçu encore de Forain. Bien ennuyeux. Baud voudrait bien mes livres. Il a été très gentil avec moi, en juillet dernier. Vous recommande son désir.

CCL

6 février 1888 *.

Mon cher Vanier,

...La main sur la conscience, je répète que je ne vois rien de pleutre, ni d'autre que de très simple dans la circulaire en question. Si elle peut me procurer ce à quoi elle tend (??), voilà de la *braise* que j'accepterai sans scrupule aucun (1).

Du reste, vous la lirez ; et elle vous laissera complètement de mon avis. Du reste encore, rien n'y est engagé. Pas une signature donnée ; vos intérêts

* *Verlaine intime*, p. 171, fragment de lettre, dont l'original n'a point été retrouvé.

(1) Il s'agissait, selon Donos, de la constitution d'une sorte de syndicat destiné à procurer des ressources au poète besogneux, en échange de la publication de ses œuvres nouvelles dans divers périodiques : « Je ne crois pas que ma dignité soit en rien atteinte par ce charitable projet, disait alors Verlaine. La circulaire s'est répandue sans que je la connaisse ; je n'y trouve rien d'humiliant pour moi. Je suis plus que pauvre, je suis misérable ; mais je ne prétends recevoir d'argent que contre du travail. » Comme tous les projets de ce genre, celui-ci ne se réalisa pas. Déçu, sans doute, le poète tint par la suite un autre langage. Voyez la lettre à Vanier du 23 sept. 1892.

absolument dégagés, puisqu'il ne s'agirait que de copie courante *ès-journals*.

Donc rien de grave ; tout va bien ; sauf hélas ! la bourse. Tachez, Vanier, de la guérir, hein ? Puisque nous avons les atouts en mains et le vent dans nos voiles, faites un peu ma fortune... ou au moins que je puisse vivre, nom d'une pipe !

Pourrez-vous, ceci très sérieux, me procurer un pantalon d'été, gris, comme celui que m'achetâtes pour 3 francs, l'été dernier ? Tout de suite, *if you please*. Ça presse, car mon mien montre le jour de toutes parts. Triste aspect — et c'est la morale de cette histoire... ».

[P. V.]

CCLI

Paris, le 20 février 1888 *.

Mon cher Vanier,

Ci-joint la pièce pour remplacer : *Ecrit en* 1888. La joindre aux épreuves que je vous envoie par le même courrier.

D'Orfer m'écrit pour que je vous demande pour lui *Jadis et Naguère*, afin qu'il y copie *Les Uns et les Autres*, qu'il veut faire représenter dans une Société littéraire, à la suite d'une conférence sur moi. Je vous prie de lui donner ou prêter un exemplaire, n'y voyant pas d'inconvénient, puisqu'il y aura bénéfice en ma faveur. Je lui écris par le même courrier.

* 1 f. papier vergé blanc, encre noire, recto et verso.

Nulle cachotterie entre nous, n'est-ce pas ? Si vous voyez un inconvénient, écrivez tout de suite à

Votre tout dévoué,

P. V.

Quoi de nos artistes ? Quand viendrez, n'oubliez pas papier timbré.

Suite de mes recommandations à Thomas.

Quand vous viendrez, ou à ma prochaine, vous enverrai la pièce : *Ecrit en* 1888, pour joindre à *Bonheur* ; (1) alors ne pas oublier au faux-titre du livre *Amour : à mon fils Georges Verlaine.* Communiquez à Morice mon changement de la pièce : *Ecrite en* 1888, pour la présente, S. V. P. !

J'ai reçu, corrigé et renvoyé des épreuves de ma nouvelle : *Conte de fées,* pour la *Revue Indépendante.*

CCLII

Paris, le 22 fév. 1888 *.

Mon cher Vanier,

Recevrez les épreuves corrigées que vous envoie par ce courrier.

Changé quatre strophes (politiques *inutiles*), d'une pièce de la série : *L. Létinois.*

Gardé les deux sonnets politiques (inoffensifs).

---

(1) *Œuvres compl.,* II, p. 231 : *Le sort fantasque...*

* 1 f. papier à lettre, vergé blanc, plié en deux, encre noire, recto et verso des 2 ff.

J'ai changé à la table et dans le volume le titre de l'un : *Ecrit en* 1881, au lieu de *Statue pour Tombeau* (1), Peut être faudrait-il aussi changer *Drapeau Blanc*, en *Drapeau vrai* (Changez donc çà vous, à la table et au livre (2). Moi, faudrait défaire le paquet).

Un faux titre, n'est-ce pas ? *A mon fils Georges Verlaine.*

Peut-être que la strophe d'*Adieu*, (*Et j'ai peur aussi....*) nous attirerait du désagrément à cause du mot *adultère*, susceptible d'être poursuivi comme *calomnieux et illégal*, quoique si juste, en l'espèce, d'ailleurs. J'ai pensé à la remplacer par ceci :

> Et j'ai peur aussi, nous en terre, de croire
> Que le pauvre enfant, votre fils et le mien,
> Ne vénérera pas trop votre mémoire,
> O vous sans égard pour le mien et le tien. (3)

Voyez, consultez, aux ouvrages annoncés dans l'*intérieur*, en tête, si nous ne mettions que :

Du même auteur : Sagesse, 1881.
Sous presse : Parallèlement.
En préparation : Bonheur.

(1) La pièce parut sous ce titre : *Sonnet héroïque*, dans l'édition d'*Amour*, de 1888. Nous la retrouvons sous sa dénomination primitive (*Statue pour Tombeau*), — qui est celle de sa première publication dans *Lutèce* (9 janvier 1886), — au tome III des *Œuvres complètes*, p. 362, où elle figure arbitrairement parmi les pièces d'*Invectives*.

(2) Le changement de titre a été, en effet, adopté. Voyez les *Œuvres compl.*, II, p. 68.

(3) Cf. *Œ. C.*, II, p. 38, 2ᵉ strophe.

Vous avez bien intercalé *Paysages* (1), en place de : *Ecrit en* 1888 (2) ?

Quêque vous n'en disez ? Ça serait plus grave, plus dans la note, à annoncer tout le tas derrière la couverture : même çà accentuerait mieux, comme çà.

Je compte sur les épreuves totales qui seront revues et corrigées en une séance. Comment vous les renvoyer ?

Votre commis m'a dit que vous viendriez un de ces jours ; apportez de la lecture, des timbres et ces papiers timbrés.

Préparez les listes du service de presse. Faudra-t-il que je sorte un jour pour écrire les dédicaces ? Je pourrai sortir vers 9 heures du matin. Voyez.

Nos artistes ?

Thomas et ce blanchissage ? S'il ne fait pas la commission, on pourrait la faire de chez vous, peut-être. (Mais je suis dans les Ardennes, pour toute la rue Moreau).

A bientôt,   Votre P. V.

CCLIII

Lundi gras [février 1888] *.

Mon cher Vanier,

J'ai oublié de vous rappeler qu'en faux-titre

(1) *Amour* (Cf. : *Œ. C.*, II, p. 70).

(2) On trouvera, dans *Bonheur*, d'autres pièces destinées tout d'abord (ainsi que le poème : *Ecrit en* 1888) à figurer dans *Amour*.

* 2 f., papier à lettre, vergé blanc, encre noire, recto et verso.

d'*Amour*, nous avons la dédicace : *A mon fils, Georges Verlaine.*

Oublié aussi de vous prier de nouveau de m'apporter une photographie des *Ecrits pour l'Art.*

Quant au pantalon (et au couteau, dont merci d'avance) j'espère que vous allez, le plus tôt possible, me procurer cet indispensable, tant besoin ! tant besoin !

Ci-joint lettre pour M. Bonnamour ; n'oubliez pas non plus ma photo.

Et à très bientôt, n'est-ce pas,

P. PANTALON,

à 3 francs, ou moins.

Merci à Huysmans de son gracieux envoi ; je lui écrirai un de ces jours.

Dire à la *Petite Revue*, quand elle s'occupera de mes proses, de mettre mon nom sur la couverture. Décidément, s'entendre avec Régamey et demander à Forain ma photo de Rimbaud, et la mienne, puisqu'il ne veut rien faire.

Quoi de Rops ? Je lui ai écrit, vous savez, en remerciement (1).

On lit en haut du premier feuillet, à gauche, de la main de Verlaine : « Pantalon, 4 fr. 50 ; couteau, [0,]25.» Les six paragraphes de la page suivante depuis ces mots : « Dire à la *Petite Revue...* » ont été reproduits en fac-similé dans *Verlaine intime*, p. 154, et dans les *Œuvres posthumes*, II, p. 420 (Collect. J. Canqueteau).

(1) Lettre du 11 février 1888 (Cf. *Correspondance Verlaine-Rops, à propos de* « Parallèlement » (Paris, Ecole Estienne, 1918, in-18).

Ce PANTALON ! à trois francs, ou moins, d'été, gris, pressé !

Et les papiers timbrés.

Et le couteau d'4 sous (1).

Si nous faisions paraître le *Baju* ? puis le *Ghil* ? le *France*, après ? (2)

CCLIV

Paris, le 5 mars 1888 *.

Mon cher Vanier,

Procédons par ordre :

1º Ci-joint la pièce, *Ecrit en* 1888, à ranger dans le manuscrit *Bonheur*. Dès sorti, porterai de l'ordre au sein dudit manuscrit et des manuscrits en prose.

2º *Conte de fées*, paru dans la *Revue Indépendante* (3), ce mois-ci : rien reçu encore, en fait d'argent. Quand verrez l'un de ces deux messieurs, rappelez-lui que je ne suis pas riche et qu'ils me doivent, si je ne me trompe, 50 francs, du fait de ce *Conte de fées* là. CECI CAPITAL.

(1) Dans l'original, au bas de la deuxième page, ces lignes sont suivies d'un dessin de Verlaine, représentant ce dernier couché dans un lit, le chef couvert d'un bonnet de nuit, évoquant en rêve le pantalon réclamé par son texte, un couteau, des traités et sa propre photographie. Ledit croquis est accompagné de ces mots : « *Mémoires d'un Veuf* (2e série). Quelques autres de mes rêves (fragment) ».

(2) Cette phrase est écrite en travers et dans la marge.

* Fragment de papier à lettre, vergé blanc, encre noire, recto et verso.

(3) Le 17 mars 1888. Cf. *Histoires comme ça* (Œ. P., I, 359).

3° Le vers est corrigé n'est-ce pas ?

. . . . .d'ici,
L'estacade très loin ; haute, la tour, et sèche... (1)

et je vous attends d'un moment à l'autre, avec des livres. Je vous envoie liste d'amis. Pour la presse, faut faire liste commune.

4° Quant aux volumes sur papier de Hollande, m'est avis, jusqu'à nouvel ordre, d'en donner très peu : un pour Georges Verlaine et un pour Théodore de Banville...

5° Quand vous verrez Thomas, à qui vais en outre écrire, qu'il aille chez la mère Delaplace et lui dise de repasser le linge, puis qu'on vous l'envoie, qu'il écrive, s'il n'a pas le temps, — et réclame les sous qui resteraient.

Veuillez vous enquérir un peu d'un garni convenable, dans les 35 francs, et d'une table d'hôte dans les 75, si possible la dernière. On pourrait, à la rigueur, mettre un peu plus à cette dernière. Pensez que nous avons : 250, de Vanier ; 150, de l'arriéré du compte Salard ; 50, de la *Revue Indépendante* = 450 fr. 450 francs pour aller jusqu'à mi-mai, c'est beau. Mais faut compter une centaine de francs d'habits et quelques menus plaisirs, avec peut-être la nécessité

(1) *Amour* (Cf. *Œ. C.*, II, p. 16, vers 10 et 11). La version primitive, si nous en croyons un autographe original, conservé avec les papiers de Léon Valade à la Bibliothèque municipale de Bordeaux (Ms. 1650, fol. 138) portait ceci :

Le bout de l'estacade haute, la tour, et sèche...

d'un voyage dans les Ardennes, pour le touchage de 920 francs du notaire.

La morale de tout ça, c'est d'apporter les *papiers timbrés*, de s'informer de table d'hôte et garni, de tenir prêts les 250 francs de Vanier et de parler à Kahn, ou Dujardin, des 50 francs dûs. Je ne leur ai pas, d'ailleurs, encore écrit.

Donc, à très bientôt, n'est-ce pas ? Apportez *Anthologie*, si y songez, et un livre (Barbey preferred).

A vous,

P. V.

[Hôp. Broussais]

CCLV

Samedi, 10 mars [1888] *.

Mon cher Vanier,

M. Vally, que je vous ai déjà recommandé et que je vous recommande encore pour des écritures, si possible (1), vous portera ceci qui est à l'effet :

1° De vous envoyer la lettre ci-jointe. Vous y puiserez tels *renseignements* et *enseignements* que de droit. Morale : un peu plus de publicité, scrongnieugnieu ! *Motus* quant à ce qui concerne *La Revue Indépendante* (qui aurait pu tout au moins renvoyer ce monsieur à vous). Elle prouve aussi,

---

* 1 demi f. papier à lettre blanc. vergé, encre noire recto et verso.

(1) Employé à l'Economat de l'Hôpital Broussais. Voyez tome I, pp. 222-223.

cette lettre, que j'ai des amateurs en « Argérie ». J'y réponds en même temps (ou presque, n'exagérons rien !) que ceci, adressant à vous cette fois ce brave colon, et l'engageant à vous envoyer liste de libraires de là-bas, susceptibles de débiter du Verlaine.

2º De vous mettre « sous ce pli » une pièce pour *Bonheur* : classez ! J'en ai donné une copie pour *La Jeune Belgique* qui m'a demandé des vers, par l'intermédiaire de Giraud.

3º De vous demander quand *Amour* paraîtra. Je ne pense pas que les événements soient de nature à retarder la mise en vente, hein ?

4º Enfin de vous dire que je compte sortir du 15 au 20. Apportez papiers timbrés, préparez sommes, soignez vente et publicité.

J'attends votre très prochaine visite.

Nos imagiers ? Thomas et ce linge *repassé* ?

Souvenir cordial au duelliste Moréas (je vous sais brouillé avec Vignier, sans quoi je vous eusse aussi chargé de souvenir pour lui qui a toujours été aimable avec moi). Le livre de Morice ? Papiers timbrés et galette en réserve pour votre,

P. V.

Si vous voyez quelqu'un de la *Revue Indépendante*, ne parlez pas de la lettre ci-jointe, mais parlez-leur de l'argent de ma nouvelle. Je ne leur en ai pas encore écrit, mais je pense qu'il est bon de leur rafraîchir, vous la mémoire, comme si ça venait de vous.

CCLVI

Paris, le [vendredi] 16 mars 1888 *.

Mon cher Vanier,

C'est sous réserve d'événements que je ne prévois pas, — décidément mardi 20 courant, « anniversaire » de mon entrée ici (20 septembre 87 ! !) et veille de l'entrée de l'année dans le Printemps, que je quitte Broussais, à 9, 9 h. 1/2 du matin, et que je serai chez Vanier dans les 11 heures environ, 11 h. 1/2 au plus tard. (J'ai un rendez-vous à midi, avec Tellier, dans ce café de l'*Avenir,* où il y a des garçons si corrects, porteurs de si belles missives). Donc à *mardi, vers* 11 *heures, chez vous.* Mais je vous serais obligé, si vous ne venez dimanche (*chose dont je vous aurais toute gratitude*), de m'envoyer avant *mardi* votre commis, avec, si paru, *Amour* (1), sous la forme d'un exemplaire ,pour qu'il puisse (votre commis), emporter en un petit paquet les quelques livres et papiers qui m'embarrasseraient mardi. Ci-joint un sonnet pour *Parallèlement* et un mot que vous voudrez bien mettre sous enveloppe et envoyer à Edmond Thomas, maître répétiteur à Sainte-Barbe, rue Cujas.

Nous ferons, dès mercredi, le service de la presse et celui des amis.

* 1 f. papier à lettre vergé blanc, encre noire, recto et verso.

(1) Le volume ne fut annoncé au *Journal de la Librairie* que dans le courant d'avril.

Je ne vois rien de plus à vous dire. Je pense que les papiers timbrés et le reste seront tout prêts. Je sors avec 140 francs. Si vous venez dimanche, apportez une trentaine de sous pour moi donner pourboires au « personnel ».

Et à très bientôt.

Je compte presque sur vous dimanche et sur votre commis avant mardi, pour sûr alors.

Votre,   P. V.

[Hôp. Broussais].

CCLVII

Jeudi, 7 avril 1888 *.

Mon cher Vanier,

Les bons comptes font les bons amis. Or j'ai, vrai, besoin des 25 francs qui me restent dûs par vous.

De plus, je veux tenter un grand coup et avec mes choses en prose tâcher de réaliser de quoi attendre le bon plaisir de Me Carrette, notaire.

Prière instante donc de m'envoyer, ou de m'apporter (plutôt), le plus vite possible ces 25 balles et toute la prose de moi que vous avez chez vous, surtout la nouvelle intitulée : *Deux mots d'une fille* et les poèmes en prose, ou si vous préférez *Mémoires d'un*

---

* 1 f. papier à lettre, vergé blanc, plié en deux, encre noire, recto et verso. Un fragment de la dernière partie de cette lettre a été publié, mais fort inexactement, dans *Verlaine intime*, p. 174.

Veuf, intitulés : *Ægri Somnia*, *La Goutte*, (1) et d'autres, dout le nom m'échappe. Le préférable, c'est de tout envoyer en fait de prose.

C'est vrai que ma blanchisseuse est folle au moins pour un temps (alcoolisme je crois au fond) et je ne puis avoir mon linge encore !

C'est en allant le rechercher que le jour du vendredi saint, au matin, mon pied a tourné et ma jambe gauche m'a envoyé sur le pavé, à deux mètres, à demi mort. J'ai dû et je dois encore me soigner — je mange ici, ce qui me revient fort cher, — mais je dois garder la chambre.

Vous voyez donc toute la nécessité qu'il y a pour moi à avoir quelques sous (25 francs) et mes manuscrits ensuite, ceux en prose naturellement, tous, pour en faire des choux et des raves et les vendre, à droite et à gauche comme un marchand des quatre saisons. Huysmans veut bien se charger de m'aider dans ce commerce des rues. Il y a plus, un milliard de fois plus de confraternité à attendre d'un de ses pairs que du meilleur des journalos !

(1) *Œuvres posth.*, I, *Souvenirs* et *Histoires comme ça*. Si l'on en croit Verlaine, le manuscrit de ces pièces en prose, suivant la fortune et les pérégrinations de leur auteur, dut s'égarer. Voici le texte d'une note écrite au crayon, non signée, ni datée, relative à ces pages et à d'autres. « Verlaine voudrait savoir si on a retrouvé ses manuscrits laissés à Broussais, parmi lesquels setrouveraient une nouvelle : *Deux mots d'une fille*, dont Vanier a le brouillon, l'épilogue commencé d'*Amour* et la copie au net de la nouvelle série des *Mémoires d'un Veuf*, dont Vanier doit avoir le brouillon. Verlaine a des livres et son portrait par Valadon, à vendre. Si Vanier se chargeait de cette vente ?... »

Donc je vous attends, ou votre commis *aujour-d'hui*, (hélas) toute la journée, car je ne puis sortir, le pavé de la rue Moreau (1) m'ayant mis autour des yeux un masque affreux d'Arlequin que je ne puis exposer à l'air, sous peine d'érysipèle.

N'est-ce pas ?

P. V.

Comment va la gloire.....la vente, veux-je dire ? Et la presse ?

CCLVIII

Le 2 [août 1888] *.

Mon cher Vanier,

Quand ces *Maudits* ?
La photo de Rimbaud ?
Cazals voudrait avoir le cliché du portrait de moi.
Réponse vite, if you please ?

Yours,

P. V.

(1) On voit que Verlaine logeait encore Cour Saint-François. Il n'y demeura que fort peu de temps, car, le 20 avril, nous apprenons qu'il s'était fixé au 14 de la rue Royer-Collard. Le 21 novembre suivant, il habitait l'hôtel des Nations, 216, rue Saint-Jacques.

* 1 f. papier à lettre blanc, encre noire, écriture négligée, recto.

CCLIX

Le 13 août 1888 *.

Mon cher Vanier,

J'insiste sur mon désir de savoir si vous êtes disposé à *rendre* à Cazals le cliché du portrait de moi que vous lui avez emprunté en vue d'orner les *Romances sans paroles*, de votre serviteur.

Je désirerais aussi que vous me rendissiez compte de l'époque de la publication des *Maudits*.

Enfin, quand paraîtra donc ce *Verlaine* là, par ce Morice-là ?

Vous voudrez bien remettre à M. Ladislas Lœvy la photographie de Rimbaud, si l'avez ; plus tous les autographes m'appartenant et le manuscrit de *Voyage en France*, ainsi que les quelques livres *dédiés* ou autres, que vous avez encore à moi chez vous.

Je vous serre les mains,

P. VERLAINE.

CCLX

[Fin novembre 1888, 216, rue Saint-Jacques.] **

Mon cher Vanier,

Dès le livre de Morice paru, envoyez m'en, je vous

---

* 2 ff. papier à lettre quadrillé, encre noire, recto et verso du 1er f., recto du 2e.

** Écrit au verso blanc d'une couverture imprimée, encre noire, s. d.

prie, un ou quelques — selon vos conventions avec lui — exemplaires.

Et allons-y de *Parallèlement*, moins les pièces « purement » cordiales qu'il fut convenu que nous supprimerions : en vue d'un petit bouquin rien qu'amical et gentil, intitulé, *Les Amis*. Allons-y, dis-je, de *Parallèlement*, le plus tôt possible — pas ?

A vous.

Votre qui marche peu depuis quelque temps.

D'ailleurs, je reste chez moi le mercredi soir,

P. V.

CCLXI

Paris, 26 décembre 1888 *.

Mon cher Vanier,

Un jeune homme a dû vous prévenir de ma part de mon entrée aux *chroniques* (Broussais, Salle Parrot, lit 1, rue Didot, 96) (1). Je n'ai littéralement pas pu faire la commission moi-même, ne pouvant déjà presque plus marcher, surtout seul, depuis près d'un mois. Je vais un peu mieux et espère ne plus faire un aussi long stage que précédemment.

Pourrez-vous me faire recopier les pièces que nous avons retirées de *Parallèlement* et me les apporter, ou faire apporter, ou envoyer le plus tôt possible. C'est

* Fragment de papier à lettre blanc, quadrillé, encre noire' recto et verso.

(1) On l'y trouve installé vers le 20 décembre. Voyez la Correspondance avec A. Savine.

en vue du volume : *Les Amis*, que nous publierons le plus tôt possible.

Un renseignement qu'on me demande et qui peut très bien se terminer en bonne affaire pour nous. Combien tous mes livres, proses et vers, reliés, avec des initiales dans le genre de ceux que vous me donnâtes jadis, coûteraient-ils ? réponse prompte, S. V. P.

Mme Triollet, qui est très bonne pour moi (elle est la surveillante de ma salle), me demande *Amour*. Pourriez-vous vous fendre d'un exemplaire ? Avez-vous mis de côté un portrait du *Verlaine* de Morice (1), pour le coller ensuite sur l'exemplaire que vous me donnâtes à l'origine. (Moi, donné celui qu'on vous demande, de ma part, à une dame — naturellement).

Réponse, Envoi, Visite, je compte sur vous pour très bientôt.

A vous,   P. V.

Hôpital Broussais, salle Parrot, lit 1, r. Didot, 96.

CCLXII

H^l Broussais, lit 1, salle Parrot, 96, r. Didot, 1er janvier 1889 *.

Bonjour et bon an ! Pensez-vous aux *Amis* ? Je vous serai obligé de m'envoyer les pièces dont il

(1) Gravure sur bois de Maurice Baud, d'après David Estoppey.

* Carte postale mauve et blanche, encre noire ; au recto :

était question dans ma dernière lettre. Le plus tôt possible. J'active le petit volume qui sera prêt à la fin du mois, au plus tard et pour sûr. Je compte sur envoi ou sur visite très prochainement.

Pensez-vous aussi à *l'affaire* dont je vous parlais aussi dans ladite dernière lettre mienne ? et à l'exemplaire d'*Amour* ?

A vous,   P. V.

CCLXIII

Mercredi, 3 avril 1889 *.

Mon cher Vanier,

Je continue *Les Amis* (1). Traitons, voulez-vous ? TOUT DE SUITE, à propos de ce petit livre aux trois quarts entre vos mains.

A cet effet, venez, — que nous nous *chambrions* un instant — prendre un rhum à l'eau chaude, — me voir et m'entendre, et nous entendre, ce soir, dès 8 heures, 4, rue de Vaugirard (2).

Apportez le double du traité de *Parallèlement.*

Si vous ne pouviez venir, dites-le moi par un

M. *Léon Vanier Libraire Editeur*, 19, *Quai Saint-Michel. E. V.*

* 2 f. papier quadrillé blanc, encre noire, recto du 1ᵉʳ f. (Enveloppe portant le timbre de la poste).

(1) Il s'agit de l'ouvrage qui, par la suite, prit le titre de *Dédicaces*, et parut en 1889.

(2) A l'Hôtel de Lisbonne, où l'écrivain fit plusieurs séjours. Voyez : *P. Verlaine... par un Témoin impartial* (Paris, 1897, pp. 66-67).

mot de vous, TOUT DE SUITE, ou par télégramme.
Et surtout ne vous méfiez DONC pas de

Votre

P. VERLAINE.

CCLXIV

17 avril 1889 *.

Mon cher Vanier,

Si pouvez venir me voir *ce soir*, traiterions SEULS pour *Sagesse* (1) et pour *Amis* ensuite. Et combien je serais comblé si, dès demain, pouviez m'apporter 100 balles (blanchissage, habits, etc... (2) ou m'envoyer (ou mot) ; épreuves *Parallèlement* marchent.

Je travaille avec acharnement.

P. V.

Si possible, prêtez-moi, pour un ou deux jours, *Sagesse* et une *Bonne Chanson*.

* 1 f. papier à lettre, vergé blanc, oblong, avec en tête de la librairie Léon Vanier ; encre noire, recto.

(1) Il s'agit ici de conventions relatives à des réimpressions de *Sagesse*. Verlaine venait de recevoir, depuis le 26 février, plusieurs avances, à valoir sur la somme de 250 francs prévue, à titre de droits d'auteur, pour une nouvelle publication de ce livre.

(2) Nous trouvons, à la date du 18 avril, un reçu de cinquante francs, portant la signature de l'écrivain.

CCLXV

[21 mai 1889] *.

Mon cher Vanier,

J'ai *absolument* besoin de quelque argent.

Je vous propose ceci : sur les exemplaires des deux livres qui vont paraître, réservez m'en deux de chaque et donnez-moi les autres en argent.

Je suis horriblement *pressé*. Faites vite, *aujourd'hui* même, par commis ou, mais c'est long ! par mandat — ou en venant vous-même, 4, rue de Vaugirard. Moi, je puis à peine marcher. Enfin, faites vite. Serai chez moi dans tout l'après-midi.

A vous,

P. V.

Et, sinon tout, du moins avance d'une quinzaine de francs, n'est-ce pas ?

CCLXVI

Le 21 mai 1889 ? **.

Mon cher Vanier,

Langlois (1) vous demandera de ma part *Sagesse*

* 1 f. papier à lettre, vergé blanc, encre noire, écriture en long, recto. Le post-scriptum est écrit au crayon.

** 1 grand feuillet, papier deuil (lettre de faire part), recto blanc, plié en deux, intérieurement. Texte du côté droit du verso — à gauche : *M. Léon Vanier*.

(1) Fernand Langlois, ou L'Anglois, ami du poète. Verlaine

et *Parallèlement*, à titre de service de presse — pour sa publication : *La Poésie Contemporaine*, à paraître incessamment.

Simple note pour le service de presse (1):

MM. Echaupre. *La Tradition*.

Revue Générale. (article paru).

Bouchor, 254, boulevard Saint-Germain.

Ponchon, hôtel du Périgord, place de la Sorbonne.

Anatole France, 5, rue Chalgrin, Paris-Passy.

Jean Richepin, rue Galvani, 7.

Jules Lemaître, rue de Rome, 62.

Charles Vesseron, *Petit Ardennais*, Charleville (il a toujours parlé de moi, et les Ardennes me sont un terrain propice).

En dépit de la bordure de deuil de ce bout de papier, *croyez que je n'ai jamais eu l'intention de vous tuer, bien que vous en voulant, au fond.*

Quand m'enverrez-vous mon double du traité pour *Parallèlement* ? (2)

Je ne puis vous aller voir pour le moment, très souffrant de ma patte.

Tibi,   P. V.

lui adressa plusieurs de ses productions. Voyez : *Amour* et *Dédicaces*, puis *Souvenirs* (*Œuvres Compl.*, II, 44, III, 106, et *Œuvres posth.*, I, 287). L'ouvrage projeté ici, et qui devait constituer une sorte d'anthologie de « la Poésie française actuelle » ne parut point. Fernand Langlois est l'auteur de curieux portraits de Verlaine, dont l'un en lithographie.

(1) Pour l'édition originale d'*Amour*, qui venait de paraître,
(2) Voyez la lettre CCLXX.

CCLXVII

Le 11 juin 1889 *.

Prière à M. Vanier de bien vouloir confier à M. de Niederhausern (1) mes *Œuvres complètes*, pour un objet qu'il vous dira.

Mes livres paraissent-ils enfin et pouvez-vous enfin aussi m'envoyer quelque argent dont j'ai le plus pressant besoin ?

P. VERLAINE.

CCLXVIII

Mercredi 12 juin 1889 **.

Mon cher Vanier,

Je vous confirme mon dernier mot, mais m'oppose à CHASTETÉ, qui ne vous appartient pas, dans PARALLELEMENT.

Votre qui attend de l'argent tout de suite ; sans *pouvoir y aller.*   P. V.

P.-S. — La publication de *Parallèlement* est annoncée dans la presse : alors qu'attendez-vous, si ce n'est mis en vente le *quinze* (2) ?

* 1 demi f. papier à lettre, vergé blanc, encre noire, recto.

(1) Auteur de divers bustes de Paul Verlaine et du monument élevé à ce dernier, dans le jardin du Luxembourg.

** 1 f. papier écolier blanc, encre noire, écriture très négligée, recto, date incertaine.

(2) L'ouvrage ne figura que le 26 octobre suivant, dans le *Journal de la Librairie.*

CCLXIX

22 juin 1889 *.

Monsieur,

Plusieurs personnes m'ont parlé d'une insertion de la pièce de *Bonheur* intitulée *Chasteté*, insertion que vous auriez faite dans *Parallèlement*, sous la forme de l'encartage (1). Vous n'ignorez pas que je me suis déjà opposé aux propositions que vous m'avez faites à cet égard, et vous étiez si bien prévenu sur ce point que vous avez eu soin de ne pas encarter la pièce qui ne vous appartient pas dans les volumes que vous m'avez adressés.

Quant à ces volumes, je ne puis me contenter de leur envoi par trop restreint. Au lieu de 5 exemplaires de *Parallèlement* que vous m'avez envoyés, j'en attendais 15 et aujourd'hui j'en attends donc encore 10. Combien tenez-vous d'exemplaires de *Sagesse* à ma disposition ?

Agréez, Monsieur, mes civilités,

P. VERLAINE.

4, rue de Vaugirard.

---

* 2 ff. papier à lettre, vergé blanc, encre noire, recto et verso du 1er f., recto du 2e.

(1) *Œuvres Compl.*, II, p. 238, XII. Quelques exemplaires, assez rares, en réalité, de la première édition de *Parallèlement*, renferment, en effet, à la suite de la table, un double feuillet portant cet intéressant poème. Le texte est précédé de la note suivante de l'éditeur : « Il nous a semblé intéressant de donner au lecteur de « PARALLÈLEMENT » la primeur de cette dernière pièce de vers de PAUL VERLAINE, reçue de lui pour son prochain livre « BONHEUR. »

P.-S. — Je m'étonne de ne pas avoir encore entre les mains le double de mon traité relatif à *Parallèlement* (1). Cette pièce m'appartient et je vous prie de me la faire parvenir.

P. V.

CCLXX

Paris, le 4 août 1889 *.

Monsieur Vanier,

Aux termes mêmes de traités rédigés par vous, vous savez qu'il me revient une *certaine quantité* de *Sagesse* et *Parallèlement*. Veuillez me faire parvenir la liste des gens à qui vous avez fait le service de presse et distraire sur la différence un exemplaire de chacun de ces volumes pour les donner à M. Triollet.

P. VERLAINE.

En cas de lettres, ou journaux pour moi, désormais, me les faire parvenir par :

M. Echaupre, 4, rue de Vaugirard. E. V. (2) ou

(1) Il s'agit d'un traité sur *Amour* et *Parallèlement*, contracté par Verlaine avec Vanier, le 27 mars 1888. Ce contrat garantissait au poète des droits évalués à 250 francs, pour le premier tirage à « six cents exemplaires, plus les exemplaires de luxe » des deux ouvrages réunis. Le règlement devait être fait en plusieurs versements.

* 1 demi f. papier d'hôpital, encre noire, recto. Dans le coin gauche de la lettre, note autographe de Vanier : *Remis à M. Triollet*, 1 SAGESSE, 1 PARALLÈLEMENT.

(2) Gabriel Echaupre, ami du poète. Voyez : *Délicaces* (éd. citée, III, p. 110).

directement ici : Hôpital Broussais, salle Lasègue, 31 ; et remettre celles ou ceux qui pourraient vous être parvenus ces temps derniers, à
M. Triollet qui voudra bien me les remettre.

CCLXXI

Paris, le 11 août 1889 *.

Monsieur Vanier,

Je tiens à mettre ordre à mes affaires et je revois
les traités que nous avons passés ensemble. Il m'importe de connaître si toutes les obligations que vous
avez prises à mon endroit ont été remplies :

1° L'édition des *Mémoires d'un Veuf* est-elle
épuisée, et combien vous reste-t-il d'exemplaires ?

2° Vous avez réimprimé les *Fêtes Galantes* et
les *Romances sans paroles*, à 600 exemplaires pour
chaque œuvre? (1) Ces éditions sont-elles épuisées,
et combien vous reste-t-il d'exemplaires ?

3° Vous avez publié *Les Poètes Maudits*, en un
volume contenant la première et la seconde série,
avec portraits (2). Vous avez tiré à 600 exemplaires. Cette édition est-elle épuisée, et combien
vous reste-t-il d'exemplaires ?

* 2 f. papier à lettre, vergé blanc, encre noire, recto et verso
du 1er f., recto du 2e.

(1) C'était, en effet, le chiffre prévu par le contrat, pour le
premier tirage des livres de Verlaine. *Fêtes Galantes* et *Romances sans Paroles* avaient été réédités chez Vanier, en 1887.

(2) Paris, L. Vanier, 1884, in-18.

4º Vous deviez, en vertu du traité (16 octobre 1886), publier à part la 2ᵉ série, à 253 exemplaires, avec portraits. Contrairement à notre contrat, cette édition n'a pas eu lieu. Pourquoi ?

5º Par traité, en date du 27 mars 1888, vous avez édité *Amour* et *Parallèlement*, à 600 exemplaires pour chaque œuvre. Ces éditions sont-elles épuisées, et combien vous reste-t-il d'exemplaires ?

6º Veuillez m'envoyer copie du traité relatif à *Louise Leclercq* (1) et copie complète du traité relatif aux *Poèmes Saturniens*, (2) et me bien définir notre situation réciproque (3) quant à *Jadis et Naguère*.

7º Indiquez-moi par le menu le service de presse fait pour la réédition de *Sagesse* et pour l'édition de *Parallèlement*.

8º Ce qui me revient sur les exemplaires de toutes ces éditions.

Et ce, en vertu d'une des clauses du traité relatif aux *Poèmes Saturniens* (4).

(1) *Amour*, on le sait, parut en 1887 ; *Parallèlement*, en 1889.
(2) Voyez la note 2 de la page 45.
(3) Contrat du 27 mars 1888.
(4) On lit dans le traité échangé par le poète et Léon Vanier : « M. Paul Verlaine cède à M. Vanier..... le droit exclusif de réimprimer, publier et vendre une seconde édition des *Poèmes Saturniens*, volume de poésies dont il est l'auteur, publié primitivement chez l'éditeur Lemerre (le 17 novembre 1866) aux frais de l'auteur et dont l'édition est aujourd'hui complètement épuisée. Pour prix de cette cession, M. Vanier paie ce jour à M. Verlaine la somme de cent vingt-cinq francs, le présent traité lui tenant lieu de reçu..... M. Verlaine accorde en outre,

J'attends votre visite, ou votre réponse, et vous salue.

P. VERLAINE.

31, salle Lasègue, Hôpital Broussais, 96, rue Didot, Paris-Plaisance.

CCLXXII

20 décembre 1889 *.

PLAN :

Me laisser faire la préface, goutte à goutte, de façon à obtenir une absinthe bien battue, quelque chose de pondéré dans le malicieux et de bonhomme à double détente. Çà aura une dizaine de pages serrées (1). On pourra en donner un extrait- programme dans *Le Figaro*. La payer le plus possible.

Revoir, ou plutôt refaire traités. Sauvegarder liberté de l'un et de l'autre contractant. Base : la préférence. Conditions pécuniaires à débattre, fondées sur offres du dehors. Plus de publicité. (*Plus*, veut dire ici davantage, bien davantage).

à M. Vanier... le privilège exclusif et sans aucune restriction de publier ses œuvres parues ou à paraître pour être réunies et publiées plus tard sous le titre d'œuvres complètes, chacun de ses volumes à raison de cent vingt-cinq francs par édition de cinq cents exemplaires, plus cent exemplaires de presse et d'auteur, ou à raison de deux cent cinquante francs par édition de onze cents exemplaires pour mille, dont cent pour la passe... »

* 1 f. papier d'hôpital, encre noire, recto. Au verso : *M. Léon Vanier.*

(1) Peut-être les intéressantes notes destinées à servir d'introduction aux *Poèmes Saturniens.* Voyez la lettre suivante, note 1, de la p. 164.

Œuvres complètes, — à débattre.

Sonnet méchant : veau gras, soit. Mais, que ce veau soit d'or. Autrement, on dirait : on dirait du veau (1). Je parle de sonnet, parce que Deschamps m'a écrit qu'en désiriez un dans *Dédicaces* (2). Condition : Souscription.

Venir, ou m'écrire le plus tôt possible.

Dixi,   P. V.

CCLXXIII

Monsieur Léon Vanier, éditeur, 19, Quai Saint-Michel

Paris, le 1er janvier 1890 *.

Voilà déjà plusieurs fois que je vous écris pour vous proposer des arrangements que vous sembliez désirer, témoin vos paroles chez mon propriétaire de la rue de Vaugirard — et pas de réponse.

Force m'est donc de vous écrire *encore une fois*, pour vous exposer plus nettement encore sur quelle base j'entends que nous marchions, après accord, de concert dorénavant.

(1) Voyez dans *Dédicaces* (Cf. *Œ. C.*, III, 146) la pièce à Léon Vanier :

Vous voulez tuer le veau gras...

(2) Verlaine projetait alors de publier cet ouvrage sous la firme de *La Plume*. On trouvera dans le fascicule du 15 janvier 1890 de cette revue, un bulletin de souscription relatif à *Dédicaces.*

* 2 ff. papier d'hôpital, encre noire, recto du 1er f. Au verso du 2e f., cette adresse : *Monsieur Léon Vanier, Libraire Editeur, 19, Quai Saint-Michel, Paris.*

1° Supprimer tout de suite des traités devenus dérisoires ; les remplacer par de plus normales et de plus souples obligations mutuelles. Tout le monde y gagnera.

2° M'envoyer *le plus tôt possible* copie des traités touchant mes œuvres, autres que ceux concernant *Les Mémoires d'un Veuf*, *Fêtes Galantes*, *Romances sans paroles*, *Poètes Maudits*, *Parallèlement*, traités dont j'ai les doubles ou copies.

Je ne vous cache pas que j'ai des offres de par ailleurs, mais je reste jusqu'à nouvel informé, fidèle à la parole que je vous ai offerte : « Tablons sur la préférence » puisque vous vous êtes réclamé de la préférence.

Je pense que ces très sortables ouvertures vous détermineront à entrer avec moi en des pourparlers qui aboutiront en arrangements *définitifs*, ou, tout au moins solides et vraisemblables.

J'attends donc votre *très prochaine* réponse, ou visite après un mot de rendez-vous *ici*, deux ou trois jours d'avance.

Alors nous parlerons de la préface aux *Poèmes Saturniens*, qui est faite (1) et de mon prochain livre, *Bonheur*, fini d'hier même.

PAUL VERLAINE.

Hôpital Broussais, 31, salle Lasègue, 96, rue Didot.

(1) Cette préface, infiniment curieuse, a paru sous le titre : *Critique des Poèmes Saturniens*, dans la *Revue d'aujourd'hui*, le 15 mars 1890. (Cf. *Œ, P.*, II, p. 245.)

CCLXXIV

Dimanche, 2 mars 1890 *.

Monsieur Vanier, Libraire-Editeur, 19, *Quai Saint-Michel, Paris.*

J'habite présentement, 125, Boulevard Saint-Michel, Hôtel des Mines, chambre n° 4, où je vous prie de m'envoyer les copies de traités qui me manquent.

P. VERLAINE.

CCLXXV

Jeudi de la Mi-Carême [14 mars] 1890 **.

J'attends les traités, ou copie d'eux.

Je tâcherai de passer chez vous pour avoir les uns ou l'autre.

Comptant sur vous, je suis

Votre,   P. V.

CCLXXVI

Mercredi matin, 24 septembre [1890] ***.

Mon cher Vanier,

Alité, mais sain d'esprit, je travaille aux premières pièces d'*Invectives*. Demain après-midi, aurez bien

---

* 1 f. papier à lettre, vergé, encre noirâtre, recto du 1er f.

** Carte postale mauve et blanche, encre noire ; au recto, adresse : *M. Léon Vanier, éditeur*, 19, *Quai Saint-Michel. E. V.*

*** 1 f. papier blanc, réglé, encre noire, recto, date incomplète.

une centaine de vers contre (j'espère), une somme de plusieurs thunes. En attendant, Mademoiselle Krantz, qui est digne de toute confiance, que j'aime beaucoup, qui m'empêche de faire des sottises et qui prend soin de moi et de mes affaires d'une façon admirable, veut bien se charger d'aller quérir de vous cent sous qui me sont indispensables.

Merci d'avance et à demain, après-midi.

P. VERLAINE.

CCLXXVII

Dimanche, 7 [décembre 1890] *, 6 heures moins le 1/4.

Mon cher Vanier,

Je suis arrivé trop tard pour vous prier d'un service, le dernier avant notre entente définitive au sujet de *Bonheur* et la remise du manuscrit entre vos mains (1). S'agit, comme bien pensez, des 25 francs, reliquat du prix de *Jadis et Naguère*. Or, je vous ai raté ce dimanche soir et je vous serais des plus obligé — car j'ai besoin de tous mes soldats, en vue de la grande bataille de *Bonheur* (un nom de Victoire) et des combinaisons destinées à

* 1 f. papier blanc, vergé, encre violette. Date complétée par Vanier. (Un reçu de vingt-cinq francs « pour solde de compte de *Jadis et Naguère* », daté du 8 décembre, était épinglé à la lettre).

(1) Le contrat relatif à ce livre ne fut passé que le 7 février suivant. L'ouvrage devait paraître, primitivement, chez l'éditeur Albert Savine. Voyez la correspondance avec ce dernier.

me sauver, enfin ! — de remettre entre les mains
de Monsieur Alain Desvaux (1) que vous connaissez
pour lui avoir envoyé la *Ballade pour éclaircir un
point d'histoire*, (2) contenue dans le *Décadent*, et qui
est votre voisin de la rue Saint-André des Arts,
ladite somme qu'il doit m'apporter aussitôt, moi
marchant difficilement et souffrant.

J'ai changé d'adresse et suis actuellement aux
Batignolles, rue Biot, hôtel Biot, 15 (3).

A vous et à très bientôt pour causer sérieusement.

PAUL VERLAINE.

En cas d'absence vôtre, quand se présentera
M. Desvaux qui passera chez vous demain lundi,
vers 9 heures, veuillez laisser la somme chez vous
pour lui être remise (4).

CCLXXVIII

14 janv. 1891 *.

Mon cher Vanier,

Main gauche, comme jambe gauche en 85. Hôpital Saint-Antoine, salle Bichat, lit 5.

(1) Compagnon de bohême, du poète. (Cf. *Œuvres Posth.*, I,
p. 202).
(2) *Dédicaces* (*Œ. C.*, III, 85).
(3) Chambre nº 3.
(4) Cette phrase a été écrite en travers et dans la marge.

* Carte postale, encre noire. Au recto : *M. Léon Vanier*, etc.
La date est fournie par le cachet de la poste.

Ecrivîtes-vous, ou vîtes-vous Savine ?
Ecrivez à, ou venez voir.

Votre   P. V.

CCLXXIX

Le 23 janv. 1891 *.

Mon cher Vanier,

J'écris, en même temps qu'à vous, à Savine.

Je lui dis, parmi des choses toutes particulières entre lui et moi (je retranscris) :

« Quant à *Bonheur*, parlons peu et parlons bien — et surtout franc.

« Voilà longtemps que complet, ce livre aussi « volumineux que *Sagesse*. Maintenant, Vanier m'en « offre 500 francs *tel qu'il est*, et vous voudriez le voir « grossir, grossir sans cesse, oubliant que la quantité « n'a jamais rien prouvé, surtout dans un volume « de vers *sérieux*, des vers avec quoi on peut se per- « mettre, aussi bien, parlant généralement, des arti- « fices typographiques, etc. Et d'ailleurs, je le ré- « pète, *Sagesse* qui compte comme livre important « dans mes œuvres ne contient pas plus de « ma- « tières » que *Bonheur*, tel que vous l'avez, 1400 et « des... »

« Veuillez, je vous en supplie, m'écrire à propos « de ce *Bonheur* là. Que je sache sur quel pied véri- « tablement danser.... »

* 1 f. papier vergé crême, plié en deux, encre noire, recto et verso des 2 ff. Enveloppe timbrée.

C'est catégorique. Si pas de réponse, voici mon plan. D'abord, consulter légistes. Exiger manuscrit, où il y a deux seules choses que je n'ai pas, pas des meilleures, mais j'y tiendrais. —

Puis publier, fût-ce avec un autre titre : *Espoir*, indiquant bien au dos et en face du faux-titre, parmi l'annonce des ouvrages du même auteur, que *Espoir* est bien la conclusion des trois autres bouquins.

Je compte actuellement 640 vers à ajouter à vos 690, ce qui nous fait 1330 vers, plus deux choses en train presque finies, ce qui dépassera 1400.

J'ai tout recopié à votre usage, sauf une pièce facile à retrouver dans le n° *de Noël* 1899, du *Chat noir*, commençant par : *La neige à travers la brume* (1). Aurez dès que viendrez.

Je vais donc attendre la réponse de Savine et dès reçue, aurez mot mien. S'il tarde trop, vous ferai signe et agirons de concert.

Voilà, je crois, bien parler. Pour me récompenser, pensez donc un peu à ce passage de ma dernière carte. Vrai, je n'ai reçu que 10 exemplaires de *Sagesse* et de *Parallèlement*. Heureux serais-je d'entrer en possession de ces exemplaires.

Quoi encore ? Ah, quand imprimons-nous *Jadis et Naguère*, ou *La Bonne « chanse »* ? A propos aussi, n'était-ce pas convenu que ce serait dorénavant 250 francs ? Expliquez-moi donc tout çà. Çà dépend, je pense, du nombre d'exemplaires tirés, mais j'estime qu'il y va de notre intérêt commun, de tirer

(1) *Œuvres Compl.*, II, p. 263, xix.

plus que moins, au grand et franc jour ! Car, far-
ceur ! mes livres se vendent *bien*, et que ce serait
gentil qu'ils me procurassent enfin une petite rente,
tout en faisant votre « phortune » à vous, nom d'un
chien !

Et tout à vous, en N. D. de la Galtouze !

P. VERLAINE.

Hôpital Saint Antoine 5, salle Bichat,

Mettez donc un brin d'ordre dans mes autographes
et paperasses restées chez vous.

Procurez-moi donc, au plus tôt : *Fables* de La
Fontaine, *Psyché* et *Amphytrion*, de Molière (Bibliothèque nationale).

CCLXXX

25 janvier 1891 *.

Mon cher Vanier,

J'ai *tout* le manuscrit, sans rien devoir à Savine,
à qui je laisse encore quelques jours pour me répondre (1). Lui ai écrit très gentiment, mais très ca-
tégoriquement. A bon entendeur salut, mais à mauvais, non ! Et, ci-contre, l'approximatif définitif
classement. Les chiffres me donnent plus de 1400.

---

* 2 ff. papier à lettre, vergé blanc, encre noire, recto et verso
du 1er f. La table de *Bonheur* figure au recto du 2e f.

(1) Il s'agit ici du texte de *Bonheur*, que devait publier Savine. Les négociations avec ce dernier furent rompues et c'est
Vanier, on le verra, qui fit paraître le recueil. Le traité fut
signé avec ce dernier le 17 février suivant.

Je suis si mauvais chiffreur, que je n'ose assumer un total. D'ailleurs, il y a dans les vôtres des erreurs en moins, comme dans les vers sur l'hôpital.

Ne sais quand sortirai, mais à coup sûr pas avant les primes jours de février. Venez donc, *quelque jour que ce soit*, avec votre manuscrit que je compléterai par le mien. (Ayez eu *Le Chat noir* de Noël 89 et l'*Art et Critique*, où « France » (1) Et nous parlerons d'huissier, s'il faut, et s'il ne faut pas, de 500 balles, etc.

Quoi qu'il en soit, voilà, le manuscrit est complet chez vous, ou tout comme, même avec des pièces en plus, et durant l'impression, si vous êtes gentil et coulant quant à la répartition des 500 balles, on en ajoutera deux ou trois petites. Un *Sacré Cœur*, une *Tribune des* 500 et une machine sur les « jeunes » qui sont là. (Là, c'est mon front) (2).

Alors, voilà. Dans trois ou quatre jours, si n'avez rien reçu de moi, venez me voir et je vous donnerai complément du manuscrit. Nous causerons sérieusement.

Qu'est-ce encore que ce festin Moréesque ? Moréas me demande mon patronat avec celui de Mallarmé, et pour me prévenir d'un mot va chercher... Barrès.

Je ne suis pas content. J'en écris à Mallarmé. Dites à Moréas que je ne comprends rien à sa tenue

(1) Cf. L'*Amour de la Patrie*, fasc. du 24 mai 1890 (*Œ. C.* II, p. 289).

(2) Ce paragraphe a été cité, mais inexactement, et, de plus, mal daté, dans l'ouvrage de Ch. Donos, *Verlaine intime*, p. 185.

vis-à-vis de moi. Il se laisse mener par de sales gamins.

A bientôt donc,   P. V.

Demander au concierge le 5, de la salle Bichat (1).

BONHÉUR OU ESPOIR (2)

[Ordre définitif, ou presque]

TABLE

(1) Hôpital Saint-Antoine.

(2) Ce titre a été raturé au crayon, dans l'original.

(3) « Ai la pièce complète, recopiée à votre disposition. » *(Note de V.)*

(4) « Ça doit-être bien plus que ça. » *(N. de V.)*

Toutes les pièces marquées d'une croix sont celles que n'avez pas ; de deux, celles que Savine n'a pas.

Vous garderez et m'apporterez la présente table des matières, dont je n'ai pas le double (3).

CCLXXXI

Le 3 février 1891*.

Mon cher Vanier,

Je sors décidément vendredi matin. Irai chez vous entre 1 et 2 de l'après-midi, *samedi*. Y aura-t-il déjà des épreuves ? Si oui, nous nous mettons au travail

(1) « *Chat Noir*, nº de Noël de 1889 » (Cette note de l'auteur a été raturée au crayon).

(2) « Iʳᵉ partie. *Art et Critique*. La fin, l'ai recopiée, elle est à votre disposition avec tout le reste marqué d'une croix » (*N. de V.*).

(3) Cette phrase autographe, d'une écriture rapide, figure au verso du 2ᵉ f.

* Fragment de papier d'hôpital, plié en deux, encre noire, écriture négligée, recto des 2 ff. et verso du 1ᵉʳ. [Hôp. Saint-Antoine].

illico et réglons les 50 francs par semaine, jusqu'à concurrence de 500 balles, — pas (1) ?

Verrons pour volume de prose. Mais, surtout, soignons *Bonheur*. — Ça n'arrive pas tous les jours, *Bonheur* !

Je crois le bouquin complet. 1400 [vers] très passés, c'est *Sagesse*, comme chiffre. *Le Sacré Cœur* m'entraînerait trop loin. Çà sera pour le cent millième mille.

Préparez-moi bien les autographes, bouquins, paperasses restées chez vous, pour samedi après midi, ou dimanche au plus tard.

Epreuves, n'est-ce pas ? chez vous, à moins qu'avant vendredi matin, auquel cas renverrai dès corrigées. Ici donc, jusqu'à vendredi matin.

5, salle Bibi, salle Chat-chat.

Et tout à vous,   P. V.

Devez avoir reçu, pour Cazals, première partie de *L'amour de la patrie* (2).

Le dernier classement définitif !

N'est-ce pas, les *Fables* de La Fontaine, *Amphytrion* (Bib. nat.), si possible *Psyché*, de Corneille et Molière ?

---

(1) Ce sont, à peu près là, les bases du traité relatif à *Bonheur*, signé par Verlaine le 17 février courant. Vanier s'engageait alors à verser la somme de cinq cents francs, payables à la remise du manuscrit, « à raison de cinquante francs par semaine. » Le paiement de la somme se fit du 8 février au 4 avril suivant. Voyez, au sujet de cet ouvrage, les lettres CCCLXXXV à CCCXCII.

(2) *Bonheur*, XXX, Cf. *Œ. C.* II, 239.

CCLXXXII

Le 9 février [1891 ?] *.

Mon cher Vanier,

Mon ami Raymond Daly, porteur de cette lettre, vous demandera communication de pièces qu'il est bon qu'il connaisse, s'étant chargé de mon affaire contre Savine (1).

Je vous serais reconnaissant de lui donner toute facilité.   P. VERLAINE.

CCLXXXIII

Le 17 mars 1891 **.

Mon cher Vanier,

Très malade, je prie Mme Philomène, en qui j'ai *justement* mis toute ma confiance, de bien vouloir passer chez vous et d'y toucher le plus d'argent possible, cent francs au moins et vous m'aurez rendu un grand service.

Votre,   P. VERLAINE.

CCLXXXIV

Le cinkre Maigre mil huit cingre quatre vingt ongre. (*sic*) ***

Mon cher Vanier,

Thomas vous portera ce mot, pour vous prier de

* 2 ff. papier à lettre, vergé blanc, encre noire, recto du 1er f.

(1) Voir la correspondance avec ce dernier.

** Fragment papier d'hôpital, encre noire, recto.

*** 1 f. papier blanc quadrillé, texte au crayon, recto. Au

bien me vouloir fixer un rendez-vous « dans une matinée » pour enfin travailler à ce nouveau classement (*Essais littéraires*) du nouveau projet de livre.

En même temps, Thomas veut bien se charger du plus d'argent possible, de votre part, à mon adresse. Je l'y autorise bien volontiers et vous remercie d'avance de l'immédiate avance que Thomas va me rapporter.

Nous traiterons dès que nous pourrons nous rencontrer. Suis encore fatigué de deux courses inutiles chez vous ce matin. C'est pourquoi ce mot.

Votre

PAUL VERLAINE.

CCLXXXV

Paris, 5 juin 1891 *.

Mon cher Vanier,

Monsieur Lacan, mon propriétaire, veut bien encore se charger de vous porter ce mot, de ma part. (1) Car je suis souffrant.

Voici : MM. Charpentier et Fasquelle (2) vous

verso : « Reçu pour Verlaine la somme de cinq francs, le 5 mai 1891. *Signé* : THOMAS. »

* 2 ff. papier à lettre, gris-bleu, vergé et réglé en filigrane, encre noire, recto du 1er f.

(1) Nous trouvons, dans les documents de la maison Vanier, un reçu d'une somme de vingt francs, touchée par un sieur Lacan, le 25 mai 1891, au nom du poète.

(2) Il s'agit ici des droits prévus pour la publication par ces derniers, d'un *Choix de Poésies* de Verlaine. L'ouvrage parut, au cours de l'année 1891.

prient (et moi aussi), d'apaiser vos prétentions,
sans quoi eux aussi plaideraient au besoin.

Quant à ce qui me concerne immédiatement, je
réclame de votre bonne foi l'arriéré des exemplaires
de passe de tous mes livres parus chez vous, soit en
nature, soit monnayé.

Autrement que voulez-vous ?

Votre   P. VERLAINE.

18, rue Descartes.

CCLXXXVI

16 juin 1891 *.

Je voudrais régler la situation pour le mieux de
nous deux. J'essaierai de descendre la montagne
Sainte-Geneviève. Si ma jambe m'en empêche,
comme probable, vous seriez aimable de me venir
voir de 2 à 3, chambre, 36, 18, rue Descartes. Je
tâcherai d'être chez vous de 1 à 2.

P. V.

CCLXXXVII

Samedi, 20 juin 1891 **.

Mon cher Vanier,

Vous connaissez mes ennuis financiers. Votre
intérêt, comme le mien, est de nous bien entendre,

* 1 demi f. papier à lettre vergé blanc, encre noire, recto.
Billet sans nom de destinataire.

** 2 ff. papier à lettre vergé blanc, encre noire, recto du
1er f.

sans ruse ni feinte, comme dirait le bon Moréas, et je viens vous parler en toute bonne foi, j'allais dire en toute amitié, si nous n'étions, vous éditeur, moi auteur.

Or, voici. Vous avouerez que vous me devez, quelques exemplaires de quelques publications. « En outre », votre nouvelle édition des *Fêtes Galantes* (1891), nous n'en avons pas parlé. — Ci... fr. 125 + 25 exemplaires de passe.

Je vous propose : *Mes Souvenirs de la Commune*, en train de publication au *Chat Noir* (1). Quant à *Mes Prisons*, çà viendra en son temps, comme les *Chansons pour elles*.

Bref, si je ne puis me rendre chez vous lundi matin, une toute petite femme y irait, munie d'un mot. Si non, écrivez-moi sérieusement et sans ah, ah ! dès le matin, 11 heures.

Votre   P. VERLAINE.

18, rue Descartes.

Un jeune homme très charmant qui peut nous être utile, M. Em. Clar, 47, rue Poncelet, Paris-Ternes, voudrait avoir *Les Uns et les Autres*, avec dédicace. « Pourreriez » — vous en réserver un exemplaire (2) ?

(1) 20 juin 1891 (*Œ. Posth.*, II, p. 165).
(2) Cette comédie, représentée quelques semaines plus tôt — le 21 mai — au Théâtre d'Art, venait alors de paraître en une mince plaquette, chez Vanier.

CCLXXXVIII

Le 8 juillet 1891 *.

Mon cher Vanier,

Devant me présenter chez quelqu'un de très haut parage, qui doit me rendre un très grand service et n'ayant littéralement rien de sortable à me mettre sur le dos, de plus me trouvant sans ressources d'aucune sorte et désespérant d'en avoir *immédiatement, sinon par vous,* et, me trouvant trop faible et trop souffrant pour aller chez vous aujourd'hui, je prie Cazals de bien vouloir toucher pour moi le plus d'argent qu'il vous sera possible sur mon dernier manuscrit.

Remerciements anticipés et tout à vous.

PAUL VERLAINE.

18, rue Descartes, chambre 36.

CCLXXXIX

Le 18 septembre 1891 **.

Mon cher Vanier,

C'est très sérieux, très, très, et très important.
Vous ne pouvez faire moins que de *m'avancer* quelque argent sur les exemplaires de passe (1) qui vont me revenir.

* 2 ff. papier à lettre, quadrillé blanc, encre noire, recto du 1er f.

** 1 f. papier à lettre, vergé blanc, encre noire, recto.

(1) A la date du 24 septembre, nous trouvons un reçu de

Autrement, ce serait de la pure et gratuite hostilité, vu les très affreuses et qui vont retentir (à mon honneur), circonstances.

Voulez-vous me faire ce plaisir, — ou me rendre ce service ?

Votre

P. VERLAINE.

15 (non plus 18), rue Descartes.

En cas d'une adhésion, dont je ne doute pas, veuillez remettre au porteur, garçon du *Soleil d'or*, la petite somme.

CCXC

Le 3 novembre 1891 *.

Mon cher Vanier,

J'autorise Mlle Philomène Boudin à retirer de chez vous la correspondance qui pourrait s'y trouver pour moi.

Demain vous aurez des vers et vous voudrez bien régler entre les mains de Philomène.

Tout à vous,

P. VERLAINE.

Hôpital Broussais, salle Lasègue, 24, rue Didot, 96.

5 francs, signé de Verlaine, et donné en à compte, sur des exemplaires, dits de passe, de ses ouvrages.

* 1 f. papier d'hôpital, plié en deux, écrit au crayon, recto du 1er f.

CCXCI

Le 4 novembre 1891 *.

Mon cher Vanier,

Ci quatre pièces. Veuillez remettre la somme à Mlle Philomène Boudin (1). Je serai, si voulez bien, encore en retard d'une pièce qu'aurez demain, ou après.

C'est çà, venez me voir avec le manuscrit d'*Invectives*. Nous ferons un classement provisoire — et causerons des projets.

Apportez quelques exemplaires d'*Hôpitaux*, (2) pour service très restreint de presse. Puis, un au Directeur d'ici, un à M. Vandavaine, un à Triollet, un au Dr Tapret.

Tout à vous,   P. VERLAINE.

Je répondrai aux lettres.

CCXCII

Jeudi, 12 [novembre 1891] **.

Mon cher Vanier. Veuillez envoyer l'article ci-

* 1 demi f. papier d'hôpital, encre noire, recto.

(1) Un reçu de vingt francs, signé de Verlaine et retrouvé parmi les papiers de L. Vanier, accompagnait cette lettre. Les pièces mentionnées ici étaient destinées au recueil *Invectives*.

(2) L'ouvrage était alors sous presse. Il dut paraître à la fin de 1891, mais ne fut annoncé au *Journal de la Librairie* que le 16 janvier 1892.

** Fragment papier blanc, quadrillé, encre noire, recto et verso. Date incomplète.

joint à Tailhade, dont j'ai perdu l'adresse. C'est
PRESSÉ, TRÈS PRESSÉ.

Faites donc moi tenir plusieurs exemplaires
d'*Hôpitaux*, pour donner. Vous me feriez une petite
liste, je dédierais, et le commis remporterait aux fins
d'expédition, sauf un pour Triollet et un pour portier
d'ici, personnage important qui m'a demandé. Directeur, aux anges !

Quant aux *Dédicaces*, un monsieur très jurisprudent et très qualifié se charge d'en arracher non pas
la possession (pas de traité !), mais le manuscrit à
Savine (1). D'ailleurs, le manuscrit COMPLET, avec
addition d'une vingtaine de pièces *inédites* (2), sera
des plus faciles à reconstituer. Avez-vous tout
d'abord *Le Chat Noir* de ces derniers temps ? Puis
les dédicataires de ces nouveaux « chefs-d'œuvre »
sont là... pour un coup, n. de D. !

Je commence *Mes Prisons*, concurremment à
Notes sur l'Hôpital et à la reprise de : *Au Quartier*.

Odes en son Honneur (rien de Moréas) marchent.
C'est à peu près le ton de *Chansons pour Elle*, mais
plus haut et plus noble, si j'ose, etc.

Je vais me mettre enfin à *Louis XVII*.

Quand verrez Cazals, dont j'ignore le n° de rue
(Mondétour), dites-lui de venir me voir, mais qu'il
s'abstienne de m'amener petits jeunes gens anar-
chistes ou embêtants, ni femmes.

(1) Voyez la correspondance avec ce dernier.
(2) Non pas une vingtaine, mais soixante-neuf poèmes nouveaux, dont un certain nombre, nous le verrons plus loin,
p. 207, parurent au *Chat Noir*, en 1890-1891.

Au premier jour, venez avec tout ce qu'il y a
d'*Invectives*. J'ai envie de faire ce volume gros, très
gros. Longues pièces vont avoir lieu. *Odes en son
Honneur* seront de la dimension de *Chansons pour
Elle*.

    Mille cordialités,

                    P. V.

  [Hôp. Broussais].

CCXCIII

                15 novembre [1891] *.

L'adresse, if you please, de Francis Poictevin
(c'est bien Francis ?). Je crois que c'est rue de Ponthieu, 54, mais je préfère être sûr. Envie, moi, de
faire sa biographie (Est-elle déjà faite, par malheur ?)

N'est-ce pas ? Ecrivez, ou venez, ou envoyez.
Vous voyez que je travaille. — D'autre part, j'in-
trigaille à droite et à gauche. Et j'ai l'intention,
quand sorti (quand ?), de mener — à deux — une
vie solitaire et toute de travail, loin, surtout des
jeunes, sauf le Cazals traditionnel, que j'aime bien,
mais sans sa séquelle autour. Avez-vous vu, dans
La Jeune Belgique, un éreintement des *Amours
jaunes* ? (Entre parenthèses, je travaille à des *Invectives* anti-belges, russes et suédoises qui ne seront
pas dans un sac).

---

  * Fragment papier blanc, quadrillé, encre noire, recto et verso.
Billet sans aucun nom de destinataire.

Je résume. Envoyez *au plus tôt* l'article à Tailhade (1).

Me donner l'adresse de Poictevin ?

Et, n'est-ce pas, me faire tenir une dizaine d'exemplaires, avec liste vôtre ? Et quelques portraits détachés, si possible.

Venez me voir bientôt. Causerons sérieux. Apportez *Invectives*.

P. V.

CCXCIV

Jeudi, 19 novembre 1891 *.

Mon cher Vanier,

Pas encore de vers. Me repose un peu, revois les vieux (j'entends ceux qu'avez déjà de mes deux bouquins en train). Mais, il y en a d'*Invectives* dont je n'ai pas de double. En outre, je désirerais savoir le nombre exact de vers déjà en votre possession et classer déjà provisoirement. C'est pourquoi — sans compter le plaisir de votre visite, — flattons ! — je désirerais bien vous voir le plus tôt possible.

Apporteriez *Le Temps* de vendredi soir dernier, où France sur *Mes Hôpitaux* (2) et *Le Figaro*, où question de vous et de moi par Alexis [2 nov.].

(1) *Au pays du Mufle*. Cet article de Verlaine a été recueilli dans les *Œuvres Posthumes*, I, p. 302.

* 1 f. papier d'hôpital, plié en deux, encre noire, recto et verso du 1er f., recto du 2e.

(2) Nº du 15 novembre 1891. Le même article a reparu peu après, dans l'*Echo de la Semaine*.

Long article sur moi dans la *Nouvelle Revue*, par Alfred Ernst. — Article dans *En dehors*, Bonne presse, meilleure que journées.

Que pensez-vous de ce que je vous écrivais, à propos de Rimbaud et d'une préface ?... Genonceaux (1) saisi et poursuivi par la justice, spontanément cette fois, en fuite, pour publication d'un roman « *immoral* ». (A propos, si voyez journal *payant* disposé à imprimer mon *Invective* à Ponchon (2) donnez-la lui).

Le monsieur très jurisprudent m'a écrit. Lui ai envoyé tous documents contre Savine, à propos de mes deux manuscrits chez ce c... (pas d'autre mot sous la main) (3). Ira sans doute voir chez vous les traités avec Savine que vous ai, — n'est-ce pas ? confiés : deux en un, si ma mémoire bonne. Dès l'affaire finie, réglerons et ferons traités en retard. Et celui sur *Dédicaces*.

A très bientôt donc, et tout à vous.

P. VERLAINE.

J'ai une *Conque* (4) à votre disposition. L'adresse

(1) Le premier éditeur des poèmes de Rimbaud. C'est, en effet, chez celui-ci que venait de paraître, avec une préface de R. Darzens, ce recueil du poète ardennais : *Le Reliquaire*, vers et prose (Paris, 1891, in-12).

(2) *Œuvres Compl.*, III, p. 399.

(3) Voyez dans *Le Centre artistique et littéraire* (janvier 1921), deux lettres de Verlaine à un avocat de ses amis, touchant le projet de publication chez Albert Savine de *Histoires comme ça* et de *Dédicaces*.

(4) *La Conque*, revue littéraire, 1891-1892. Verlaine y avait

de cette publication ? Et celle de Poictevin ? N'est-ce
pas 54, rue de Ponthieu ? Venez n'importe quel jour.
On vous laissera passer.

CCXCV

Dimanche, [commencement de décembre 1891]. *.

Mon cher Vanier,

Apportez-moi donc, entre autres choses (vous allez
voir que je vous demande bien, bien des choses), le
livre de M. Gidel, pour rectifications, s'il y a lieu (1).

Vicaire qui veut faire, dans la *Revue Encyclopédique*, un LONG article sur moi, voudrait bien que
vous lui envoyiez *Louise Leclercq. Mes Hôpitaux* et
Chansons pour Elle. Son adresse : 26, rue Denfert-
Rochereau.

Devez avoir, à moi, chez vous, un livre de Tennyson, *In memoriam*, et un dictionnaire *anglais* (non
anglo-français). Vous serai reconnaissant d'apporter.
Besoin pour finir traduction. — demandée par
revue PAYANTE (!)

Envie d'écrire à Flammarion (est-ce lui qui s'occupe d'édition ?) pour un bouquin d'*Essais*. (Bio-

fait paraître dans la septième livraison (sept. 1891) un poème
destiné à *Chansons pour Elle* (Cf. Œ. C., II, x).

* Fragment papier d'hôpital plié en deux, encre noire, recto
et verso du 1er f., verso du 2e f. S. d. Le paragraphe concernant le poète Gabriel Vicaire est écrit en travers de la page.

(1) *Histoire de la littérature française (de 1815 à nos jours)*.
Deuxième partie. Paris, Lemerre, 1891, petit in-18. Cet ouvrage
contenait une critique dépourvue de justesse et de bienveillance.

graphies, préfaces, articles, lettres, etc.), puisque vous me laissez libre, quant à mes proses. Dites-moi si vous voulez, et j'écris. Autrement, si vous préférez pour vous, combien ? connais qu'çà, moi !

N'est-ce pas *Le Figaro*, où Alexis, et l'autre journal où « d'Arzens » parlent de vous et de moi ? « Faisez » moi voir, scrongnieugnieu !

Triollet me demande (vous savez qu'il m'est important), deux *Chansons pour Elle*, et un *Hôpitaux*, dont il a le placement très bien. Il ira un jour chez vous, peut-être demain et prendrait çà qu'il me ferait signer ensuite pour les types. Voilà ma commission faite et je vous la recommande chaudement.

Ah !— *Je n'ai pas de traité* avec Savine, quant à « *Dédicaces* », *nul traité* (1). Donc les prenez-vous, vite ? Il y aura au moins 20 sonnets nouveaux et une préface. Quand voudrez, me mettrai à ranger tout çà : l'histoire d'un jour. (Avez-vous la collection du *Chat Noir* de l'année dernière ?)

CCXCVI

[7 déc. 1891] *.

Mon cher Vanier,

Venez donc ! ou écrivez. Cette préface pour Rimbaud ? (mort, dit-on). Cette lettre à Flammarion,

(1) Verlaine avait projeté, en effet, dans le courant de mars 1890, une nouvelle édition de ce livre chez L. Savine. Il y eut des pourparlers, des avances sollicitées, mais l'affaire n'eut pas de suite. Voyez les lettres précédentes.

* Carte postale jaune, encre noire. Au recto : *M. Léon Vanier, Libraire Editeur*, 19, *Quai Saint-Michel. E. V.*

pour volume en prose ? Cet exemplaire des *Illumi-nations* ? Enfin, cette mise en ordre provisoire de ce qu'il y a d'*Invectives* ?

« *Dédicas* » ? Nul Savine à redouter. Pas de traité. 20 sonnets nouveaux.

Je voudrais aussi gagner un peu.

Besoin ! Presse de meilleure en meilleure. J'abats des *Odes* (1) et des *Invectives*, très bien, innombrablement. Enfin, je travaille et tout travail mérite...

Venez et bien à vous,

P. V.

Apportez une *Chanson pour Elle*, pour donner à Bruant qui vient de m'envoyer son livre (2).

CCXCVII

Mardi, 8 décembre 1891 *.

Mon cher Vanier,

Reçu votre lettre. Vais me mettre à la préface, à loisir.

Reçu aussi lettre, dont copie ci-jointe de Savine. Je ne pense pas que je doive rien répondre. Si, toutefois, vous le croyez nécessaire, écrivez-moi ou dites-moi tout de suite la teneur.

(1) Il s'agit ici de pièces destinées au recueil intitulé par la suite : *Odes en son honneur.*

(2) *Dans la Rue.* Paris, A. Bruant, auteur-éditeur, s. d., in-18.

* Fragment papier d'hôpital, plié en deux, encre noire, recto du 1er f.

Reçu encore confirmation, par le cousin de M. Charles Vesseron (mort aussi, il y a quelques mois !) de la mort de Rimbaud et de son inhumation à Charleville, en novembre dernier (1).

Enfin, — c'est le jour des réceptions de lettres, — avez dû avoir la mienne d'hier soir, que je confirme et n'avais-je pas raison, voyons ?

Ci-joint deux pièces d'*Invectives*. Ci 10 francs que prière d'envoyer par mandat, ou d'apporter le *plus tôt possible*, surtout ! J'espère que çà va de mieux en mieux chez vous et vous serre la main.

P. VERLAINE.

Bruant fadé. — Pour préface, la biographie de Rimbaud, s. v. p.

CCXCVIII

Dimanche soir [20 déc. 1891] *.

Mon cher Vanier,

J'ai *absolument* besoin de vous voir avant le 25, jour de Noël et d'*argent*. Ne pas m'en donner me mettrait dans des extrémités que je veux éviter. D'après nos conventions, vous devez me donner 5 francs par pièce de vers. Or, vous en avez deux non

(1) Le 10 novembre 1891, exactement, à l'Hôpital de la Conception, de Marseille (Cf. *La Vie de J.-A. Rimbaud*, par Paterne Berrichon).

* 1 f. papier blanc, plié en deux, encre noire, recto des 2 ff, Au verso du 1er, on lit cette adresse : *Monsieur Paul Verlaine, rue Didot*, 96, *Paris* (Timbre de Belgique). Date incomplète.

payées, et j'en ai là dix. Car voilà trois semaines que vous ne m'avez rien donné. Il serait monstrueux que vous me laissiez dans l'embarras. Ce me serait plus loyal, et ce serait me blesser à fond. Je crois être très coulant, trop. Veuillez me rendre témoignage. Vous gagnez de l'argent, je le sais, assez avec mes livres pour ne pas me laisser dans l'ennui.

Je compte absolument sur votre visite *avant Noël*, ou écrivez *efficacement*. D'ailleurs, beaucoup à vous parler.

Ponchon consent à biographie et à son portrait par Cazals, mais veut lire sa biographie avant (1). Envoyez-là lui, 1, place de la Sorbonne.

A avant le 25, n'est-ce pas, visite, ou lettre efficiente de votre,

P. VERLAINE.

Pourrai-je avoir un *Parallèlement*, un *Poèmes Saturniens* ?

Quoi de Rimbaud et de ses poésies ? *La Plume* annonce que c'est paru. — ?

Et que dois-je faire avec Savine ?

CCXCIX

Le 22 décembre [1891] *.

Mon cher Vanier,

Encore moi et toujours moi ! Vous comprenez bien que je n'insisterais pas ainsi, si je n'avais des

---

(1) *Les Hommes d'aujourd'hui.* (Cf. Œ. C., V, p. 442).

* 1 f. papier blanc, quadrillé, plié en deux, encre noire, recto et verso du 1er f.

raisons qui sont d'abord, que, grâce à ce que j'ai en très grande partie payé des dettes très criardes, je dois, pour le 25, payer un billet à ordre de 100 francs juste, pour *nourriture* depuis longtemps. Pour le 25, Noël. Je ne vous demande pas cette somme, mais les 60 francs qui me reviennent, en *bonne loyauté*, puisque vous avez deux pièces non payées. *Sonnets à Delahaye* (1), *Ghil* et *Moréas* (2). Quant aux dix autres, elles sont à votre disposition, quand voudrez ; elles ne comportent pas moins de 309 vers. Je vous les enverrai contre argent, ou vous les donnerai quand vous m'en apporterez. Ou, si vous les voulez avant, je vous les expédierai et me les paierez par retour. Ce n'est pas une avance, c'est du commerce loyal, absolument.

J'ai donc très besoin de ces 60 francs qui ne vous ruineront pas, depuis près d'un mois que vous ne m'avez rien donné (3). Et je ne vous parle pa de mes besoins immédiats. Nul argent de poche... et mes timbres je les prends à crédit ! ! Et mon tabac. Mais je m'en fous, pourvu que mon billet soit en partie payé pour le 25.

Je veux quand je sortirai — quand ? pas demain ! on vient de me prescrire le pur régime des diabé-tiques — avoir payé mes dettes. Celle-ci est la plus grosse de mes dernières et je répète qu'elle est sacrée : *nourriture* !

(1) *Invectives* (Cf. Œ. C., III, 403).
(2) « Jean-René, » *Ibid.*, III, 328.
(3) La dernière somme versée par Vanier, figure en effet à la date du 24 novembre.

Donc, je compte absolument sur votre visite avant vendredi, ou sur mandat. A moins que vous ne préfériez que j'envoie toucher chez vous, ce qui, je crois, vous ennuierait.

Bref, il s'agit d'une affaire entre nous, affaire commerciale qui me rendra le plus grand service...

D'ailleurs, vous savez bien qu'avec moi vous ne perdez pas.

Quant aux tas de choses à vous dire et vous à me dire... j'attends votre visite.

Les *Odes* (1) sont finies. 500 vers. Les *Invectives* (faut-il vous y mettre, N. de Dieu ?) marchent et seront amusantes. Un gros volume çà fera.

Je travaille à *Louis XVII*.

Savine, foutu !

Et à avant Noël, visite ou lettre, avec du dor dedans.

Votre

P. VERLAINE.

CCC

Le 24 décembre 1891 *.

Mon cher Vanier,

Vos dix francs sont arrivés à pic pour compléter la somme dûe. D'énergiques appels en lieux divers où déposé copie jadis et naguère, m'avaient produit hier matin 90 francs... Mais n'est-ce pas, comme

(1) *Odes en son honneur.*

* 1 f. papier à lettre blanc déchiré, encre noire, recto et verso.

disent les bonnes gens, malheureux, de donner ce trésor à de vils créanciers, sous prétexte qu'il vous ont nourri à crédit ! Zut à la vertu ! Je vais me trouver sans un sou de poche. Aussi, j'espère que votre prochaine visite sera quelque peu galetteuse... Or, je vous attends bientôt.

Les gens qui chinent mes deux derniers bouquins (1) sont des imbéciles qui n'y comprennent rien. *Continuons* ! mais je suis aussi d'avis que 3 francs pour si minces volumes, c'est un peu roide.

Odes en son honneur sont finies : 600 et des vers et ce sera tout autre chose que *Chansons pour Elle*, lequel livre sera augmenté pour la seconde édition. N'est-ce pas ? Quant à *Invectives*, déjà avancées, je vais m'y remettre.

Mais non, je ne suis pas injuste pour Moréas. Il se fait si ridicule et « charabiate » tant et abrutit de pauvres garçons si tellement ! D'ailleurs, ma dernière pièce est flatteuse en somme pour lui (2).

Je travaille à Louis XVII (3).

Causerons de la composition de *Vers* (Rimbaud). Il y aura à prendre, et surtout à laisser, dans l'édition Genonceaux.

---

(1) *Mes Hôpitaux* et *Chansons pour Elle.*

(2) Voyez dans *Dédicaces* (Œ. C., III, 94), la pièce débutant par ce vers :

C'est le beau Jean Moréas...

(3) Il s'agit ici d'un drame en vers, dont un fragment publié dans *La Plume* du 1er avril 1897, nous a été conservé dans les *Œuvres Posthumes*, sous ce titre : *Vive le Roy* (II, pp. 101 et ss.).

Merci des portraits.

Apportez-moi donc *In Memoriam*, de Tennyson, et un assez gros dictionnaire anglais que devez avoir à moi.

Tout à vous et à très bientôt n'est-ce pas ?
Votre sans le sou avec cent francs ! !

P. VERLAINE.

CCCI

Le 25 décembre 1891 *.

Mon cher Vanier,

Ci-joint les épreuves corrigées. Quand çà paraîtra, apportez ou envoyez, avec *Lemoyne*, aussi, turellement.

M. Signoret vous aura bien expliqué la combinaison du *Réveil catholique*. Je vous enverrai un monsieur qui vous prendra, en ce nom, trois bouquins, *prix fort*, et, sans doute, d'autres. M. Signoret a déjà pas mal de souscriptions... Combien allez-vous me donner ? hein ? écrivez, ou parlez-moi de çà prochainement.

Odes, c'est très bien, très bien. — Si pouvez, quand viendrez, me prêter pour un jour « *Femmes*, » où j'ai à copier trois ou quatre pièces, rupin. Veux faire une édition autographiée et vendre de la main à la main, tel le marquis d'Haraucourt... (1)

Et ces journaux, où question de moi, Darzens, Alexis ?

* 1 petit f. oblong, papier blanc, encre noire, recto.

(1) Allusion à *La Légende des Sexes*, par Edmond Haraucourt 1883).

N'est-ce pas, combien toucherai-je sur la vente
de *Sagesse*, d'après la combinaison Signoret ? Ren-
seignez, S. V. P.

Votre   P. V.

CCCII

Le 7 janvier 1892 *.

Mon cher Vanier,

Maintenant que voici passée « la trève des Confi-
seurs », recausons un peu... pas d'argent. Ah, c'est
bien, ça, hein ? mais patience ! Attendez. En attendant me voilà bon prince, et parlons littérature.....

Beaucoup travaillé, moi, *Odes en son honneur*
finies et prêtes à imprimer, Complément (mieux,
plus corsé et en même temps plus sérieux, plus écrit
que les *Chansons*, tout en restant, au fond, Chansons... Tirant à l'élégie Tibullienne, etc. Rien de
Ronsard, d'ailleurs). Ça n'attend plus que vous.

Invectives marchent.

Entamé *Mes Prisons*, Trois articles *Chat Noir*,
déjà (1). Vais me mettre à *Notes sur l'Hôpital*,
complément, plus aéré, de *Mes Hôpitaux*.

Quant à *Dédicaces*, que faire avec Savine, l'homme
jurisprudent ne me répond pas. Voulez-vous prendre

* 1 f. papier d'hôpital, plié en deux, encre noire, recto et
verso du 1ᵉʳ f. [Hôp. Broussais].

(1) Non pas trois, mais cinq articles destinés à former *Mes
Prisons* et insérés successivement les 2 et 23 janvier, 6 février,
5 mars et 16 avril 1891.

çà en main, voir Savine ? Je ne puis pourtant pas
perdre ce livre. Conseillez-moi ? Rappelez-vous que
je n'ai pas de traité pour *Dédicaces* ?

Ne réimprimez ni *Amour*, ni *Parallèlement*, ni
Poèmes Saturniens, sans me prévenir. *Additions* aux
deux premiers, corrections à l'autre, le tout gratis !
Heureux bibliopole ! N'y a de chance que pour ces
gâs-là !

Aussi, vous demanderai-je un *Bonheur*, un *Jadis
et Naguère* — et les *miennes biographies*, 24 ou 25, je
crois, en *double*, pour coller (retiendriez au besoin
sur ce qui me reviendra, si, vous, assez infâme pour
ce !) Besoin de ces dernières pour le volume de prose
que Perrin semble disposé à prendre. (Il sera gros
et je crois amusant) (le volume).

Je veux ajouter une importante pièce à *Amour*
et à *Parallèlement*, les pièces très imprimables en
dehors du «Manteau», de *Femmes*, intitulées *Filles* :
A Rita, Billet pour Lily, Goûts royaux (1) et deux
ou trois, comme : *Sur une Statue* (2), etc. ; du pendant à *Femmes*, déchiré. — Donc, repérez vous à
ma recommandation précédente.

Je compte ne plus rester ici extrêmement longtemps. C'est pourquoi je voudrais vous voir avant
et causer d'un tas de choses.

(1) Cf. *Femmes*. «Imprimé sous le manteau et ne se vend
nulle part », s. d. [1890], pièces V, XI et XII (Le deuxième de
ces poèmes a été inséré dans les *Œuvres Posth.*, I, 126).

(2) *Sur une statue de Ganymède* (*Œ. C.*, II, 176). On sait que
ces strophes publiées pour la première fois dans la seconde édition de *Parallèlement* (1893) figurent également dans *Hombres*,
recueil de poésies fort libres de Verlaine.

Et la préface Rimbaud ? J'attends toujours, moi, de nous être entendus pour la dimension, teneur, ET CŒTERA ! Sérieusement, je veux m'y mettre, mais faut s'entendre ! et réunir le plus de pièces possible. Moi, j'ai ma mémoire qui est bonne, et vous avez, paraît-il, beaucoup de documents. Avec çà, on peut faire quelque chose de bien et de poussant A LA VENTE.

Enfin, venez le plus tôt et à la meilleure heure possible, voir

Votre   P. VERLAINE.

CCCIII

Ce 19 février 1892 *.

Mon cher Vanier,

« Impossible à mon cœur » de sortir par ce temps glissant. Mais, voici les renseignements sur Vicaire, que je tiens de lui-même :

Né en 1848, à Belfort (Haut-Rhin), où son père était receveur de l'Enregistrement. A passé toute son enfance en Bresse, à Pont de Veyle, ou à Ambérieu, en Bugey. Avocat (1).

Rien d'inédit que des poèmes trop longs pour la circonstance. Prenons donc, dans *La Bonne Franquette*, telle ballade entre celles désignées par Vi-

---

* 2 ff. papier à lettre, vergé blanc, encre noire, recto et verso du 1er f.

(1) Voyez la notice des *Hommes d'aujourd'hui* (Cf. *Œuvres Compl.*, V, 450).

caire : *Je me fiche du reste*, ou : *Ron ron ron petit pata-pon*, ou : *Entrons au jardin d'amour*. — à votre choix.

Tâchez donc, mon cher ami, de faire casquer tout de suite, de temps en temps, tel souscripteur, suscep-tible de 3, ou *même* de 20, n'est-ce pas ?

Donc, à nous *Dédicaces* ! Je m'occupe de réunir les sonnets, nouveaux, presque aussi nombreux que les anciens dont je supprime tous ceux (1) qui sont dans *Amour*. Convenu ?

J'active autant que je peux l'apparition de *Litur-gies* (2). Entre temps, je fais des additions à ce livre, pour l'édition chez vous. Ce sera plus gros et, j'espère, aussi bien ou pas plus mal que *Sa-gesse*, dans un tout autre ton.

Vous êtes-vous procuré toutes *Mes Prisons (Chat Noir)* ; trois, au moins parues, que je sache (3). Peut-être quatre. Reste suit sous ma plume.

Et je vous serre la main, en Moréas,

P. VERLAINE.

15, rue Descartes.

(1) Ce sont les pièces adressées à E. Delahaye, Emile Blémont E. Chabrier, Ed, Thomas, Charles Morice et Du Plessys. Elles figurent tout à la fois dans *Amour* et dans les deux éditions de *Dédicaces* (1890 et 1894), Verlaine ne les ayant nullement re-tranchées de la réimpression de ce dernier recueil. La version des *Œuvres Complètes* ne les présente que parmi les poèmes d'*Amour*.

(2) L'ouvrage fut édité tout d'abord par le poète Emmanuel Signoret et la revue *Le Saint Graal*. Publié par souscription, à 375 exemplaires, il fut annoncé au *Journal de la Librairie*, le 16 avril 1892. La seconde édition, donnée chez Vanier, parut en 1893.

(3) Chap. II, *Or ceci se passait*, III. *Une manquée*,

CCCIV

Ce 14 juin 1892 *.

Mon cher Vanier,

J'entre demain à Broussais et vous serais obligé de bien vouloir remettre à Mlle Krantz, porteur de ce mot, le plus que vous pourrez sur le présent envoi, soit 10 francs, et 10 francs, à titre d'avance, sur le prix total du bouquin (1).

Merci d'avance,

Votre   P. VERLAINE.

Un tas de petits achats, vous savez, et de la correspondance. Ne dites encore à personne où je serai demain.

CCCV

Le 7 juillet 1892 **.

Mon cher Vanier,

Je vous envoie Mademoiselle Krantz, pour toucher *le plus possible* du solde de *Mes Prisons* (2).

VI. L'*Amigo* ; *Chat Noir*, 2 et 23 janvier, 6 février 1891 (Cf. Œ. C., IV).

* Fragment papier d'hôpital, plié en deux, encre noire, recto du 1er f. ; au verso du 2e : *Monsieur Léon Vanier, Éditeur libraire, 19, Quai Saint-Michel.*

(1) Lisez : *Mes Prisons.* Nous trouvons dans les papiers de Vanier, deux reçus de dix francs, « pour espèces en compte », à la date du 15, se rapportant à ce livre.

** 1 f. papier quadrillé, encre noire passée, recto.

(2) Il s'élevait à la somme de cinq francs, sur celle de

Nous démé-et-emménageons, ce qui exige de l'argent.

Vous vous rendrez compte de cela et serez une fois de plus mon très cher débiteur... j'allais dire bienfaiteur ! !

J'irai cette après-midi, si vous devez y être, recopier, arranger des choses dans votre arrière boutique.

> Votre vieux,
>
> P. VERLAINE.

15, rue Descartes.

A partir de demain, 9, rue des Fossés Saint-Jacques (1).

Ci-joint un inédit pour l'édition commerciale des *Liturgies Intimes*.

CCCVI

> Le 22 août 1892 *.

Mon cher Vanier,

Quand viendrez, voudrez-vous m'apporter pour 6 sous de papier écolier, du format de celui sur lequel j'ai recopié partie de *Femmes*. Ayez soin de ce ma-

quatre-vingt quinze, formant le total des droits pour le premier tirage de cet ouvrage.

(1) Il dut y demeurer fort peu de temps. Le 15 août, selon une lettre inédite à Gabriel Vicaire, nous le trouvons, de nouveau, à l'Hôpital Broussais.

* 1 f. papier à lettre, vergé et réglé, encre noire, post-scriptum dans les marges, recto. Au verso : *Monsieur Léon Vanier.*

nuscrit, et tâchez de trouver amateur sérieux (1).

Apporteriez aussi le transparent. N'OUBLIEZ PAS.

Je commence un livre : *Elégies* (2), complément des *Chansons* et des *Odes*.

Visible de 1 à ... 6. Mais venir avant 3 heures, — tous les jours.

A vous,

PAUL VERLAINE.

[Hôpital Broussais.]

Faudrait pourtant en finir avec Savine, cré nom ! vous ne connaissez donc pas un avocat un peu sérieux, vous ? Les miens sont si... poètes !

Mendès voudrait avoir *Louise Leclercq* et *Les Mémoires d'un Veuf*, pour reproduction dans L'*Echo de Paris* (16, rue du Croissant). Envoyez-le lui, vous le pourrez, je crois, sans grand inconvénient et puis quelle bonne réclame dans quel bon endroit !

CCCVII

Mon cher Vanier,

Jeudi, 1er septembre 1892 *.

Venez donc un de ces jours, le plus tôt possible, Beaucoup à vous parler, pour vous faire plaisir, j'es-

---

(1) Si nous en croyons une note laissée par l'éditeur de Verlaine, ce manuscrit aurait été vendu, par le poète, à Léon Deschamps, directeur de *La Plume*, en janvier 1895. Il ne contenait que treize pièces.

(2) Voyez les *Lettres à Lepelletier*, I, 244 et 328.

* Fragment papier d'hôpital, 1 f. encre noire, recto.

père, bien qu'un peu d'argent [vous fera] (1) peut
être prendre à mes paroles dorées.

Je travaille pour vous, heureux homme ! J'ai des
vers et des proses épatants et... pratiques.

Ah ! n'est-ce pas, n'oubliez pas de m'apporter
papier format de mon beau manuscrit de *Femmes*
et le transparent, que je complète, çà, pou « vende »
ce livre écrit de ma main, à quelque calé amateur ?

Une thune d'avance — pas plus pour le moment,
—ferait mon bonheur. Pourriez m'envoyer çà par
votre petit commis : c'est, je crois, d'ailleurs, presque
son chemin.

Mais vous, venez. Nous causerons un peu affaire.
N'est-ce pas, *gardez*-MOI une petite somme pour
quand je sortirai (2). Dans sans doute 15 jours, ou
plus. Mais, venez avant, donc.

Avez-vous la série d'articles sur mes œuvres, de
Gustave Geffroy, dans *La Justice* ? m'apporteriez.
Surtout, papier écolier et transparent.

A vous cordialement,

P. VERLAINE.

[Hôpital Broussais].

Rien à personne, n'est-ce pas, et silence !

(1) Nous avons dû suppléer ici à une lacune du texte.

(2) Vers le 15 septembre. Après un court séjour rue des
Fossés Saint-Jacques, n° 9, chez son amie Eugénie Krantz, et
peut-être ailleurs (voyez plus loin) Verlaine rentra de nouveau
à l'hôpital, dans le courant d'octobre. Il devait y séjourner
jusqu'en février 1893.

CCCVIII

6 septembre 1892 *.

Mon cher Vanier,

Voici deux pièces, dont une de cent vers (1) pour ce volume d'*Elégies*, dont j'ai déjà 300 et des [vers,] et qui est très bien.

Plus un B..., (2) que classerez ès *Invectives*.

Çà vaut bien 10 francs, que vous voudrez bien remettre à Mlle Philomène, laquelle a été malade et n'a pu se charger jusqu'ici de la commission. C'est pourquoi je vous mettais en défiance contre certains faux ou fausses commissionnaires.

J'avais totalement oublié de vous accuser réception des 10 francs précédents, qui pourront être portés au compte d'*Elégies*.

Mais, réglons auparavant les *Odes* et les *Liturgies*, dont avez une pièce (non payée), que nous réglerons plus tard. Mais, venez donc. Tant à vous parler avant ma sortie, dans 15 jours.

N'est-ce pas, 10 balles pour de si belles choses.

Et venez très bientôt.

Moi — Merci d'avance.

* 1 f. papier vergé blanc et réglé, plié en deux, encre noire, recto des 2 ff., verso du 1er.

(1) Vraisemblablement le poème qui débute ainsi : *Bah ! ce n'est pas à vous...* (*Œuvres Compl.*, III, 37). Voyez, dans notre tome I, la note 2, de la page 239.

(2) Brunetière, ou bien Paul Bert, ou encore Bertol-Graivil.

Vous — Comment donc, cher maître, en voulez-vous plus ?

Moi — Parbleu !

P. VERLAINE.

96, rue Didot.

CCCIX

[Hôpital Broussais], samedi [septembre 1892] *.

Mon cher Vanier. Quand viendrez-vous me voir ? Très bientôt, n'est-ce pas ? Un peu nanti.

Je compte bientôt partir, mais auparavant, voudrais un peu régler mes comptes avec vous. J'aurai besoin d'un peu d'argent, *à la sortie*, pour divers objets. Probable qu'alors, 9, rue Saint-Séverin (1).

Je travaille beaucoup. Nouveau volume dont 100 vers (une pièce) : *Elégies*. Ca sera très accalmi, si j'ose ce barbarisme. Ce sera le complément d'*Odes* et de *Chansons*. *Liturgies* se gonflent et j'ai, en prévision d'une nouvelle édition de *Mes Hôpitaux*, fait une dernière chronique très chic (2).

Aussi se gonflent les *Odes en son Honneur*.

* 1 demi f. papier à lettre vergé blanc, encre noire, recto et verso, s. d.

(1) On ignore à peu près totalement ce refuge projeté par le poète. Verlaine dut y séjourner dès les premiers jours d'octobre, sinon dans le courant de décembre, chez un sieur Mayeux, lequel, nous le voyons dans les papiers de Vanier, réclama à l'éditeur, le 19 décembre suivant, le paiement de quinze jours de pension, un mois de chambre et dix francs d'extras (*sic*).

(2) *Œuvres Posthumes*, I, 164.

On vous aura sans doute porté une lettre mienne, disant à peu près ce que je vous dis là.

Mendès, entr'autres choses, voudrait avoir *Louise Leclercq* et *Mémoires d'un Veuf*, pour reproduction à *L'Echo*. Lui adresser rue du Croissant, 16, à *L'Echo de Paris*.

Ne dites *à personne* que je vous écris et réservez-moi quelque galette pour ma sortie. *Ne dites à personne* ceci.

A vous et venez très bientôt.

P. VERLAINE.

Visible tous les jours de 1 à... 6.

CCCX

23 septembre 1892 *.

Mon cher Vanier,

Ci-joint quelques poésies. Donnez-en le plus possible à Mlle Philomène qui vous les portera (1). — Et j'arrête mes envois jusqu'à ma sortie très prochaine, époque à laquelle je vous demanderai une somme un peu ronde pour réinstallation, blanchissage, par-

---

* Fragment de papier d'hôpital, plié en deux, encre noire, verso du 1er f. et recto du 2e. Au recto du 1er, cette suscription : *Lettre à Monsieur Léon Vanier*, répétée au verso du 2e f.

(1) Un reçu de dix francs, signé par Philomène Boudin, le 23 septembre, mentionne la remise de deux pièces des *Odes en son honneur*. Nous n'avons pu retrouver le titre du sonnet dont il est parlé plus loin.

dessus, etc., — en échange d'*Elégies* (600 et des
vers) et de *Liturgies*. Je vais m'occuper des *Dédicaces*,
dont je vous envoie un sonnet. Ci-joint, d'ailleurs,
enfin une lettre à Savine que vous mettrez à la poste
si vous y adhérez. Il s'agit d'en finir avec ce malheureux bouquin.

N'est-ce pas? La combinaison en ma faveur, pour
pension et logement tient toujours, mais ces sacrées
vacances occasionnent des retards, — et c'est pourquoi j'insiste auprès de vous pour somme ronde-
lette, aux fins de premiers frais de sortie (1).

Je tiens d'autant plus à sortir que nous sommes
envahis de typhiques qui prennent *dans la salle*,
4 bains *par nuit* et je ne dors plus depuis 15 jours.
Et puis je suis guéri de mon éruption et vais infiniment mieux de mes autres maladies.

Dites-moi (le plus possible) ce dont vous pourrez
— en dehors de la petite somme contre les ci-jointes
pièces, — me donner contre *Elégies*, etc., à ma sortie?

Gardez-moi précieusement le manuscrit commencé
de *Femmes*, et je pense que vous me laisserez recopier : *Hommes* (2).

A vous cordialement,   P. VERLAINE.

[Hôpital Broussais].

(1) Nous voyons dans une lettre inédite, adressée à Gabriel
Vicaire, le 11 janvier 1893, que Verlaine avait eu l'idée de solli-
citer de quelques amis appartenant uniquement au monde des
lettres et plus fortunés que lui, des secours qui lui eussent permis
de mieux ordonner sa vie. Malheureusement, ce projet ne se
réalisa point comme le poète l'espérait.

(2) Lisez : *Hombres*. Imprimé sous le manteau et ne se vend
nulle part, s. d., in-8°.

Sonnets supplémentaires a « Dédicaces » (1)

Max Rosa. — A Bossanne (*Chat Noir*).

A Mme Marie Pingault*.—A Lepelletier(*Chat Noir*).

A Rodolphe Salis. J. Richepin (*Chat Noir*).

A Duvignaud. A Rimbaud (*Chat Noir*).

A Mlle Alph. R**. L. Vanier (*Chat Noir*).

A Mme Marie Agresch*** (*Courrier Français*, — je l'ai).

A Raymond Maygrier (*Chat Noir*).

A Rodolphe Darzens (*Chat Noir*).

A Eugène Carrière (*Echo de Paris*. Je l'ai).

A Aman Jean (*Chat Noir*, je crois. L'aurai). Pour Marie **** (ci joint).

Et d'autres, que je saurai retrouver en temps utile. J'ai aussi des *Liturgies* nouvelles (2).

En tout trois volumes, tout prêts et un très augmenté.

J'ai encore là, [six, sept] (3), plus celle qu'avez déjà.

Aussi, une *Invective* patriotique (*Metz*), 100 vers,

(1) Cf. *Œuvres Complètes*, III. Voyez les poèmes LXVIII, LXVII, LXXVIII, LIV, LXXI, LV, LXX, LVII, LXIX, L (II), LXV, LXIII, LXVI, LXXVII, LXXIII. La pièce à Eugène Carrière ne figure pas dans *Dédicaces* ; on la trouve au t. II des *Œuvres posthumes*, p. 232. La liste ci-dessus nous révèle deux noms * et *** que nous ignorions, le poète leur ayant substitué des initiales dans son livre. Ces vers ont paru, pour la plupart, en 1890 et en 1891, dans *Le Chat Noir*, ou le *Courrier Français*.

(2) On sait que la seconde édition de ce livre, publiée chez Vanier, en 1893, comporte sept pièces nouvelles.

(3) Raturé dans l'original.

s'il vous plaît (1) ! Plus deux nouvelles chroniques de l'hôpital, sans compter les deux qu'avez. Bravo, hein ?

CCCXI

25 octobre 1892 *.

Mon cher Vanier,

Mlle Philomène, en qui décidément toute mienne confiance et toute mienne amitié, — bon sens, gentillesse et probité, elle ! — vous remettra le sonnet pour vous, *dû*.

Aussi le *dernier sonnet à Mlle E...uménide* (2), et *La mort du petit chien* (3), élégie indus, intrus.

Je suis 30, salle Lasègue, Hôpital Broussais, 96, rue Didot.

Apportez, ou envoyez moi au plus tôt les épreuves à corriger. Ayant du loisir, je m'y appliquerai « chouetteau ».

Votre sonnet était payé d'avance :

Celui à Mlle E.	5
L'Elégie.	5
	10

(1) *Ode à Metz* (Cf. *Œ. C.*, III, p. 315). La pièce parut le 2 octobre suivant, dans *La Lorraine Artiste*.

* 1 f. papier à lettre, vergé blanc, plié en deux, encre noire, écriture négligée, recto des 2 ff., verso du 1er. Non signé. Le post-scriptum est au verso du 2e f., à l'envers.

(2) Lisez : Eugénie Krantz.

(3) Voyez dans *Dédicace*, la pièce à Ph[ilomène Boudin] (*Œ. C.*, III, 193).

que veuillez remettre à Mlle Philomène, ma fidèle économe, ainsi que les épreuves, si êtes, vous et vos commis, trop occupés.

Remettez-lui aussi ma correspondance, s'il y en a, — et, si possible, un livre, fût-ce élémentaire, sur *la Hollande*, ou *les peintres Hollandais*, plutôt sur *la Hollande*.

N'est-ce pas ? Tout à vous. Bonne vente de jour de l'an que je vous souhaite, pour que vous me fadiez beaucoup, beaucoup !

Ah ! j'ai en tête un autre volume amoureux, cette fois très chaste : *Dans les Limbes*. *Les Limbes*, c'est l'Hôpital, avec une visiteuse.

Visible tous les jours de 1 à 3.

CCCXII

[Fin octobre 1892 *].

Mon cher Vanier,

Voici deux choses nouvelles. Seriez parfait de les régler entre les mains *de ma femme*. Besoin. Car je pense à m'en aller premiers jours de novembre, et conférences, vers le 6 ou le 15. Venez donc me faire une visite dernière, n'est-ce pas ? Tant à parler de bonnes choses, vous verrez !

A vous,

P. VERLAINE.

* 1 f. papier blanc quadrillé, oblong, encre noire, recto. On lit en tête, à gauche, cette note autographe : « format de quelques eucologes. »

CCCXIII

La Haye, le 4 novembre 1892 *.

Mon cher Vanier,

Succès complet hier. Ce soir, nouvelle conférence ici. Lundi à Leyde, puis à Amsterdam (1).

Pressé. Vous serre la main. Si Mlle Krantz a besoin de quelque argent, je vous recommande cette bonne personne.

Votre   P. V.

CCCXIV

Amsterdam, 11 novembre [1892] **.

Mon cher Vanier,

Ce ne sera que lundi que je partirai. Vous verrai mardi matin... Mon départ retardé vient de ce que

---

* 2 ff. papier à lettre, blanc, réglé en filigrane, encre noire, recto du 1er f., date incomplète.

(1) Verlaine accomplissait alors une tournée dans le Nord. Invité par un groupe d'artistes et de littérateurs hollandais, il avait quitté Paris le 2 novembre, jour des Morts. Le voyage dura deux semaines. Nous renvoyons le lecteur au charmant récit qu'en a donné le poète, sous ce titre : *Quinze jours en Hollande. Lettres à un ami* (Cf. *Œ. C.*, V, 196 et ss.). Voir également l'ouvrage de Ph. Zilcken : *Paul Verlaine. Correspondance et Documents inédits*, Paris, Floury, 1897, in-18, et nouv. éd. augm. Paris, 1922, in-4º.

** 1 demi-f. papier à lettre, vergé blanc, encre noire, écriture rapide, recto et verso, date incomplète.

Péladan fera demain à La Haye une conférence (1).
Je retourne en cette ville, ce jourd'hui. Si, avez
quelque chose à m'écrire, faites-le tout de suite, chez
M. Zilcken, Helene Villa. La Haye, Hollande. Faites
part à Chacornac (2) des présentes nouvelles.

Ah ! ma 5e et dernière conférence a réussi complètement.

Aurai journaux illustrés à La Haye, vous enverrai
ou apporterai flottes d'iceux.

Votre cordial,

P. VERLAINE.

Ci-joint, d'ailleurs, le chapitre de *Mes Hôpitaux*
qu'avez déjà, retapé.

Détruisez l'autre version, S. V. P.

CCCXV

27 décembre 1892 *.

Mon cher Vanier,

Je vous renvoie, avec le pouvoir dûment signé,
le mandat dont je vous prie de donner à Philomène
le montant.

Celle-ci vous reportera, demain mercredi, les
épreuves de *Liturgies*.

(1) « Sur la Magie et sur l'Amour », rapporte Verlaine, qui
assista à cette conférence, (Cf. *Œ. C.*, V, viii, 274).

(2) Editeur au quai Saint-Michel, nº 11, correspondant de
Verlaine.

* 1 f. papier blanc, quadrillé, plié en deux, encre noire, recto
et verso du 1er f.

N'y a-t-il pas encore d'autres épreuves ? Envoyez-les. J'ai le temps de les bien corriger.

Je travaille comme un nègre, n'est-ce pas ? Si livre sur *Hollande*, envoyez.

Et venez donc me voir un de ces jours, avec de l'argent en poche, car je suis le père Coupe Toujours. Seulement, ce n'est pas moi qui dispose de la galette.

Sérieusement, je travaille et, sérieusement, je compte me relever de ma mésaventure des 1000 balles (1).

Tout à vous,

P. VERLAINE.

[Hôp. Broussais].

CCCXVI

29 décembre 1892 *.

Mon cher Vanier,

Ne pas publier *Mes Prisons* avant la fin de février, s. v. p. (2)

Vous savez que c'est dans le courant de ce mois que je dois faire des conférences en Belgique...

(1) On sait qu'au retour de son voyage en Hollande, Verlaine avait été victime d'un vol. Il a rappelé ce fâcheux incident dans un des chapitres de *Mes Prisons* (Cf. *Œ. C.*, IV, 432).

* 1 f. papier d'hôpital, plié en deux, encre noire, recto du 1er f.

(2) Le livre ne fut tiré, en effet, que le 19 avril 1893. Les droits pour cet ouvrage avaient été versés par acompte, du 21 mai au 7 juillet précédent. Voyez ci-dessus la lettre du 7 juillet.

Vais écrire à Octave Maus et à l'avocat Picard, très influent, de toute manière, là-bas.

A quand les épreuves des deux autres choses, *Mes Prisons* et *Elégies* ?

Déjà 108 vers de *Dans les Limbes*.

A vous. Ecrit à Chauffard hier. N'est pas venu ce matin. Sans doute demain. Et très probablement autorisation. Alors dans trois ou quatre jours la biographie (?)

A vous encore et bonne année à vous et chez vous.

P. VERLAINE.

[Hôp. Broussais].

CCCXVII

31 décembre 1892 *.

Mon cher Vanier,

Bien que je n'aie chargé Bibi (1) que d'une lettre purement *opportuniste* et non pécuniaire, je vous supplie en grâce de ne pas dire à Philomène cela. Elle voit, elle aussi, des espions de l'*autre* (2), partout, bien que moins bêtement. N'importe ! j'aime beau-

---

* 1 f. papier blanc, quadrillé, encre noire, recto du 1er f.

(1) Lisez : Bibi-la-purée, surnom donné à un personnage alors fort connu au Quartier Latin, louche bohème, vivant dans la familiarité du poète et de ses maîtresses, auxquels il servait de confident et de messager. Verlaine lui a consacré un poème dans *Dédicaces* (Cf. éd. cit., III, 179) et une sorte de biographie non recueillie dans ses œuvres (Cf. *Catalogue de la Bibliothèque de M. Dauze*, n° 2280).

(2) Eugénie Krantz.

coup cette brave fille et je ne veux la perdre (c'est-à-dire la contrarier) à aucun prix. Donc motus sur l'au fond innocent Bibi. (Il y a entre eux une question de bêtise impertinente de la part du dernier, — car la femme qu'on gobe a toujours raison).

N'aurez qu'après-demain épreuves de *Elégies*. A quand celles de *Mes Prisons* ? Je suppose que ce retard ne vous sera pas préjudiciable. Au cas où Philomène ne pourrait venir lundi, envoyez un commis — ou venez si pouvez ; je n'ose confier à la poste en ce moment.

Bon an, bonne vente, et tout à vous,

P. VERLAINE.

Hôpital Broussais, rue Didot, 96.

CCCXVIII

4 janvier 1893 *.

Mon cher Vanier, D'abord merci de votre bonne volonté de l'autre jour, en un pareil moment. Ça m'a permis d'être gentil avec qui est si gentille avec moi de me venir voir tous les jours, faire mes commissions et m'égayer un peu la vie (1) !

Où en sommes-nous ? *Odes en son honneur*, quand paru, apportez-moi ou envoyez-moi un exemplaire. De même que *Elégies*. — *Liturgies* ? Faudra service de presse. M'apporteriez exemplaires à signer. *Mes*

---

* 1 demi-f. papier d'hôpital, encre noire, recto.

(1) Allusion à Philomène Boudin (Cf. Lettres aux « Chères amies »).

Prisons ? *Epreuves* ? A paraître un peu plus tard, hein ? après mon voyage à Bruxelles ?

Je travaille à mort. *Dans les Limbes* avance ferme. Mais, dès que mes affaires seront au moins au pair, je me « lince » dans des choses impersonnelles : *Louis XVII;*, grossissement des *Liturgies*, sans compter des nouvelles, « artiques » « ek » cœtera.

Vous avez toujours à moi quelques livres, entre autres (peut-être) deux ou trois Tennyson, dont, je pense, *In memoriam*, et un dictionnaire anglais, un gros « courteaud » rougeâtre... Gentil, vous, de me le reprocurer.

A bientôt, n'est-ce pas ?   P. V.

Et n'est-ce pas, si possible, un bouquin quelconque sur la Hollande ? Je rêve à quelque chose de rupin là-dessus. Venez donc me voir, — le plus tôt possible, — ou alors je vous écrirai très bientôt.

Philomène vous apporte une photo de moi, prise par Zilcken, dans son atelier (1).

Les temps sont durs. Philomène a réellement besoin d'une pièce de 10 francs. Je vous envoie pour 20 francs de « marchandises ». Donnez ce que vous pourrez, n'est-ce pas ? Absolument besoin de venir pour affaire très sérieuse (Hollande). Très, très pressé. Si pouviez venir demain, de 1 à 4 ?

(1) C'est un des meilleurs portraits de l'auteur de *Sagesse* Le poète est représenté à mi-corps, assis devant sa table de travail, écrivant. Il est coiffé d'une calotte de drap rayé et porte un lorgnon. Cette photographie a été reproduite dans un article consacré à Verlaine, par Vittorio Pica (*Il Capitan Cortese*, Milan, 19 juin 1896) et dans la *Revue Encyclopédique*.

CCCXIX

Samedi, 7 [janvier 1893] *.

Mon cher Vanier, Je n'y comprends rien. Tout ce qui a rapport à mon affaire de Vouziers est sauté dans les épreuves que je vous renvoie (1). Et je suis sûr d'avoir fait et remis le chapitre. Cherchez bien et tâchez de trouver, car autrement le volume est gâté. — Force me serait de récrire çà. — J'attends l'épisode Hollandais que je modifierai de fond en comble, insistant plutôt sur celui de la rue Soufflot, sur des considérations morales finales, et surtout sur mon passage à Mons après 20 ans. Un tout autre chapitre, quoi, l'affaire de 8 jours de travail.

Maintenant, voici. « Block » m'offre d'éditer un livre, auquel je travaille, intitulé *Quinze jours en Hollande*. Voici ses conditions : tirage à 1000, sur papier Van Gelder, type elzévir, avec portrait par Zilcken. Il m'offre 1 franc, pour chaque exemplaire du 1er tirage de 1000 exemplaires et 1 fr. 10, pour le second tirage, par exemplaire, c'est-à-dire : en tout, pour le 1er tirage, 1000 exemplaires : 1000 francs ; second, 1000 exemplaires : 1100 francs.

Après l'envoi de la moitié, c'est-à-dire d'à peu près 50 pages, il me promet 200 francs d'avance en compte (2).

* 1 demi-f. papier d'hôpital, encre noire, recto.

(1) *Mes Prisons*, ch. xvii (*Œ. C.*, t. IV).

(2) Proposition de M. Blok, libraire à La Haye, du 2 janvier 1893. L'ouvrage écrit à l'Hôpital Broussais, parut dans

Voilà, mon cher Vanier. Qu'en dites-vous ?

Veuillez me répondre tout de suite, par un mot qu'on m'apporterait tout de suite, n'est-ce pas ? ou mieux, écrivez-moi.

A très bientôt.

P. VERLAINE.

Je suis en pourparlers pour conférences belges, en février.

P. S. — Veuillez remettre ce que vous pourrez à Philomène. J'ai, en présence de retards incompréhensibles de la part de *L'Echo*, besoin d'argent, de quelque argent : ce sera un vrai service.

CCCXX

Vendredi 13 janv. 1893 *.

Mon cher Vanier,

Voici un nouveau complément à la 2e [édition] de *Mes Hôpitaux* (1). Donnez-en à Philomène ce que vous pourrez. Quant au livre sur la Hollande, me rendez-vous libre ? — alors écrivez-moi, ou voulez-vous du bouquin, alors venez me voir sans retard.

les derniers mois de l'année, à la Haye et à Paris. Voyez sur l'histoire de ce livre, un article de M. Zilcken, possesseur du texte autographe : *Un Manuscrit de Verlaine. Revue Blanche*, 1er févr. 1896, et du même auteur : *Paul Verlaine*, etc. Paris, 1902, in-4º.

* 1 f. papier blanc, quadrillé, plié en deux, encre noire, recto des 2 ff.

(1) La première avait paru chez Vanier, à la fin de 1897.

Je ne touche rien nulle part : on allégue le jour de l'an, le Panama, et je suis embêté beaucoup ; c'est pourquoi, en attendant des hommes honnêtes, j'insiste sur quelque argent chez vous, gagné, après tout.

Toute lettre adressée à moi chez vous, décachetez-la et, selon l'importance, donnez à Philomène ou, à son défaut, envoyez sans retard. J'attends particulièrement une lettre de M. de Rothschild (1).

Bien à vous.

P. VERLAINE.

Le livre *Dans les Limbes* est fait : 450 vers !

Avez-vous des épreuves de la fin de *Mes Prisons* et retrouvé le chapitre sur Vouziers ? Envoyez au plus tôt, n'est-ce pas ?

P. V.

CCCXXI

Vendredi, 13 janv. 1893 *,

Mon cher Vanier, Je vais refaire, donc ! le chapitre perdu, et aussi le dernier. Mais quel travail, — et quelle gêne ! Enfin ! pour vous plaire !

(1) Nous trouvons, dans un dossier du fonds Vanier, un billet adressé, le 17 juin 1893, par le secrétaire de Rothschild à Mlle Krantz et annonçant à celle-ci un envoi de cent francs, accordé vraisemblablement au poète, dont « on a fait connaître la situation intéressante ». Au verso de ce papier, on lit le texte presque illisible d'une lettre de Verlaine à sa maîtresse.

* 1 demi-f. papier d'hôpital, encre noire, recto. Plusieurs lignes raturées.

Mon voyage en Belgique est décidé. C'est pour
février.

Quant au livre sur la Hollande, je ne veux pas
vous ennuyer. Venez *le plus tôt possible* m'en parler.
En tout cas, j'aime mieux un petit tu le tiens que
deux tu l'auras.

J'aurai fini *«toute»* *l'ouvrage* de *Mes Prisons* lundi
matin. Venez donc ce jour-là, de 1 à 4, n'est-ce pas ?
Nous parlerons, j'espère, d'accord.

A lundi,

P. VERLAINE.

Je biffe la biographie de Bibi et son sonnet (1).
C'est décidément un salop et un *complice*. Vous
donnerai le Dr Jullien (biographie) et le vicomte
de Lautrec (sonnet), à la place, gratis (2).

CCCXXII

[14 janv. 1893] *.

Mon cher Vanier. Voici. Je vous cède *Quinze jours
en Hollande* contre un prix raisonnable. Veuillez
m'envoyer 20 francs de suite, dessus et sur *Dans les
Limbes*, fini, 450 vers. Volume à votre disposition.
J'en ai besoin pour payer des dettes ici. Après quoi,
je sortirai *à point* d'ici, ne vous réclamant qu'une

(1) Nous n'avons pas retrouvé l'original de cette biographie,
mais le sonnet, nous l'avons dit plus haut, parut dans la nouvelle édition de *Dédicaces*, en 1894.

(2) *Dédicaces* (Cf. Œ. C., III, 182).

* 1 demi f. papier d'hôpital, encre noire, recto.

cent cinquantaine de francs, pour attendre les sommes de Belgique et d'ailleurs. Puis, voyage, et j'espère ne plus être *si bête*.

J'aurai fait avec *Mes Prisons* lundi. Venez ce jour-là. Mais, je vous prie, envoyez ici, soit par mandat, soit par commis, 20 francs tout de suite.

Votre,

P. VERLAINE.

[Hôpital Broussais].

CCCXXIII

Le 14 janvier 1893, 2 heures du matin *.

Mon cher Vanier,

La nuit porte conseil. Et je vous envoie ceci par le fils du concierge de l'hôpital. Ceci, c'est le complément du volume de 450 vers : *Dans les Limbes*, qui clora la série de mes petits vers : *Chansons, Odes, Elégies*. Je crois *Dans les Limbes* le meilleur, de beaucoup. Nous réglerons quand voudrez (1). En attendant, je vous renouvelle ma demande d'un louis. Philomène est une bonne fille que j'aime beaucoup, beaucoup, mais c'est un panier percé, je dois veiller au grain et préfère encaisser plus directement. Donc, envoyez-moi quelques sous, je veux dire un louis

* 1 f. de cahier, papier blanc, quadrillé, encre noire, recto, nombreuses ratures et surcharges.

(1) Le règlement se fit au cours du mois de janvier, sur la base de 85 francs, pour un total de dix-sept poèmes contenus dans le recueil.

immédiat *pour moi*, que vous remettrez à M. Letellier fils (le porteur de ceci). Je dois quelque 15 francs à son père et j'ai besoin d'un peu de monnaie jusqu'à mon prochain départ. Toutefois, avant ce départ, je veux finir mon opuscule (100 pages environ) : *Quinze jours en Hollande*, que je vous cède donc. — A ma sortie, je vous serai obligé d'une plus grosse somme, ô pas des millions ! pour attendre les fonds belges.

C'est convenu. Remettez çà à ce jeune homme et venez lundi de 1 à 4, chercher *Mes Prisons* dûment complétées.

J'espère que vous me trouverez gentil d'ainsi travailler, sans compter que j'ai enfin commencé *Vive le Roi !* drame en vers, en 3 tableaux (Louis XVII).

A vous et à lundi.

P. VERLAINE.

CCCXXIV

22 février 1893 *.

Mon cher Vanier,

Voudriez-vous renvoyer à Londres ces épreuves, pour un article à paraître dans le *Fortnightly Review* ? (1) Le plus tôt possible, n'est-ce pas ?

Et venez donc me voir.

Votre   P. VERLAINE.

187, rue Saint-Jacques.

* 2 ff. papier à lettre, vergé blanc, encre noire, recto du 1er f.

(1) Peut-être s'agit-il des notes de Verlaine sur ses divers séjours en Angleterre : *Notes on England Myself as a French master*, publiées dans *Fortnightly Review*, en juillet 1894 ?

CCCXXV

Charleroi, le 25 février 1893, *.

Mon cher Vanier,

J'arrive en bon port (1). J'apprends que M. Destrée m'a envoyé ce matin 50 francs, que vous avez dû recevoir et que M. Maus (2) vous aurait également écrit de me faire une nouvelle avance de fonds. Gardez cet argent pour mon retour et croyez moi,

Votre tout dévoué,

P. VERLAINE.

Si avez à m'écrire, faites-le poste restante, bureau central Bruxelles.

* Carte postale belge, jaune, encre noire ; au recto : *M. Léon Vanier, éditeur, 19, Quai Saint-Michel, Paris, France.*

(1) Allusion à une série de huit conférences faites par le poëte, sur son œuvre et le lyrisme français, à l'instigation d'un groupe d'écrivains belges. Le récit détaillé de ce court voyage nous a été conservé dans les *Œuvres posthumes*, ainsi que le texte de ces causeries. Voyez : *Onze jours en Belgique* (I, p. 171) et *Notes sur la Poésie contemporaine, fragm. de Conférences faites à Bruxelles et à Charleroi* (II, 367). Verlaine dut quitter Paris le 24 février ; il rentra dans les premiers jours de mars, exactement à l'époque de la mi-carême. On trouvera dans sa correspondance avec Eugénie Krantz, de curieux détails sur le dernier séjour qu'il fit alors en Belgique.

(2) Lettres de M. Octave-Maus, directeur de *l'Art moderne*, à M. L. Vanier, 23 et 25 février 1893.

CCCXXVI

Bruxelles, 3 mars 1893 *.

Mon cher Vanier,

Reçu avant-hier votre carte dont merci.

Allez recevoir deux belles affiches, dont une à remettre à Mlle Krantz.

Les Conférences vont très bien (1). Encore 5 à donner et jeudi ou vendredi je « reserai » à Paris.

Et tout à vous. Communiquez les nouvelles, avec compliments à Chacornac.

Votre

P. VERLAINE.

Recevrez journaux d'un peu partout.

CCCXXVII

[4 mars 1893] **.

Prière à Vanier de bien vouloir envoyer les 4 pages portées hier pour la *Fortnightly Review*, à l'adresse suivante :

* Carte postale belge, gris-bleu, encre noire. Au recto : *Monsieur Léon Vanier, Libraire éditeur*, 19, *Quai Saint- Michel, Paris. France.*

(1) Il y eut plusieurs conférences à Bruxelles. L'une d'elles, faite la veille du retour de Verlaine à Paris, eut lieu dans une salle du tribunal correctionnel, devant un auditoire d'avocats, en ce même Palais de justice qui rappelait à l'écrivain de si douloureux souvenirs.

** 1 f. papier blanc, encre noire, recto, date écrite par Vanier.

Angleterre. M. Herbert Horne, King's bench walk. The Temple. Londres, et y ajouter la 5e page, ci-jointe.

Lettres et bouquins, s'il y a lieu.

Salut et au revoir,

P. VERLAINE.

CCCXXVIII

HÔTEL DU CHEMIN DE FER

Liège, le [samedi] 4 mars 1893 *.

N. WISER
Adresse télégraphique :
Wiser-Guillemins-Liège.

Mon cher Vanier,

Vous recevrez 300 francs, envoyés de ma part par M. Carton de Wiart, avocat, 43, rue Bosquet. Gardez-les jusqu'à mon retour et n'en distrayez que ce que Mlle Krantz vous demandera.

Dans trois jours, nouvel envoi et dans quatre ou cinq, retour de

Votre

P. VERLAINE.

* 1 f. papier à lettre, grand format, blanc, réglé, encre noire, recto. A ce billet était annexé une lettre de M. Carton de Wiart, avisant Léon Vanier de l'envoi des 300 francs, par chèque sur le Crédit Lyonnais.

CCCXXIX

Gand, le [mardi] 7 mars 1893 *.

Mon cher Vanier,

Voici 200 francs, que je vous prie de me garder jusqu'à mon retour qui s'opérera, je pense, vendredi prochain.

Extrêmement pressé : je vous serre la main.

P. VERLAINE.

Hôtel de la Poste, Place d'Armes, Gand (Belgique).

CCCXXX

[16 mars 1893] **.

Mon cher Vanier,

Je crois bon de ne continuer la correction de *Mes Prisons* qu'après l'envoi de la lettre ci-jointe.

Quant au service de presse — à demain, 9 h. du matin. Je vais travailler énormément.

Votre,   P. VERLAINE.

CCCXXXI

Le 24 mai 1893 ***.

Mlle Krantz, ma décidément meilleure amie, veut bien, vu mon état précaire, se charger, sur ma prière,

* 1 f. papier blanc quadrillé en filigrane, encre noire, recto.
** 1 f. papier à lettre blanc, encre noire, recto.
*** 1 f. papier à lettre vergé blanc, encre noire, recto.

de vous porter les deux sonnets ci-joints et de toucher pour moi les cent sous promis, dont j'ai, vrai, un pressant besoin.

Dès que je pourrai sortir, j'irai vous parler — à l'œil — d'une petite combinaison que je crois bonne.
Votre,

P. VERLAINE.

9, rue des Fossés Saint-Jacques.

Je travaille à un long article sur le livre de M. Picard (1) qui pourra prendre place dans une 2e édition de *Mes Prisons*.

CCCXXXII

Hôpital Broussais, 24, salle Lasègue.

[17 juin 1893] *.

Mon cher Vanier,

Voici le sonnet promis, en acquit des 5 francs d'avance — et un autre que vous voudrez bien payer ès-mains du porteur, soit à Madame Philomène (2). Venez donc me voir le plus tôt possible, avec les bouquins de Moréas et toute la correspondance d'alors.

(1) *Quatre jours de Pistole*, Bruxelles, 1893, in-16. Voyez la lettre à Eugénie Krantz, du 13 juillet 1893.

* 2 petits ff. papier à lettre, filigrané « Van Gelder », encre noire, recto du 1er f.

(2) Nous possédons le reçu du poète, relatif à cette dernière pièce. Il est ainsi libellé : « Reçu de M. Vanier la somme de cinq francs pour un sonnet que je ne lui donne pas. Verlaine, escroc. »

J'autorise d'ailleurs Esther à retirer tout ce qui sera pour moi.

Votre,

P. VERLAINE.

J'ai, d'ailleurs, reçu la lettre de Marseille. P. V.

CCCXXXIII

Le 19 juin [18]93 *.

Mon cher Vanier,

Que signifie le fragment de la lettre d'Edmond Picard coupée en haut et décachetée ? Au cas où il y aurait de l'argent, veuillez me le donner par Philomène, mais si vous préférez, envoyez-le moi. Seulement, ce serait trop long et pas gentil. Je dois assister au Banquet Zola, après-demain, et dois me procurer des frusques, toutes les miennes étant prises par Mlle Krantz.

Poste pour poste, n'est-ce pas ?

Votre

P. VERLAINE.

CCCXXXIV

12 juillet 1893 **.

Vanier, voulez-vous contre ces 30 vers *très chics* remettre à Philomène cent sous et aussi (ceci très

* 1 f. papier à lettre blanc, quadrillé, encre noire, recto.
** 1 demi-f. papier à lettre, vergé blanc (18 × 11), encre noirâtre, recto. On lit dans le bas, à droite, de la main de l'édi-

pressé, car les *Quinze jours en Hollande* vont être finis de moitié, et c'est quelque galette pour moi — et un peu de... tranquillité pour vous) les vers sur Rotterdam (1), qui me sont demandés à cor et à cri.

PAUL VERLAINE.

CCCXXXV

22 juillet 1893 *.

Mon cher Vanier,

Voici un *Edmond Picard* depuis longtemps promis. S'il vous plaît le régler entre les mains de ma chère Philomène, vous serez le roi des hommes (2).

Je travaille beaucoup. Rassurez-vous pour la Hollande, plus de 50 sur 100, ou plus. C'est pour le coup qu'on, — quand on sera payé (1.000 fr. !) — laissera tranquille le bon (!?!?) Vanier, un peu.

Venez donc me voir. Voudrais vous parler de mille choses. M'apporteriez un bouquin quelconque.

teur : « Reçu de M. Vanier, pour P. Verlaine, les cinq francs ci-dessus ; 15 juillet 1893. » Suit la signature de Philomène Boudin.

(1) Œ. C., V, p. 214. La pièce a été reproduite également au tome I des *Œuvres Posthumes*.

* 1 petit f. (15 1/2 × 10), papier blanc, encre noirâtre, recto. La fin du texte et la signature se lisent en travers et dans la marge. La date a été écrite postérieurement, par Léon Vanier.

(2) *Sonnet à Edmond Picard*, composé à l'Hôpital Broussais et publié dans *Dédicaces* (Cf. Œ. C., III. 191). Un reçu de cinq francs, portant la signature de Philomène Boudin, accompagnait l'original de cette lettre.

Avez-vous un Rabelais défraîchi, dans cette grosse édition ?

A vous cordialement

P. VERLAINE.

[Hôpit. Broussais].

CCCXXXVI

Le 28 juillet 1893 *.

Mon cher Vanier,

Voulez-vous régler, à ma *femme* Philomène, les deux pièces de vers qu'elle vous portera. Je vous fais bien mes amitiés. Venez donc me voir. S'il y a de la correspondance, veuillez la confier à la dite chère personne.

A vous, P. Verlaine.

CCCXXXVII

Le 9 août 1893 **.

Mon cher Vanier,

Voici de très beaux vers qui méritent bien double paye (1). Double paye ou non, veuillez remettre à Mlle Philomène la somme.

Venez donc me voir. J'ai à vous parler sérieuse-

* 1 demi f. papier blanc, encre noire, écriture tremblée, recto.

** Fragment papier blanc, encre noire diluée, écriture très négligée, recto.

(1) Sans doute *Ex Imo*, important poème composé à l'Hôpital Broussais, le 3 ou le 8 août, et inséré par la suite au *Supplément du Figaro* (12 août) ainsi que dans *La Lorraine Artiste* (12 nov.) et les *Œuvres Posthumes* (I, p. 29).

ment, au sujet d'un petit volume innocent, pour le jour de l'an.

A vous,   P. V.

CCCXXXVIII

Le 22 août 1893 *.

Mon cher Vanier,

Je m'ennuie de ne pas vous voir et causer avec vous de la réimpression des *Fêtes Galantes*. Aussi d'une modification « heureuse » pour *Histoires comme ça*. Je bâtis trois *Contes innocents* qu'aurez et qui remplaceraient deux choses trop fortes. Soyons pudiques.

Voici deux sonnets, l'un royal, l'autre espagnol (1). Donnez-en 10 francs à Philomène que j'autorise.

Le « Choléra » (2) a encore congé par huissier de son nouveau logement. (Rien de moi).

A vous et à bientôt donc.

P. VERLAINE.

CCCXXXIX

28 août 1893 **.

Mon cher Vanier,

J'ai besoin de 10 francs, sérieusement. *J'aurais*

* Petit fragment, papier bulle, au crayon, recto.

(1) *A Léopold II* ; *Gabriel de Yturry.* (Cf. *Œ C.*, III, *Dédicaces*, 197 et 200). Reçu du 23 août.

(2) Eugénie Krantz, avec laquelle Verlaine s'était récemment brouillé.

** Grand fragment papier bulle, encre noire, recto.

voulu VOUS PARLER de cette réimpression qu'il me semble naturel que vous me payiez, puisque malgré le nombre de *Fêtes Galantes* que peut contenir le livre de Charpentier (1), celui-ci vous indemnise, et c'est çà, plus que probablement, qui le décide à ne plus tirer, de sorte que sous peu vous n'aurez plus cette « concurrence » à craindre. De plus, il m'est dû quelques exemplaires, je crois. Mais, taisons ces questions pour le moment et parlons présent.

Vous avez eu un sonnet et je crois, la grande pièce du *Figaro* que vous n'avez pas payée, si minimement que ce soit.

Le présent sonnet fait trois pièces, sans en compter peut-être d'autres, non payées par vous. En vous demandant 10 francs, que vous remettrez à la bonne Philomène, je suis plus que gentil.

Ce sonnet, je voudrais que vous le fassiez parvenir à Scholl (2) (pas à *L'Echo*), dont vous devez savoir l'adresse.

Je suis très faible. Excusez de n'en pas dire plus long. Mais venez donc *me voir*, sapristi. Je vais mieux, mais toujours au lit... et au *bistouri*.

A vous,

P. VERLAINE.

[Hôp. Broussais].

(1) *Choix de poésies*, avec un portrait d'après E. Carrière. Paris, 1891, in-18.

(2) Un poème, consacré à Aurélien Scholl, accompagnait l'envoi. On le trouve daté, comme la présente lettre, dans les *Œ. C.*, III, p. 201.

CCCXL

Le 1ᵉʳ septembre 1893 *.

Prière de m'envoyer *quelques exemplaires* du numéro Picard. L'adresse de celui-ci, à qui je vous serais obligé d'envoyer *quelques exemplaires* : son adresse, avenue de la Toison d'or, Bruxelles.

Réglez, je vous prie, les 5 francs en retard et ceux-ci (1).

A vous. Venez me voir. Choses à vous dire. Et les *Dédicaces*, sur papier d'hôpital ?

CCCXLI

Le 12 septembre [18]93 **.

Mon cher Vanier,

Voulez-vous régler l'*Assomption* (2) et la *Prière* (3) entre les mains de Philomène que j'autorise.

J'ai encore une nouvelle faite. Venez donc voir ça, ici, sacrédié ! causerons sérieusement.

Tout à vous,

P. VERLAINE.

* Billet non signé, grand fragment papier bulle, encre noire, recto.

(1) C'est-à-dire le montant d'un petit poème de *Dédicaces* : *Sonnet à l'Aimé* (Cf. Œ. C., III, 198).

** Billet (15 × 9 1/2), papier blanc, mince, encre très pâle, recto.

(2) *Assomption* (Cf. Œuvres Posth., Varia, I, 83).
(3) *Prière* (*Ibid.*, I, 84).

CCCXLII

Le 23 septembre 1893 *.

Mon cher ami,

Si *Parallèlement* n'est pas sous presse, je vous prie, attendez de m'avoir vu : il y a d'autres pièces à rajouter, et des plus topiques (1).

Apportez moi aussi, si l'avez, mon dictionnaire anglais, *le gros*, tout en anglais.

Enfin, venez voir votre,

P. VERLAINE.

CCCXLIII

Le 29 septembre 1893 **.

Mon cher Vanier,

Le voilà donc connu, ce secret plein d'horreur !

J'ai mis deux jours à me procurer *L'Etudiant* qui contient des vers de moi qui, paraît-il, vous ont fâché (2).

* Un tout petit fragment, papier d'hôpital, encre noire, recto. Au verso : *Monsieur Léon Vanier.*

(1) Il s'agit ici d'une seconde édition qui parut en novembre 1893, augmentée de deux pièces nouvelles : *Sur une statue de Ganymède ; Prologue aboli d'un livre d'Invectives.*

** 1 demi f. papier d'hôpital, encre noire, recto.

(2) *A mon Editeur*, II, *Richesse* (Cf. Œ. C., III, *Dédicaces*, p. 145). Cette pièce assez caustique avait paru dans *L'Etudiant* à la fin de septembre.

Mais vous les connaissiez et ne vous en souvenez donc plus ! A preuve *que vous les avez*, que je vous les ai donnés, ou qu'on vous les a portés.

Puis, ils sont tout à fait en rigolade (1) et tout amicaux, relisez-les.

Maintenant qui les a portés à *L'Etudiant* ? Il paraît que c'est « Bibi » qui vous a montré les deux sonnets ; il est très bien avec la toquée de la rue des Fossés Saint-Jacques (2) et, celle-ci, voulant nous brouiller, (vous savez si elle est mauvaise), les (3) aura envoyés à Sorg, que je gronderai, ne fût-ce que pour les coquilles !

Venez donc me voir et croyez-moi bien vôtre,

P. VERLAINE.

CCCXLIV

[Fin Septembre 1893] *.

Mon cher Vanier,

Vous avez dû lire mon inoffensive lettre d'hier. En voici une presque aussi gentille. A savoir quatre superbes poésies pour *Varia* (4) : vous en donnerez

(1) Cette expression argotique, écrite au crayon, surcharge le mot : *plaisants*, raturé.

(2) Lisez : Eugénie Krantz. Elle habitait alors rue des Fossés Saint-Jacques.

(3) « En aura envoyé un double (*Note en surcharge, au crayon*)

* 1 demi f. papier blanc, encre noire, recto.

(4) Cf. *Œuvres Posthumes*, I, pp. 17-118. Un grand nombre de

un prix quelconque à Philomène (car quelle purée !)
D'autant plus, ce, volontiers que, le 1er octobre,
Blok me fadera, comme c'est écrit dans une lettre
qu'on va vous montrer. Et que je vais vous laisser
tranquille...

10 francs ? Hein ? à

Votre p'tit

POPAUL VERLAINE.

CCCXLV

Le 6 octobre 1893 *,

Mon cher Vanier,

Voici de l'inédit que vous voudrez bien régler. *La
Hollande* est un peu en retard, mais ce ne sera pas
long. J'ai toujours un livre de prose : biographies,
articles : *En voulez-vous ?* ou *me laissez-vous
libre ?*

Avez-vous vu *La Bonne Chanson* (10 vers, au
Figaro, supplément), avec musique de Hahn ? Où
croyez-vous qu'il faille me faire payer, au journal,
ou chez l'éditeur de musique ?

A vous cordialement.

P. VERLAINE.

poèmes contenus dans cette série, ont été écrits par l'auteur à
l'Hôpital Broussais, en 1893, ou à l'Hôpital Bichat, en 1895.

* Fragment papier blanc, encre noire, recto. Cette lettre, ainsi
que les précédentes, depuis le 17 juin, a été écrite à l'hôpital
Broussais où Verlaine demeura jusqu'au début de novembre.

CCCXLVI

Le 16 octobre 1893 *.

Mon cher Vanier,

Je vais beaucoup mieux. Voulez-vous, pour 10 fr., qui me serviront à acheter des chaussons indispensables, — car *je rapprends* à marcher — me prendre cette nouvelle qui se joindra aux autres. Vous en aurez une copie à l'encre, dès mon départ, dans 15 jours. Après quoi, conférences, Nancy pour commencer. *La Hollande* est lente, mais sûre. Plus un sonnet.

Venez donc avant mon départ.

Bien à vous,

P. VERLAINE.

CCCXLVII

Nancy, le 7 [novembre 1893] au soir **.

Mon cher Vanier,

Envoyez donc immédiatement le complément de ma « *iconographie* » à Jules Nathan, 4, rue Victor Poirel, Nancy, Meurthe-et-Moselle, *tout de suite*, pour que ça paraisse ès-vitrines nanceynnes (c'est

---

* Fragment de papier gris-bleu, réglé, écrit au crayon, recto.

** 2 ff., papier blanc quadrillé, encre noire recto. (On avait joint à l'original la lettre de M. J. Nathan, réclamant à Verlaine cette iconographie.

la vraie orthographe, la vraie, la seule, qu'on se le
dise !) (1)

> Bien à vous,
>
> P. VERLAINE.

CCCXLVIII

Londres, samedi [25 nov. 93] *.

Mon cher Vanier,

Deux succès, un à Londres, l'autre à Oxford (2).
Quelque galette. Je dois encore *faire* Manchester.
Serai à Paris, sans doute, fin semaine. J'apprends par

(1) Le poète, on le sait, venait d'être sollicité par des amis
de Nancy, à renouveler les conférences qu'il avait faites auparavant en Hollande et en Belgique. Le texte de ces causeries,
non recueilli dans ses œuvres, a été publié par M. Jules Rais,
dans la *Lorraine Artiste* du 12 novembre 1893.

* 1 f. papier à lettre blanc, encre noire, recto.

(2) Ces deux premières conférences en Angleterre, eurent
lieu devant un auditoire choisi, la première le 21 novembre,
dans la petite salle de Barnard's Inn, l'autre le jeudi 23. Le
poète, heureusement inspiré, s'y consacra à son œuvre plutôt
qu'à l'étude de la poésie de ses contemporains, faisant, en
quelque sorte, sa propre biographie, illustrée de nombreuses
citations de ses meilleurs poèmes. On consultera sur ce séjour
de l'auteur de *Sagesse*, le curieux récit qu'il en a lui-même laissé
mais que nous ne connaissons que par la traduction d'Arthur Symons : *My visit to London*. The Savoy, avril 1896, ainsi que
l'excellent travail de M. Jean Aubry : *Paul Verlaine et l'Angleterre. Revue de Paris*, fasc. du 1er déc. 1918, pp. 601 et ss. Voyez
également la correspondance avec Eugénie Krantz et Philomène Boudin.

ma femme que Blok va vous envoyer mes 25 exemplaires de *Quinze jours en Hollande*. Gardez-les précieusement. Dès moi rentré, m'occuperai de les vendre très chers à des amateurs, avec dédicaces et signature devant les gens. Sous très peu, recevrez le *Pall Mall Gazette illustré*, avec mon portrait dedans.

Très bonne presse. *Times*, *Pall Mall*, *Daily News*, et généralement tous les journaux.

CCCXLIX

Londres, [lundi], 4 [décembre 1893] *.

Mon cher Vanier,

1 Conférence à Londres,
1 à Oxford.
1 à Manchester.
1 demain à Londres.
Succès, du moins pour les trois premières.

Moins d'argent qu'attendu, mais je puis écrire dans des journaux et me faire 250 francs par mois ; du moins, on me l'assure.

Recevrez la grosse part de mon butin que me garderez, *à moi seul*. Ni « autorisation », ni « commissionnaires ». J'irai moi-même toucher, de temps en temps, *même pas Philomène*, méfiance !

Sans doute, je serai de retour cette semaine. Passerai chez vous.

Si avez correspondance, gardez *pour moi seul.*

* 1 f. papier à lettre, vergé blanc, encre noire, recto.

Et écrivez-moi *tout de suite*.

Votre   P. Verlaine.

Mon adresse : Angleterre, Flat M. York Terrace, Regents Park, A Londres, (Flat M. *means*, étage M. Très important).

CCCL

Le 12 fév. 1894 *.

Mon cher Vanier,

J'autorise Mlle Krantz à toucher le montant des 49 vers ci-joints (1).

Quoi des *Limbes* ? Si un bouquin, donnez au porteur.

Si avez quelque livre *sur Shakespeare*, prêtez-le moi donc, pour un jour ou deux. C'est en vue d'un travail pour la *Fortnightly Review.*

Merci et venez donc voir votre toujours « invalid » et immobilisé,

P. Verlaine.

187, rue Saint-Jacques.

CCCLI

15 février 1894 **.

Mon cher Vanier,

J'apprends qu'une nouvelle édition a paru de

---

* 1 f. papier blanc, quadrillé, plié en deux, encre noire, écriture rapide, recto du 1er f. Au verso du 2e f. : *Monsieur Léon Vanier.*

(1) *Retour* (Cf. *Œuvres Posth.*, I, 34).

** Fragment papier blanc, encre noire, écriture négligée, recto du 1er f.

Parallèlement. Quels sont mes droits ? (1) Veuillez me le dire par écrit, ou de vive voix à Mlle Krantz. En tous cas, donnez-lui pour moi, en attendant, un (au moins) exemplaire.

Et la musique ? Sommes-nous en compte ?

A vous, bien cordialement. Venez donc voir le pauvre encloué,

P. VERLAINE.

187, rue Saint-Jacques.

CCCLII

Le 17 mars 1894 *.

Mon cher Vanier,

Je vous confirme ma lettre d'avant-hier (2) vous mettant au courant de ma situation pécuniaire et vous priant de *penser à moi*.

Mlle Krantz veut bien aller vous demander une réponse très pressée.

Avez-vous envoyé à Londres mes neuf pages sur Shakespeare et Racine (3) ? On me les réclame.

(1) Le contrat passé avec Vanier, le 27 mars 1888, prévoyait la réimpression de l'ouvrage à des conditions identiques à celles de la première édition, soit 125 francs pour tous droits, sur un nouveau tirage du volume à 600 exemplaires.

* 2 ff. papier à lettre, vergé blanc, encre noire, recto et verso du 1er f. ; post-scriptum au recto du 2e f.

(2) Cette lettre n'a pas été retrouvée.

(3) *Shakespeare et Racine*. Forthnistly Review, sept. 1894. M. Jean Aubry croit que ce texte est la traduction d'une conférence que Verlaine fit sur le même sujet à Manchester.

Ci-joint un poème (1) dont je vous prie de donner également le montant à Mlle Krantz.

Venez donc me voir. Mille choses sérieuses à vous dire.

A vous,

P. VERLAINE.

187, rue Saint-Jacques.

Si, toutefois, vous n'aviez pu envoyer la copie pour Londres, veuillez la remettre à Mlle Krantz, pour moi l'envoyer AU PLUS VITE.

P. V.

CCCLIII

Le 22 mars 1894 *.

Mon cher Vanier, je vous ai attendu (d'autant plus impatiemment que je suis cloué) depuis lundi, puisque vous aviez dit à Mlle Krantz que vous viendriez ce jour là. *Ma situation est toujours la même.* Je serai donc heureux d'une solution, par écrit, ou de main ferme. Mlle Krantz, vous le savez, est de confiance.

Si le bouquin a paru (2), je serai heureux de

---

(1) *Pâques* (Cf. Œ C., I, 81). Il existe un reçu de cinq francs donné, à Eugénie Krantz, pour ce poème, et signé par cette dernière.

* 1 f. papier à lettre, vergé blanc, encre noire, écriture rapide, recto.

(2) *Dans les Limbes*, sans doute. Le volume ne fut tiré qu'au cours du mois suivant.

l'avoir. — Je voudrais vous parler, *en outre*. Mais ceci peut se différer.

Bien à vous, *commercialement* — et très amicalement.

PAUL VERLAINE.

187, rue Saint-Jacques.

Avez-vous des nouvelles de John Lane ? (1)

Ci-joint un petit sonnet à une petite demoiselle, veuillez le régler, n'est-ce pas ? *ainsi qu'une pièce londonienne. Inédits tous deux.*

P. V.

CCCLIV

Le 21 avril 1894 *.

Mon cher Vanier,

Donnez-moi, donc par les mains de Mlle Krantz, dix francs sur les deux productions qu'elle vous remettra (2).

Quant à l'entrevue en collaboration que vous

(1) Editeur anglais qui avait projeté de faire paraître un *Choix de poésies*, traduites par le professeur York Powell, d'Oxford, un des admirateurs dévoués du poète. L'ouvrage, sur lequel une part d'auteur devait être réservée à Verlaine, ne parut pas (Voyez : J. Aubry *loc. c.*).

* 2 ff. papier à lettre, vergé blanc, encre noire, recto et verso du 1er f ; post-scriptum au recto du 2e f.

(2) Le reçu relatif à ces vers, mentionne deux sonnets, mais sans les désigner. L'un d'eux, cependant, n'est autre que la pièce écrite pour Mlle Jeanne Vanier (*Œ. C.*, III, 160), à la-

désirez de moi, je vous attends, même avec impatience, au tout premier jour. Nous parlerons littérature et musique.

Si quelquefois vous aviez *La Revue hebdomadaire* qui contient un article de Vicaire (n° du 21 courant), (1) prêtez-la moi donc. Elle vous sera rendue, demain s'il le faut.

Embrassez pour moi la si gentille dédicataire du sonnet.

A vous et à très bientôt.

P. VERLAINE.

187, rue Saint-Jacques.

Et méfiez-vous d'Esther et complices.

CCCLV

30 avril 1894 *.

Mon cher Vanier,

Ma jambe empire tellement que le Dr Jullien (2)

quelle il est fait allusion ci-dessus (l. CCCLIII). Elle est datée du 21 avril, dans l'édition de *Dédicaces* où elle parut tout d'abord.

(1) C'est une des meilleures pages, des plus généreuses aussi, qu'ait inspirées notre poète.

* 1 f. papier blanc, encre noire, écriture rapide, recto.

(2) Le Docteur Louis Jullien, l'un des fidèles médecins de Verlaine. On trouve dans un des catalogues d'autographes de MM. Charavay, la mention de quarante-huit lettres adressées par l'auteur de *Sagesse*, de 1886 à 1894, à ce généreux praticien qui, non seulement soigna le poète, mais encore le secourut maintes fois, et s'entremit, afin de le faire entrer dans les hôpitaux parisiens.

m'ordonne l'Hôpital Saint-Louis, service Hallopeaux. Je n'y serai admis qu'en payant.

N'est-ce pas, faites-moi le plus de monnaie possible, une sorte de bourse pour les éventualités, car je ne suis pas riche, le moins du monde, et si vous pouviez même m'aider dès aujourd'hui, çà m'irait fort.

Veuillez expédier les choses ci-jointes le plus tôt possible.

Votre

P. VERLAINE.

[Hôpital Saint-Louis, [Pavillon] Gabriel, ch. 2].

Pourriez-vous me prêter un bouquin amusant ? (1)

CCCLVI

8 mai 1894 *.

Mon cher Vanier,

Je suis à Saint-Louis, pavillon Gabrielle, chambre 2. C'est 6 francs par jour, il faut donner une avance de 60 francs (2). Pourrez-vous m'aider immédiatement ?

On peut venir tous les jours.

P. VERLAINE.

(1(Cette phrase est écrite au crayon.

* 1 f. papier blanc, encre noire, écriture négligée, recto.

(2) On sait que Verlaine dut, parfois, participer aux frais de son hospitalisation. On trouve dans le fascicule de *La Plume*, qui lui fut consacré au moment de sa mort (1-28 février 1896], le fac-similé d'un reçu de 60 francs, délivré au poète,

Au cas où vous pourriez, versez entre les mains
de Mlle Krantz.

CCCLVII

10 mai 1894 *.

Mon cher Vanier,

Je ne comprends rien à votre langage, après
notre entrevue de l'autre jour. En somme, vous me
devez 20 francs, que je vous demande, je crois,
pour un but sérieux.

Quant aux vers, que signifie *que vous n'en vouliez pas* ? Si vous n'en voulez pas, comment voulez-
vous que nous fassions le volume ? Alors rendez-
moi ma liberté, dame ! ou faites-moi d'autres conditions, car ce n'est pas avec ce que je gagne chez
vous que je puis vivre.

En somme, nous avons *Dédicaces*, qu'il était
convenu que nous classerions, et *Histoires comme ça*,
dont vous avez une nouvelle au crayon, dont je n'ai
pas même le double et qui pourrait me faire de
l'argent, enfin *Mes Hôpitaux*, où il y a à rajouter
des chapitres importants.

Le plus court, et le moins bête, serait de nous

le 10 juillet 1894. Voyez, à propos du séjour à l'Hôpital Saint-
Louis, le plaisant récit : *Chez soi à l'Hôpital*, publié dans les
Œuvres Posthumes, II, p. 170.

* 2 ff. papier blanc, quadrillé, encre noire, recto et verso.
Un reçu de la somme de vingt francs (daté du 11 mai et
signé d'Eugénie Krantz, « pour les reproductions musicales
autorisées par Verlaine », figure au recto du second feuillet.

occuper de *Dédicaces* et aussi que vous donniez à Mlle Krantz les 20 francs reconnus dus.

Il serait honteux qu'il fût dit que je ne puisse pas, avec ce que je travaille pour vous, payer une note d'hôpital !

Je vous prie de régler les 20 francs à Mlle Krantz et de me venir parler, ou m'écrire, au sujet de mes vers et de mes proses.

Votre   P. VERLAINE.

Je tiens les vers à votre disposition, pour *Varia* (1).

Hôpital Saint-Louis, Pavillon Gabrielle, chambre 2.

CCCLVIII

Paris, le 21 mai 1894 *.

Mon cher Vanier,

J'apprends que vous venez de mettre en vente une nouvelle édition de *Jadis et Naguère* (2).

Je serais bien aise de savoir, à ce propos, où nous en sommes de nos petites affaires.

Il me semble que le prix convenu, pour les nouvelles éditions de mes livres, m'est dû en ce cas-ci.

Je dis ceci en toute douceur ; répondez-moi de même.

(1) Cette phrase est écrite en marge et au recto du premier feuillet.

* 1 f. papier blanc, quadrillé, encre noire, recto et verso.

(2) Sans doute le poète faisait-il erreur. La seconde édition, tirée à 1100 exemplaires, en 1891, n'était pas encore épuisée.

A quoi bon se manger mutuellement, quand on mange au même râtelier et qu'il y a du foin dedans ?

N'est-ce pas ? Une bonne lettre autant que possible confirmative, en tous cas explicative.

Et, en attendant, donnez-moi donc quelques exemplaires, 1 ou 2 (aux mains de Mlle Krantz porteur de ceci). — Le reste, je vous le laisse..... moyennant des sous (j'entends ce qui me revient comme exemplaires), mais, n'est-ce pas ? une bonne explication.

Venez donc me voir. Je suis malheureusement encore ici pour quelque temps : je ne puis encore *faire un pas.*

A vous,   P. VERLAINE.

Pavillon Gabrielle, Hôpital Saint-Louis, rue Bichat.

CCCLIX

GRAND HOTEL DE LISBONNE   *Paris, le 14 Août 1894*
4, Rue de Vaugirard, 4
PARIS
—

ROBERT

PROPRIÉTAIRE

Pension de Famille
Chambres
depuis 25 jusqu'à 60 francs par mois   Mon cher Vanier,
Déjeûners et Dîners sur commande

Veuillez remettre à M. Burgais un cliché d'un portrait de moi, à son choix, pour une revue qui se

---

* 2 ff. papier à lettre blanc, quadrillé, à en-tête, encre noire, recto du 1er f.

fonde à Besançon et à laquelle je destine le sonnet pour votre fille (1). Je désirerais que ce portrait fût de Cazals.

Tout à vous,

PAUL VERLAINE.

A quand les *Dédicaces* et les *Histoires comme çà* ?

CCCLX

21 septembre 1894 *.

Mon cher Vanier,

Prière d'accueillir Mme Esther, *encore ma meilleure amie*, qui veut bien être, pour cette fois, mon garçon de recette auprès de vous, et confiez-lui le plus possible, sur la pièce ci-jointe, que je vous prie d'épingler en compagnie de celles pour *petites filles*, dans *Varia* (2). Je la crois bonne, comme les autres.

Tout à vous,

P. VERLAINE.

4 Rue de Vaugirard.

(1) « A Jeanne Vanier. » Voyez p. 242, note 2 et 250 (lettre CCCLXII.

* Fragment papier blanc, plié en deux, encre noire, écriture négligée, recto du 1er f.

(2) *A Léonie R.* La pièce a paru dans *Dédicaces* (Cf. Œ. C., III, 159). A la lettre correspondait un reçu de la somme de cinq francs, portant la signature de Philomène Boudin et la date du 21 septembre.

CCCLXI

24 septembre 1894 *.

Mon cher Vanier,

Je vous assure que le conte en question ne vient pas de chez Savine, car je l'avais fait présenter au *Figaro* qui me l'a rendu sans l'insérer, à cause sans doute du titre que j'ai changé dans la copie que vous avez (1). Je vous l'ai remis à Broussais, sans vous demander l'argent, parce que je n'avais pas le manuscrit à l'encre, encore à cette époque au *Figaro*, qui a inséré un conte de moi, écrit en ce même Broussais, en même temps (1893) : *L'Obsesseur* (2)

Donc, j'attends de votre bonne foi un peu d'argent.

Votre　　　　　　　　　　P. VERLAINE.

---

* Fragment papier blanc, plié en deux, encre noire, recto du 1er f. et verso du 2e ; écrit dans tous les sens.

(1) Il s'agit de *Conte Pédagogique*, inséré plus tard dans les *Œuvres Posthumes* (I, 258), et pour lequel l'éditeur versa la somme de cinq francs.

(2) Exactement le 30 septembre. Nous trouvons parmi les papiers du poète, recueillis par Vanier, la note suivante : «J'autorise Mlle Philomène Boudin à toucher le montant d'une nouvelle intitulée : *L'Obsesseur*, parue au supplément du *Figaro*, etc. Le 1er octobre 1893. P. Verlaine, Hôp. Broussais. » On trouvera le texte de *L'Obsesseur* dans les *Œ. P.*, I, p. 252.

CCCLXII

Le 3 octobre 1894 *.

Mon cher Vanier,

Voici, pour *Varia*, vingt beaux vers philosophi-
ques (1). Veuillez les régler à Esther et lui remettre
en même temps copie du sonnet à Mlle Jeanne, que
je destine au *Pall Mall Magazine*.

Tout à vous,

P. VERLAINE.

4, rue de Vaugirard.

Et *quid* des *Dédicaces* ?

CCCLXIII

Paris, le 14 janvier 1895 **.

Mon cher Vanier, Je vous envoie quatre pièces
de vers inédites (2) que je vous prierai de payer à

* Petit fragment de papier blanc, encre noire, recto. Au verso
M. *Léon Vanier*.

(1) *Vers en assonances* (Cf. *Chair*, Œ. C., III, 208). Un reçu
du poète nous a fait connaître le titre de cette pièce.

** Fragment papier blanc, encre noire, recto. Au verso :
M. *Léon Vanier, éditeur*, 19, *Quai Saint-Michel*.

(2) Un reçu de vingt francs, signé et daté par Philomène
Boudin, nous fournit le titre de ces pièces. Ce sont : *Puvis de
Chavannes* ; *Vieilles Bonnes Chansons* ; *Vœu final, L'Ecolière, A
propos d'un mot naïf d'elle*. (Cf. *Œuvres Posth.*, I, 136, et 68-72).
Il est bon de rappeler que les trois derniers poèmes, destinés

Esther, *le plus cher possible*, car comme je dois
sortir vers la fin de la semaine, j'aurai besoin de
quelques petits objets, flanelles, snowboots, etc.
Dès sorti, j'irai vous voir et nous causerons au
mieux, j'espère, de nos intérêts réciproques.

A vous cordialement.

P. VERLAINE.

Si pouvez me donner, à titre de commencement
d'étrennes, un des livres que je vous ai demandés,
remettez au « porteur ».

Jusqu'à nouvel ordre : Hôpital Bichat, Bd Ney.

CCCLXIV

Le 13 février 1895 *.

Mon cher ami,

Veuillez donc donner 10 francs, que nous défal-
querons, à Monsieur Savarit, contre le chef-d'œuvre
absolu qu'il y a ci-contre.

Plus de femme, ni de femmes.

Tout à vous,

P. VERLAINE.

21, rue Monsieur-le-Prince.

primitivement à figurer dans *La Bonne Chanson*, parurent
dans *Confessions* (éd. citée, V, pp. 159-160).

* 1 f. papier blanc, quadrillé, encre noire, recto. C'est la
seule lettre que nous possédions écrite à cette adresse.

CCCLXV

Le 24 février [1895] *.

Mon cher Vanier,

Voici 30 vers que je crois dignes des 10 francs qui me sont indispensables (1), car nous sommes *sans pain*. Je vous serai donc obligé de les régler entre les mains d'Eugénie qui est malade aussi. Quant à moi, je ne puis descendre de lit, même pour... — Venez donc me voir quand vous pourrez.

A vous,

P. Verlaine.

CCCLXVI

Le 11, ou 31 mars [1895] **.

Mon cher Vanier,

Tenez donc prêt un *Dédicaces* (2) que vous remettrez à M. Léon Dierx, quand il passera chez vous.

Peut-être serait-il sage d'en envoyer un exemplaire au Président de la République et un au mi-

* 1 f. papier blanc réglé, plié en deux, au crayon, recto et verso du 1er f., date incomplète.

(1) *Epilogue* (Cf. *Œ. P.*, I, 117, mars 1895).

** 2 ff. papier blanc, encre noire, écriture négligée, recto du 1er f., date incomplète.

(2) Le volume imprimé en 1894, et publié sous cette date, venait d'être annoncé le 16 février au *Journal de la Librairie*.

nistre de l'Instruction publique. Car, on a été très gentil (1).

Venez donc voir,

Votre strictement alité, opéré et pansé.

P. VERLAINE.

CCCLXVII

Le 4 avril 1895 *.

Mon cher Vanier, Je vous ai attendu tous ces jours-ci, parce que j'ai vraiment à vous parler beaucoup. D'abord, quoi, voici, je crois la *saison* juste. Or, un bouquin en serait de saison. Moi, je pense qu'il vaut mieux publier *Varia*, que j'augmenterai d'une bonne deux trois centaines de vers et fignoler encore *Histoires comme çà* pour l'automne. Puis, nous avons ces affaires de musique, dont on me rabat les oreilles. — Enfin, que diriez-vous si nous parlions du *Quinze jours en Hollande*, que Blok, désolé d'une vente médiocre en ce pays, veut mettre dans les gares, lors de l'exposition prochaine d'Amsterdam.

Pourquoi ne pas nous le partager avec lui? Que diriez-vous aussi d'une traduction anglaise, garantie (limited, quoi!) car faut craindre l'Amérique, pa-

(1) Le ministère venait d'accorder à Verlaine un premier secours de cinq cents francs qu'il promettait renouvelable. (Cf. *Verlaine*, par E. Delahaye, p. 526).

* Carte postale, vert d'eau, encre noire. Au recto : *M. Léon Vanier*, 19, *Quai Saint-Michel. E. V.*

rait-il. Mais, *faudrait se presser.* A ce propos, êtes-vous d'accord avec Lane (Vigo street London, England) pour un choix de poésies à l'usage des Anglais, avec préface et notes par le professeur York Powell (1) d'Oxford (j'écris à ce dernier).

Enfin, venez. Je suis toujours impotent. Et ce que ça coûte cher à la fois le pharmacien et le boulanger !

A bientôt.

Votre   P. VERLAINE.

CCCLXVIII .

Le 23 avril 1895 *.

Mon cher Vanier,

Vous m'aviez promis par M. Delahaye de m'envoyer les 60 francs que vous avez à moi, de la part de M. Tellier, ou de venir me les apporter, ce qui m'eût fait plus de plaisir encore. J'ai et je n'ai jamais cessé d'avoir besoin de cet argent, depuis le moment où je vous l'ai fait demander. Je vous envoie Mme Veuve Combes, que vous connaissez et l'autorise à toucher pour moi, de vos mains, le dit argent, aujourd'hui.

J'ai dû payer notre terme, de nombreuses dettes, retirer d'anciennes choses du Mont-de-Piété, me soigner enfin et les médicaments coûtent cher, sans

----

(1) Voyez page 242, note 1.

* 2 ff. papier blanc, encre noire, recto des 2 ff.

compter que je ne suis pas guéri et ne marche pas encore.

Mlle Krantz de son côté est indisposée et ne peut sortir par ce temps-ci. Elle se joint à moi pour insister.

J'ai véritablement à vous parler, et quand vous pourrez, venez. Beaucoup de travaux, moi.

Mais, en attendant, n'est-ce pas ? donnez les 60 francs à Mme Combes.

A vous cordialement.

P. VERLAINE.

Donnez aussi toute correspondance qui aurait pu m'arriver.   P. V.

CCCLXIX

24 avril 1895 *.

Mon cher Vanier,

Je vous ai envoyé hier une personne qui m'a dit que vous enverriez votre plus jeune commis à la fermeture de votre magasin.

En l'absence de toute nouvelle, Mlle Krantz veut bien elle-même, bien que souffrante, aller chez vous et je vous prie de lui remettre les 60 francs.

Votre

P. VERLAINE.

* 1 f. papier à lettre, vergé blanc, réglé en filigrane, encre noire, recto. Au verso, *M. Léon Vanier.*

CCCLXX

Le 29 avril 1895 *.

Mon cher Vanier,

Je vous serais bien obligé de décidément venir chez moi une bonne fois, afin de travailler SEULS. Ne venez pas demain matin. A partir de demain midi, je vais vous attendre impatiemment.

Votre   P. VERLAINE.

CCCLXXI

Paris, le 15 juin 1895 **.

Plaisantez-vous ou si vous êtes sérieux ? Il est notable que vous gagnez de l'argent avec mes livres, alors que je ne reçois de vous ni compte, ni réponse qui vaille.

Expliquons-nous ou, je vous le dis, je m'arrangerai autrement, tout de suite (1).

P. VERLAINE.

---

* Fragment de papier blanc, plié en deux. Encre noire, recto du 1er f.

** Fragment de papier blanc, encre noire, recto.

(1) On observera qu'à partir de cette époque jusqu'à la fin de sa vie, Verlaine ne fit plus rien paraître sous la firme de Vanier. Ses derniers livres : *Confession*, *Chair*, furent publiés, l'un à la librairie du *Fin de Siècle*, l'autre à *La Plume* ; enfin *Invectives*, dont l'éditeur n'avait cessé d'acquérir, pièce par

M. Méric veut bien se charger de cette commission et recevoir votre réponse écrite.

CCCLXXII

Paris, le 19 juin 1895 *.

Mon cher Vanier,

Voudriez-vous confier à M. Bouché, porteur du
présent, le livre de Dubus : *Quand les violons sont
partis* (1), dont je me servirai aussitôt pour un
article ?

Je compte sur votre visite prochaine et je vous
serre cordialement les deux mains.

P. VERLAINE.

Et, si possible, les *Vrais Sous-Offs*, de Dubus et
Darien (2).

16, rue Saint-Victor.

CCCLXXIII

Paris, le 21 juin 1895 **.

Mon cher Vanier, je viens de voir MM. Pelletan (3)

pièce, les éléments, et que Verlaine n'eût point consenti à laisser imprimer sans en modifier peut-être le texte, ne vit le jour
qu'après la mort de l'auteur.

* 1 f. papier blanc, encre noire, recto.

(1) Paris, Vanier, 1892, in-18.

(2) *Réponse à M. Lucien Descaves*. Paris, Savine, 1890, in-18.

** 1 f. papier à lettre vergé, blanc, encre noire, recto et verso.

(3) Edouard Pelletan, éditeur d'art. Le projet dont il est
question ici, ne se réalisa pas.

et Girard qui m'apprennent que vous vous refusez à une combinaison qui m'a l'air des plus acceptables, au point de vue matériel, comme au point de vue artistique. Peut-être espériez-vous obtenir davantage, mais je sais que l'on préférera ne pas donner suite à l'affaire, en cas de non-acceptation.

Dans votre intérêt, comme pour le mien, acceptez. Ce sera autant de rattrapé sur les sommes considérables que vous me versez contre du travail.

Je compte sur votre assentiment et sur votre visite.

En attendant les 30 francs, dont j'ai extrêmement besoin et que vous me devez contre livraison préalable, je compte sur votre très prochaine visite.

Votre

P. VERLAINE.

16 rue Saint-Victor.

P. S. — Je vous prie, en attendant, de me renvoyer le double des traités entre vous et moi, dès ceci reçu.

CCCLXXIV

Le 21 juin 1895 *.

Mon cher Vanier,

Quelqu'un me propose une édition de luxe et illustrée, à tirage restreint (cinq cents exemplaire, maximum) des *Fêtes Galantes*. Je ne crois pas,

___

* 1 f., papier à lettre blanc, vergé, encre noire, recto. Une partie du P. S. et du N. B. ont été écrits en marge.

entre nous, avoir besoin de votre autorisation toute spéciale, pour cette petite affaire. Néanmoins, je crois meilleur de vous avertir, pour qu'il n'y ait pas de malentendu entre nous.

M. Girard vous portera ce mot et vous donnera plus de détails.

Votre bien cordial,

P. VERLAINE.

P. S.—Reçu *Les Violons sont partis*. J'y travaille. Pourriez-vous, de votre côté, confier pour moi les trente francs que vous me redevez, à M. Girard qui me les apportera, avec votre réponse (1).

P. V.

N.-B. — Et je vous attends toujours, lundi ou mardi, pour travailler.

CCCLXXV

Le 1ᵉʳ juillet 1895 *.

Mon cher Vanier,

M. Pelletan qui vous a écrit, vous donnant son adhésion, étant donné que ce serait Willette qui

(1) Nous trouvons, à la date des 18 et 25 juin, deux reçus de trente francs signés de Verlaine, et comportant la remise de neuf pièces (*La Classe* ; *Kermesse du 20 juin* ; *Anniversaire* ; *Marceline Desbordes-Valmore* ; *Compensation* ; *Épilogue (à Eugénie)* ; *Torquato Tasso* ; *Conseil* ; *Épilogue à la Poésie personnelle*, et une dixième consacrée à Murger, mais que le poète n'écrivit pas. Voyez la lettre du 1ᵉʳ juillet suivant.

* 1 l. papier à lettre, vergé blanc, plié en deux, encre noire recto des 2 ff.

illustrerait les *Fêtes Galantes*, — ce, dans ses premiers termes, 250 francs, — est venu me voir avant hier et, en présence de l'absence de réponse vôtre, m'a dit avoir traité avec l'artiste, pour l'illustration, en dehors du volume.

Voyez ce qu'il faut faire et conseillez-moi. Discrétion, n'est-ce pas ?

Moi, j'ai cru devoir *officieusement* vous prévenir. C'est peut-être pressant.

Je n'ai pas fait le sonnet pour Murger ; çà commencerait à devenir obsédant tout ce bruit pour cette gloire modeste (1). Vous aurez, en échange, ma première *poésie fugitive*.

Au revoir bientôt. Moi, toujours *en chambre* et bien vôtre.

P. VERLAINE.

16, rue Saint-Victor.

Réponse le plus vite possible, je vous prie.

CCCLXXVI

Paris, le 27 juillet 1895 *.

Mon cher Vanier,

J'apprends que vous avez donné au *Pan*, de Ber-

---

(1) Quelques semaines plus tôt Verlaine, malade, avait décliné une invitation à un banquet consacré par quelques habitués du café Procope à la mémoire de l'auteur de *La Vie de Bohème*. Il n'en demeurait pas moins déférent pour la personnalité de Murger. Voyez dans le livre de F.-A. Cazals et G. Le Rouge : *Les Derniers jours de P. Verlaine*, Paris, 1911, p. 147, la lettre du 25 juin 1895.

* 1 f. papier à lettre, bleu pâle, vergé, encre noire recto et

lin, une pièce de moi intitulée : *Prologue à Paris* (1) et que vous en avez touché le prix. Je vous envoie M. Maurice du Plessys, qui voudra bien recevoir pour moi ce qui me revient de cette somme et que je munis d'une autorisation et d'un reçu signés de moi.

Entre temps, M. Pelletan voudrait bien être fixé sur vos définitives dispositions, au sujet des *Fêtes Galantes* illustrées par Willette, dont il attend une solution.

Agréez mes cordialités,

P. VERLAINE.

16, rue Saint-Victor (2).

CCCLXXVII

Le 31 juillet 1895 *.

Mon cher Vanier,

Nulle nouvelle vôtre. J'ai pourtant besoin d'argent. Donc, veuillez remettre à M. du Plessys la somme en question, n'est-ce pas ?

P. VERLAINE.

verso. A ce billet est épinglé, dans l'original, une note mentionnant, à la date du 8 mars, la somme de 40 francs, pour la collaboration à *Pan*.

(1) *Prologue pour Varia* (Cf. : *Œ. C.*, III, *Invectives*, p. 432). Ce poème avait paru dans le fascicule d'avril-mai 1895. Le versement de la somme réclamée par le poète ne se fit que le 9 août suivant.

(2) Verlaine habitait alors chez Eugénie Krantz. Voyez Ch. Donos : *Verlaine intime*, et les lettres à cette dernière.

* 1 f. papier blanc, vergé, encre noire, recto, texte en travers.

Si vous pouviez donner à M. du Plessys, pour moi, les *Poésies* de Rimbaud (1), vous me feriez grand plaisir et me rendriez service. C'est pour un travail.

CCCLXXVIII

1ᵉʳ août [18]95 *.

Mon cher Vanier,

Je ne comprends guère votre arithmétique qui établirait une étrange jurisprudence au Tribunal de Commerce. Nous en recauserons donc, ainsi que de M. Pelletan.

Quant aux épreuves du « Rimbaud complet », quoi ? Est-ce « Mademoiselle Isabelle » (1) qui doit faire la préface ? Réponse s.v.p.

Parce que moi, je prémédite un article dans le *Gil Blas* — non, pour Dieu ! en réponse à Ajalbert, non plus qu'aux autres Jean Lorrain.

Quand vous viendrez me voir, apportez-moi donc un de mes volumes de vers de moi (SANS RIEN ESCOMPTER), à moins que vous ne préfériez le donner à Mˡˡᵉ Krantz, que j'autorise, en outre, à toucher, si vous êtes raisonnable (moi, le suis-je ?) les vingt francs du *Pan*.

---

(1) Vanier en préparait alors une édition. Peut-être s'agit-il ici des épreuves de l'ouvrage.

* 1 f. papier vergé blanc, encre noire, recto et verso, écriture irrégulière.

(2) Isabelle Rimbaud, sœur du poète.

D'ailleurs, je vous attends et je travaille moult.

Votre

P. VERLAINE.

CCCLXXIX

Le 9 août [18]95 *.

Prière de confier à Mlle Krantz, pour moi, la préface de Darzens, (1) la biographie par moi et généralement toutes choses pour faire une préface rupine.

Yours truby.

P. V.

CCCLXXX

Le 21 septembre 1895 **.

Mon cher Vanier,

Pouvez-vous confier pour moi à Mlle Krantz le n° dernier de la *Revue Indépendante*, où il paraît qu'un M. Abadie parle de moi beaucoup ? (2)

---

* 1 f. papier vergé blanc, encre noire, recto.

(1) C'est-à-dire l'introduction aux œuvres de Rimbaud, publiées par Rodolphe Darzens. (Cf. *Le Reliquaire*, Paris Genonceaux, 1891, in-12). Verlaine rappelle d'ailleurs ici la notice qu'il avait consacrée à Rimbaud dans les *Hommes d'aujourd'hui*. On sait, qu'il écrivait alors la préface des *Poésies* de Rimbaud.

** 2 ff. papier blanc, quadrillé, encre noire, recto du 1er f.

(2) *Sur un sonnet de P. Verlaine (L'espoir lent, etc...)*, fasc. n° 79, sept. 1895.

Cet exemplaire vous sera rendu dès demain.
A vous, très pressé.

P. VERLAINE.

Si vous n'êtes pas là, envoyez-moi donc l'exemplaire ?
Et quoi de Fasquelle ?

CCCLXXXI

3 octobre 1895 *.

Mon cher Vanier,

Veuillez donner pour moi quelques exemplaires des *Poésies* de Rimbaud, à Mlle Krantz.

J'ai envoyé à Londres un long article (1). Vous feriez très bien d'envoyer un volume à l'adresse :

Angleterre. The Editors of « The Senate », 3, Victoria Street, Westminster. Londres.

Je pioche un article que je tâcherai de coller au *Figaro* : c'est pourquoi j'insiste pour des exemplaires.

Et comment entendez-vous le service de presse ?
Quid de Charpentier ?

Votre bien cordial,

P. VERLAINE.

39, rue Descartes.

* 1 f. papier blanc, encre noire, écriture négligée, recto.

(1) Cf. *Arthur Rimbaud*. Cette étude envoyée quelques jours avant (voyez la lettre du 13 courant), parut en français dans le fascicule d'octobre. Elle n'a pas été recueillie dans les œuvres du poète.

CCCLXXXII

13 octobre 1895 *.

Mon cher Vanier,

Comme vous avez pu voir, la place était prise au *Figaro*. Lûtes-vous l'article d'Hauser au Supplément ? Envoyez donc, tout de suite, de votre part, et de la mienne, un exemplaire (1) à Francis Chevassu. Je lui enverrai mon article demain. Je pense bien qu'ils publieront.

J'ai reçu le *Senate*, de Londres. Mon article y est. L'avez-vous vu ?

A bientôt,

P. VERLAINE.

CCCLXXXIII

[Octobre 1895] **.

Voici, mon cher Vanier, la Préface que je crois bien, et bien corrigée (2). S'il y a moyen, toutefois, d'avoir encore des épreuves, tant mieux : mais le bouquin lui-même est-il bien corrigé ?

* Carte postale, encre noire ; adresse au recto.

(1) Sans doute le recueil des *Poésies complètes* de Rimbaud, qui venait de paraître.

** 1 grand feuillet oblong, papier bulle, encre noire, écriture négligée, recto et verso s. d.

(2) Il s'agit ici de la Préface aux *Poésies* de Rimbaud. L'ouvrage parut à la fin de 1895. Nous trouvons dans les dossiers de Vanier la note suivante, écrite par ce dernier : « Payé à Verlaine, une préface : 100 fr., le 28 août 1895. »

Quant à : *Le Livre Posthume* (1), je maintiendrai !(2). J'y fais de terribles coupes, surtout dans les *Invectives*, mais j'y « substitue » des poèmes bien plus suaves et « irrespeepetueux-z-encore ! » Çà sera kif kif et mieux dans 15 jours environ.

D'ailleurs, venez donc me voir avant de rien décider, n'est-ce pas ?

J'ai l'idée de continuer mes *Confessions* — le second volume sera le plus drôle . — En voulez-vous ?

L'adresse de *L'Epreuve*, supplément français du *Pan*, qui a publié des vers de moi, il y a des mois ? (3)

Devriez me donner *Mes Prisons*.

A vous, à très bientôt, n'est-ce pas ?

P. VERLAINE.

J'autorise Mme Eugénie à toucher le livre ci-dessus et toute correspondance.

CCCLXXXIV
[Paris, 1895 ?] *

Mon cher Vanier,

Voici quinze vers que je vous envoie, pour la deuxième fois, par Esther, à qui vous voudrez bien régler.

P. VERLAINE.
4, rue de Vaugirard.

Quelles nouvelles de *Dédicaces ?*

(1) Cf. *Œuvres Posthumes*, I, pp. 143-157.

(2) Là, Verlaine a dessiné grossièrement l'écusson belge.

(3) *Fable ou Histoire*, fasc. d'avril-mai 1895 (Œ. C., III, 353).

* Billet ; fragment de papier blanc mince, encre noirâtre, recto, s. d.

LETTRES A ALBERT SAVINE

1889-1891

Ainsi que la correspondance avec Léon Vanier, les originaux de cette série de IX lettres nous ont été communiqués par M. A. Messein. Ils appartiennent à un copieux dossier comportant à la fois les contrats échangés par Verlaine avec Léon Vanier et Albert Savine, et divers lettres et billets de celui-ci, touchant la publication projetée de *Dédicaces*, de *Bonheur* et d'*Histoires comme ça*. Nous avons utilisé la plupart de ces documents dans les notes qui accompagnent le texte qu'on lira plus loin. Aussi, tout commentaire semblerait-il vain au lecteur que la correspondance avec Léon Vanier a déjà instruit des négociations entretenues par le poète avec ses éditeurs. Malgré de nombreux pourparlers, aucun ouvrage de Verlaine ne parut sous la firme de Savine. Ce fut d'autant plus regrettable, que ce dernier eût pu ajouter, de la sorte, un nom illustre à son catalogue qui, déjà, s'honorait de ceux d'Ibsen, de Tolstoï, de Dostoiewski, de Thomas de Quincey et de bien d'autres encore.

Ad. B.

LETTRES A ALBERT SAVINE

1889-1891

CCCLXXXV

Paris, le 22 décembre 1888 *.

« Cher Monsieur,

« Repris par cette entrée d'hiver de très fortes douleurs rhumatismales, j'ai cru qu'il serait sage de me soigner sérieusement, et ma nouvelle adresse est, pour plusieurs semaines sans doute : Hôpital Broussais, salle Parrot, lit n° 1.

« Vous voudrez bien m'y faire parvenir le compte des avances reçues pour *Histoires comme ça*, et de ce qui pourrait me rester à toucher sur ce volume. Je le termine en ce moment et je travaille en même temps à *Bonheur* *.

* Cf. *Verlaine intime*, p. 177. Voyez également le Commentaire de Ch. Donos, pp. 178 et ss.. Cette lettre et les suivantes ont pour objet la publication projetée de *Bonheur*, d'un recuei de contes, réunis plus tard sous ce titre : *Histoires comme ça* (Cf. *Œuvres Posth.*, 1903, I, pp. 319 et ss.), enfin d'une édition nouvelle de *Dédicaces*. L'histoire de ces livres est connue ; celle des relations que Verlaine allait contracter, en vue de leur publication, l'est moins et nécessite quelques éclaircissements. Présenté par Léon Bloy et J.-K. Huysmans à Albert Savine, l'auteur de *Sagesse*, alors mécontent de Léon Vanier, offrait à ce nouvel éditeur la propriété de trois de ses ouvrages, en partie inachevés. Deux traités, l'un signé le 15 septembre 1888, l'autre

« Agréez, cher Monsieur, mes meilleures cordialités.   P. VERLAINE.

CCCLXXXVI

Paris, le 13 [juin 1889] *.

Monsieur Savine,

M. Cazals vous apporte aujourd'hui :
— Quatre petits chapitres de la série « Gosses »,

proposé à l'écrivain le 31 mars 1890, assuraient à Savine, le droit
exclusif de faire paraître, d'une part, *Bonheur* et *Histoires comme
ça*, et, d'autre part, le texte renouvelé de *Dédicaces*. On sait ce
qu'il en advint. Bien qu'ayant touché des avances s'élevant à
la somme de quatre cent cinquante francs, Verlaine ne tarda
pas à être reconquis par Vanier et ce dernier n'eut point de
peine à démontrer à son confrère ébahi, par des pièces authen-
tiques et des reçus, que le poète avait singulièrement oublié
d'anciennes promesses. Avec le temps, les choses s'arran-
gèrent au gré de chacun. Savine et, après lui, son successeur,
M. L. Grasilier, furent remboursés de la totalité des avances
consenties par Vanier, lequel, non seulement publia, en 1891,
Bonheur, puis, en 1894, *Dédicaces*, mais acquit, en outre, le
droit de faire paraître les récits composant : *Histoires comme ça*.
C'est grâce à cette cession, observait justement M. A. Lods,
dans l'*Intermédiaire des Chercheurs* (10 juin 1922) que le dernier éditeur du poète a pu donner, en 1903, dans le tome premier des *Œuvres posthumes*, la primeur de sept nouvelles, pour
la plupart ignorées du public. Il serait intéressant, ajoutait-il,
de savoir si la publication en a été faite conformément aux manuscrits ayant appartenu à Savine et que ce dernier conserva
longtemps, afin de se dédommager peut-être des sommes re-
mises au plus fugitif de ses auteurs.

* 1 f., papier d'hôpital, encre noire recto, et verso, date incomplète.

que vous n'avez sans doute pas (1). Quatre ou trois autres vont paraître dans *Art et Critique* et seront joints aussitôt, par envoi ou commission.

— Une nouvelle : *La main du Major Müller*, et cinq gros articles : *Vieille ville* (2).

Le n° de la *Revue Indépendante* de décembre 1888, en contient une autre intitulée : *Charles Husson*, que vous aurez demain, ou après, corrigée et augmentée, sous le titre de *Rampo !* (3)

M. Cazals vous apporte aussi six poèmes nouveaux de *Bonheur*, en tout 384 vers. D'autres sont en train et vous les aurez au fur et à mesure. Le volume qui est complet sera donc encore augmenté selon votre désir.

Pourriez-vous me faire une petite avance ? M. Cazals vous fera un reçu. A l'hôpital, on a souvent besoin de sous, pour menues dépenses. Cela m'obligerait fort.

Pour le volume de prose, je crois qu'il serait urgent de commencer l'impression des nouvelles dans cet ordre :

Deux mots d'une Fille.
Rampo !
Extrêmes Onctions.
L'abbé Anne.

(1) Trois de ces chapitres ont paru dans *Art et Critique*, le 15 juin 1889 ; cinq autres figurent à la date du 8 novembre suivant, dans la même publication. Ces fantaisies ont été recueillies dans les *Œuvres Posthumes*, I, p. 262.

(2) Cf. : *Œ. P.*, I, 345, et 214.

(3) Cf. *Œ. P.*, I, 392.

La main du Major Müller.

Histoire d'un regard.

Conte de fées.

Pour les *Aventures d'un homme simple*, l'ordre y sera mis la semaine prochaine, au plus tard.

Pouvez-vous me donner un état de mes comptes ?

Pourrez-vous aussi remettre à M. Cazals une vingtaine de biographies des *Hommes du jour*, destinées à un volume : *Quelques-uns* (1), que je vous ai remis dans le temps et *dont nous parlerons* plus tard ?

Voilà bien des choses, mais du moins, cette fois ci, nous semblons d'accord et je ferai de mon côté tout le possible pour que cette position réciproque continue.

A très bientôt donc, le complément des deux volumes. Quant à des difficultés étrangères, n'ayez crainte. PAUL VERLAINE.

Hôpital Broussais, 31 Salle Lasègue, 96, rue Diderot.

CCCLXXXVII

19 juillet [18]89 *.

Cher Monsieur Savine,

Vous avez dû recevoir ma lettre d'il y a une quinzaine de jours, par laquelle je vous signalais l'en-

____

(1) *Histoires comme ça* (Cf. *Œ. P.*, I, pp. 319 et ss.)

* 1 f. papier d'hôpital, encre noire, texte recto et verso. L'original de cette lettre ne paraît pas de la main de Verlaine. Cer-

cartage par Vanier d'une pièce de *Bonheur* dans *Parallèlement* et vous faisais part de ma protestation auprès de cet éditeur (par lettre recommandée) contre ces agissements (1).

Je vous serais obligé de bien vouloir me donner un mot par lequel je pourrais enfin retirer de chez vous, contre reçu, les manuscrits de *Histoires comme ça* et de *Bonheur*, pour classer définitivement les différentes parties du premier et prendre copie des deux, aux fins de publication dans des revues et journaux, avec la mention : « *Extrait de...* : *à paraître prochainement chez Albert Savine* », etc., bien entendu.

Comme j'ai l'intention de rester en traitement un assez long temps, je compte avoir, d'ici à deux mois, fini *Bonheur*, que je veux dans les proportions de *Sagesse* et d'*Amour*, pour la symétrie et selon mon plan bien arrêté. Je tiens dans les 300 vers nouveaux à votre disposition et vous les aurez quand vous voudrez.

J'espère en une prompte réponse et suis, cher Monsieur,

Votre tout dévoué,

P. VERLAINE.

tains détails du texte nous permettent de supposer qu'elle fut dictée par le poète à l'un de ses amis, sans doute F. A. Cazals, hospitalisé en même temps que lui à Broussais. Si nous en croyons la suite de la correspondance avec Savine (voyez la lettre du 22 nov. suivant), il est très possible que le post-scriptum y ait été ajouté sans le consentement de l'auteur.

(1) Cf. Lettre à Vanier du 22 juin 1889.

P. S. — M. Cazals, qui est également malade ici,
serait heureux d'avoir, contre reçu, son portrait de
moi qui doit paraître en tête de *Bonheur*, pour le
faire photographier et vous le rendre après. Il voudrait traiter avec vous pour la vente, ou le prêt de
ce dessin, que j'ai moi-même le plus vif désir de
voir en tête de *Bonheur*.

J'ai l'intention de signer *Histoires comme ça*
avec M. Cazals, qui y a collaboré pour une bonne
part. Cela doit-il faire l'objet d'une addition au
traité ?

Agréez, cher Monsieur Savine, nos meilleures
salutations.

P. V.   A.-F. G.

Hôpital Broussais, Salle Lasègue, 31, 96, rue Didot
(Paris-Plaisance).

CCCLXXXVIII

[Septembre 1889 ?] *.

Monsieur Savine,

Etant en train de mettre de l'ordre dans mes affaires, je veux absolument connaître ma situation
vis-à-vis de vous. Voilà, d'ailleurs, déjà plusieurs fois
que je vous écris à ce sujet, non sans étonnement de
ne pas recevoir de réponse. J'espère que cette fois
un mot de vous me satisfera. En tous cas, veuillez
remettre à M. Cazals, contre reçu, le manuscrit
d'*Histoires comme* çà, pour un classement définitif.

* 1 f. papier d'hôpital, encre noire, recto, s. d.

Quant à *Bonheur*, j'y travaille exclusivement à l'heure qu'il est et tiens à votre disposition 300 vers nouveaux environ.

Avez-vous retrouvé mon portrait par M. Cazals ? Vous savez que celui-ci désirerait l'avoir pour le faire photographier avant l'impression du livre et, si *vous ne lui achetez pas*, le vendre, car on lui en fait des offres (1).

Comptant sur une réponse immédiate, je vous prie d'agréer mes civilités.

P. VERLAINE.

Jeudi soir.

Hôpital Broussais, salle Lasègue, 31, 96, rue Didot. E. V.

CCCLXXXIX

Vendredi, 11 novembre 1889 *.

Mon cher Monsieur Savine,

Je vous enverrai, demain, pour être insérées à la *Revue Indépendante*, deux pièces de vers destinées à *Bonheur* (2), recueil auquel je mets la dernière main (et dont je vous reparlerai sous peu). Ces pièces, à

(1) Sans doute s'agit-il d'un dessin qui, dans la suite, fut gravé sur bois par Maurice Baud et reproduit dans l'édition de *Dédicaces* publiée par *La Plume* en juin 1890.

* 1 f. papier d'hôpital, encre noire, recto.

(2) Nous ne trouvons aucune insertion de poèmes de Verlaine après cette date, dans la *Revue Indépendante*. On sait que cinq pièces de *Bonheur* avaient paru dans cette revue, de juillet 1888 à février 1889. (Cf. *Œ. C.*, I, III, IV, VI et XXXII).

la place d'une autre déjà en la possession de la *Revue*, mais qui a paru autre part, à mon insu. Celles-ci sont *entièrement inédites*.

Je vous serais infiniment obligé de bien vouloir au premier jour me confier contre reçu le manuscrit d'*Histoires comme çà*, pour prendre copie de quelques fragments que je voudrais faire paraître dans des journaux, avant la publication en volume, où un ami autorisé par moi voudrait bien se charger de ce soin, par exemple M. Remacle qui veut bien se mettre à sa disposition.

Pourriez-vous m'envoyez, sans inconvénient, un *Brelan d'Excommuniés*, de Léon Bloy (1), que je ne vois plus depuis un temps infini et à qui je vous prie de serrer la main de ma part, quand vous le verrez.

Je vous serre la main très cordialement,

PAUL VERLAINE.

Hôpital Broussais, salle Lasègue, 31. 96, rue Didot. Paris.

CCCXC

Paris, le 22 novembre 1889 *.

Monsieur,

On me rapporte de vous des propos que je me permets de traiter de fantastiques. Quoiqu'ils me concernent

---

(1) Paris, Savine, 1889, in-18. On sait que ce livre contient une partie consacrée à Verlaine.

* 1 f. papier d'hôpital, encre noire, recto et verso. Nous possédons, indépendamment de l'original, un brouillon autographe non signé, ni daté de cette lettre. Ecrit au recto et verso

et qu'ils fussent de nature à fort me déplaire, s'ils avaient le moindre fondement de vraisemblance, je n'en retiens qu'un, m'attribuant la paternité d'une lettre à vous adressée, du temps de votre séjour à Sainte-Pélagie, lettre « *où je vous disais* » n'être que pour très peu l'auteur d' « Histoires comme ça ». *J'oppose à cette assertion le plus formel démenti.* Ou votre mémoire vous trompe, ou vous êtes la dupe d'une malpropre mystification. Je serais même heureux, et j'ai le droit en quelque sorte d'exiger, du moment que vous parlez ainsi de moi, que vous me montriez *ce faux*, s'il existe (1). Mon honneur littéraire, auquel je tiens autant qu'à mon honneur d'homme, me fait une loi de réprimer, de faire punir, s'il est possible, *de telles infamies*, et j'estime que vous devriez m'y aider.

d'un bulletin de souscription du « Petit Théâtre », il contient quelques phrases raturées, des mots biffés, enfin des variantes qui semblent donner plus de poids à la protestation de Verlaine. On y relève des phrases comme celle-ci, biffée et écartée de la rédaction définitive : « Il n'y a pas une nouvelle ou un chapitre [du livre] que je n'ai écrits, ni dictés... »

(1) Voyez la lettre, ou plutôt le post-scriptum du 19 juillet. Faisant droit à la demande de son correspondant, Savine répondait le 15 janvier 1890, en citant le passage incriminé par celui-ci : « J'ai l'intention de signer *Histoires comme ça* avec M. Cazals qui y a collaboré, etc. » Nous ne savons comment se termina l'incident, mais il est hors de doute que Verlaine écrivit les nouvelles et récits désignés plus haut, sans le secours d'aucun collaborateur. M. Cazals fut simplement mêlé aux négociations de l'auteur ; nous en trouvons la preuve dans des billets adressés antérieurement à Savine, dont l'un, daté du 21 août 1888, figure sous le n° 87.485, aux Catalogues d'autographes de M. N. Charavay.

Mais, aux affaires proprement dites ! Je réponds à vos objections *spéciales*.

Je vous ai, en effet, écrit *souvent*, vous demandant des comptes que vous ne m'avez *jamais* rendus et que je réclame encore aujourd'hui, très instamment. Comptes d'argent et de manuscrits. C'est la dernière fois que je vous écris à ce sujet, comptant que vous me donnerez enfin la satisfaction à laquelle j'ai droit. Y comptant absolument.

Vous avez mon manuscrit complet de prose. J'en suis *sûr et certain*. S'il vous manque quelque chose, c'est vous, ou quelqu'un chez vous, qui l'aurez égaré dans l'un de vos déplacements ; mais, je puis malheureusement vous affirmer que vous ne m'avez jamais confié qu'une nouvelle qui vous a été *rendue* il y a déjà bien longtemps. Cherchez bien et vous trouverez.

Bonheur a 900 vers, dont vous tenez plus des 3/4. J'y travaillerai jusqu'à la fin de l'année et nous pourrons le publier dès janvier.

Mais *rien* ne vous empêche de commencer la publication du volume de prose, après classement définitif. Tous ces retards sont à mon détriment et je ne puis concevoir pourquoi ils existent, après vos promesses devant témoins.

Je désirerais seulement communication d'une ou deux nouvelles et poèmes en prose pour publier dans les journaux. Contre reçu et pour un ou deux jours. J'y tiens.

J'attends votre réponse, *très prochaine* et *très nette*, principalement sur ces deux points.

— Comptes d'argent et de manuscrits.

— Date approximative de la publication d'*Histoires comme ça.*

Autrement, quoi faire que de passer outre à des engagements si peu tenus de votre part ?

Agréez mes civilités,

P. VERLAINE.

Hôpital Broussais, salle Lasègue, 31, 96, rue Didot, Paris-Plaisance.

(Jeudis et dimanches de 1 à 3).

CCCXCI

Paris, Hôp. Broussais, 3, salle Lasègue, 96, rue Didot, le 13 janv. 1890 *.

Monsieur Savine,

Monsieur Cazals ira chez vous, je veux dire à votre librairie, un des jours de cette semaine, porteur de plusieurs nouvelles et chapitres de prose qui, je pense, complèteront le manuscrit de : *Histoires comme çà,* de façon à pouvoir commencer l'impression de ce livre si en retard, pour, vraiment, des raisons indépendantes de ma volonté. Mettons que de votre côté il y a eu des empêchements et n'en parlons plus que pour nous entendre sur la plus prompte possible apparition d'un livre auquel j'ai mis tout le soin et toute la conscience possibles.

* 2 ff. papier à lettre blanc, quadrillé, encre noire, recto et verso du 1er f. et recto du second.

D'après mon calcul, il contiendra : 7 nouvelles :

1º *Deux mots d'une Fille*, inédit. †

2º *Charles Husson*, paru dans la *Revue Indépendante*. †

3º *Conte de fée*, id. †

4º *La Main du Major Müller*, paru au *Figaro*.

5º *L'abbé Anne*, inédit. †

6º *Histoire d'un regard*, inédit. †

7º *Extrêmes Onctions*, inédit. ÷

(Vous devez avoir celles qui sont marquées d'une croix. Au cas contraire, il me sera facile de vous les procurer très prochainement).

Il contiendra aussi un certain nombre de morceaux de prose, dont quelques-uns considérables (de 30 à 40 pages). Cette série sera intitulée : *Aventures d'un homme simple.*

Je vous serai obligé de laisser M. Cazals prendre les titres des nouvelles et articles divers, qui sont chez vous, — et, pour en prendre des doubles en vue de publication ès journaux et vous les restituer, aussitôt copie eue, emporter les nouvelles : *L'abbé Anne* ; *Deux mots d'une Fille*, et quelques morceaux de prose dans *Aventures d'un homme simple* (1).

(1) La correspondance de M. Albert Savine nous a conservé cette liste promise dans une lettre déjà citée, à la date du 13 juin 1889 (pp. 270-271.) On y relève les titres suivants : *Traduit de Byron* ; *Le bon Larron* ; *Deux mots d'une Fille* ; *Conte de Fées* ; *Extrêmes Onctions* ; *La Goutte* ; *Ægri Somnia* ; *Enfance Chrétienne* ; *Projets* ; *Mes Hospices* ; *Gosses* (I, II, IV, V, VI, VII, VIII, IX, X) ; *Histoire d'un Regard* ; *L'Abbé Anne* ;

Ne pourriez-vous, dès le volume bien reformé, c'est-à-dire dans moins de 15 jours, si vous voulez, commencer à tirer, en caractères point trop serrés, ni trop fins, tels par exemple ceux du livre de M. Luguet qui m'est, à moi qui n'ai pas encore trop mauvaise vue, illisible ? De la sorte, dès la première feuille, il sera facile de juger si le livre fera bonne figure (comme c'est ma conviction), à 3 fr. 50.

M. Cazals vous parlera aussi du portrait qu'il voudrait faire photographier et vous remettre aussitôt.

Le tout, manuscrits et portraits contre reçu, bien entendu, et à titre de prêts très courts.

Je fais appel à votre bonne volonté, pour hâter l'apparition de ce volume sur lequel je compte. Bien composé, je pense qu'il aura quelque succès.

Bonheur est fini, *à mon sens* (1200 vers). Mais, si vous voulez que çà marche bien, pour le livre en prose, nous en reparlerons après, en termes, j'espère, cordiaux.

P. VERLAINE.

CCCXCII

Dimanche soir [1890] *.

M. Savine, votre réponse n'en est pas une (1).

Miaou ; *Rampo* [*Charles Husson*] ; *Gosses* (IV, V, VI, VII et un autre sur *Rachilde* non numéroté) ; *Vieille Ville*.

* Fragment de papier d'hôpital, encre noire, recto, s. d.

(1) Cette réponse n'a pas été retrouvée. La rupture entre l'éditeur et le poète se fit vraisemblablement dans le courant de

Je vous demandais des comptes et vous ne m'en avez pas envoyé.

Quant à la dernière ligne de votre lettre, vous auriez dû, vous, M. Savine, vous dispenser de me la destiner, pour parler net.

Je vous salue.

P. VERLAINE.

P.-S. — J'ai traité pour un volume de vers, et non pour une quantité de vers, imposée par tout autre goût que le mien. Quant aux *trois cents* pages exigibles, je n'en trouve pas trace dans les traités, pas plus pour la prose que pour les vers.

D'autre part, et pour répondre à l'une de vos observations verbales, et pour préciser, vous aviez pris connaissance de mes traités avec un autre éditeur, avant de contracter avec moi. Vous en souvient-il ?

Je considère donc mon volume de prose comme terminé et je me réserve de terminer *Bonheur*, selon mon plan d'artiste. A quand les épreuves *d'Histoires comme ça* ?

Veuillez me renvoyer les biographies que je vous avais confiées en vue d'un volume illustré, *Quelques-Uns*, ainsi que les manuscrits de vers récemment envoyés à vous, de ma part, pour la *Revue Indépendante*.

l'année 1891, après la publication, chez Léon Vanier, de *Bonheur*. Voyez dans *Le Centre Artistique et Littéraire* (janvier 1921) les deux curieuses lettres de Verlaine déjà citées plus haut, et qui furent adressées le 8 et le 18 nov. 1891 à un avocat de ses amis. On trouvera à l'appendice un fragment de l'une d'elles.

CCCXCIII

[23 janvier 1891] *.

[Monsieur Savine],

...Quant à *Bonheur*, parlons peu et parlons bien — et surtout franc.

Voilà longtemps que complet, ce livre aussi volumineux que *Sagesse*. Maintenant, Vanier m'en offre 500 francs *tel qu'il est* et vous voudriez le voir grossir, grossir sans cesse, oubliant que la quantité n'a jamais rien prouvé, surtout dans un volume de vers *sérieux*, des vers avec quoi on peut se permettre, aussi bien, parlant généralement, des artifices typographiques, etc. Et d'ailleurs, je le répète, *Sagesse* qui compte comme livre important dans mes œuvres ne contient pas plus de « matières » que *Bonheur*, tel que vous l'avez, 1400 et des.

Veuillez, je vous en supplie, m'écrire à propos de ce *Bonheur* là. Que je sache sur quel pied véritablement danser.....

[P. V.]

[Hôpital Saint-Antoine].

* Ce texte fragmentaire se trouve inséré déjà, au cours d'une lettre à Vanier, du 23 janvier 1891 (p. 168 du présent volume). Nous croyons devoir le reproduire encore ici, bien que nous n'ayons pu retrouver l'original auquel Verlaine fait allusion. Il est singulier de constater le rôle double tenu par l'écrivain, en face de ses éditeurs. Rappelons que c'est au début de l'année 1888 que Verlaine adressa à Vanier les premiers poèmes de *Bonheur*.

LETTRES AUX '' CHÈRES AMIES ''
1892-1894

Sauf un billet portant la date du 29 février 1893 (n° CCCXCIX)
et publié par *le Figaro*, les XLIV lettres du fonds Vanier qu'on
lira ci-après, appartiennent à M. Albert Messein. A l'origine,
elles devaient former des séries différentes, Verlaine les ayant
écrites à deux femmes qu'il connut simultanément et sur lesquelles les récents biographes ne nous ont fourni que des renseignements incertains. L'une se nommait Eugénie Krantz, ou
bien encore Eugénie « Mouton », d'un surnom qu'elle devait,
croyons-nous, à ses cheveux frisés ; l'autre, Philomène Boudin,
ou plus familièrement : Esther. De même classe sociale, de
même âge, sans doute, mais déjà sur le retour, elles se dispu-
taient âprement les faveurs du poète dans les dernières années
de sa vie. La première, on le sait, lui ferma les yeux. Bien que
célébrées dans des vers qui servirent à former ces recueils :
(*Chansons pour Elle, Elégies, Odes en son Honneur, Dans les
Limbes, Chair*, etc...), elles disparurent sans éclat, peu après
la mort de Verlaine, et rien dans la correspondance de leur
illustre amant ne permet, le plus souvent de les distinguer
l'une de l'autre. C'est en vain qu'on s'emploierait à reconstituer leur existence. Pressées, sans doute, de tirer parti de
leurs papiers, intimes, elles ignorèrent que ce précieux dépôt
prendrait un jour valeur de document biographique. L'éditeur
Vanier, et ses successeurs, en les acquérant, négligèrent, à leur
tour, de les grouper selon leur provenance. Ces lettres nous
parvinrent dans un assez mauvais état. Au demeurant, ce sont
d'assez pauvres choses, et sans doute n'eussions-nous point été
tenté de les faire connaître — pas plus que nous ne cher-
cherons à rappeler les visages de ribaudes qu'elles évoquent —
si notre tâche ne nous contraignait à ne rien ignorer de la vie
de l'écrivain. Un grand nombre de ces documents ne portaient
pas de date : nous les avons classés, en interprétant leur
texte, indiquant, toutes les fois qu'il nous a paru possible, la
destinataire de chacune de ces épîtres. Dans le doute, nous
faisons appel à la perspicacité du lecteur. Ceux qui nous ont
précédé n'avaient point tant de scrupule, et Verlaine, lui-
même, en adressant ses missives amoureuses, à celles qu'il
dénommait uniformément « Madame Verlaine », paraissait
assez peu sûr du choix à faire entre l'une ou l'autre de ses
« chères amies ».

Ad. B.

LETTRES AUX « CHÈRES AMIES »

1892-1894

CCCXCIV

[Mai 1892], (date de la poste) *.

Chère Amie,

Il m'a été absolument impossible d'aller rue Pascal, tellement fatigué que j'étais. Je suis désolé, vrai !

Et comme j'*espère* toucher quelques sous (car je n'ai pas pu aller chez ce Vanier, — ô moi, pauvre « grand homme » !) — demain je te donne un rendez-vous chez Chapelier, en face l' « Académie », rue Saint-Jacques, 157, vers onze heures du matin, — ou écris à

Ton vieux c...   P. V.

CCCXCV

Dimanche... 15 [1892 ?] **.

Ma chère petite, je t'attendrai — ou plutôt j'irai, si je puis, car je marche si mal, vers midi.

Si je ne puis pas à cette heure-là chez toi, viens

* Carte lettre, encre noire. La fin du texte, en travers de la marge de gauche. Adresse : Mlle *Eugénie Krantz, 2, rue Pascal* E. V.

** 1 f. papier quadrillé, encre noirâtre, recto, déchirures, s. d.

— appelle-moi, 3, rue Soufflot. J'essaierai d'avoir un [jour] (1) pour toi.

Ton bien, bien reconnaissant et affectueux.

P. VERLAINE.

Tâchons de nous remettre ensemble.
Je n'ai pu te voir aujourd'hui. Si occupé !
J'aurai d'ailleurs soin de dire, 15, rue Descartes. de te laisser monter : Chambre 9, vers 11 *heures*, J'aurai passé quai Saint-Michel.

CCCXCVI

Charleroi, Samedi 25 fév. 1893 *.

Ma chère Amie,

J'arrive à l'instant. J'apprends que Vanier a reçu un mandat de Mr Destrée, plus une communication nouvelle de M. Maus, disant d'avancer des fonds (2). J'écris immédiatement à Vanier de garder cet argent, pour mon retour, étant sûr de recevoir immédiatement de l'argent.

(1) Mot presque illisible. On peut lire également : *un sou*.

* Carte postale belge, encre noire. Adresse : Mlle *Eugénie Krantz. 9, rue des Fossés Saint-Jacques.*

(2) Cf. : Lettre à Vanier du 25 février 1893. Verlaine, nous l'avons vu, donnait en Belgique une tournée de conférences. Le succès en fut très vif, le poète ayant eu l'heureuse idée d'interpréter, au cours de ses causeries sur la poésie contemporaine, quelques-uns de ses plus émouvants poèmes. (Voyez la *Revue Blanche*, du 1er juin 1895).

Ecris-moi à Bruxelles, où je serai après demain,
Bureau central, poste restante.

Mille amitiés,

P. VERLAINE.

CCCXCVII

Bruxelles, lundi 27 février 1893 *.

Chère Amie,

Je reçois ta lettre à l'instant. Succès à Charleroi
où parlé au théâtre, devant 1500 *personnes*, au bas
mot.

J'ai touché une avance de 50 francs. T'en envoie
20, en *attendant mieux*. Tu n'auras qu'à passer chez
un changeur, ce billet ne perdra que quelques sous.

Ne dis donc pas à Chollin (1) que M. de Rothschild
m'a envoyé ceci ou celà.

* Papier blanc quadrillé, déchiré, encre noire, recto. [*A Eugénie Krantz*].

(1) Henry Chollin, ami, ou plus exactement l'un des compagnons d'infortune du poète. Voyez les quelques lignes qui lui
sont consacrées dans les *Œuvres Posthumes* (I, *Mômes-Mo-
nocles*, p. 203). Ce personnage fut le héros d'une mésaventure
dont la presse entretint ses lecteurs vers le 20 septembre 1891.
Verlaine habitait alors rue Descartes, nº 15. Or, un jour que le
logeur du poète émettait la prétention d'être payé par ce dernier, le sieur Chollin, présent à l'entretien, s'interposa vivement,
trouvant indigne qu'on osât réclamer de l'argent à un écrivain
ne vivant que pour l'amour de l'art. L'hôtelier l'entendit fort
mal ; il y eut des mots vifs et des violences d'échangées, tant et
si bien que la police survenant, appréhenda l'ami de Verlaine

A demain, lettre. Je suis pour trois jours à Bruxelles. Ecris toujours, poste restante, bureau central, Bruxelles.

Je t'embrasse de tout mon cœur, ton

P. VERLAINE.

CCCXCVIII

[Bruxelles], mardi 28 fév. [1893] *.

Chère Amie,

Hier a eu lieu ma première conférence à Bruxelles. Succès. Eté à la poste-restante, aujourd'hui mardi. Rien trouvé qu'une carte postale de Vanier.

Demain mercredi, je vais à Anvers, où conférence le soir. Je couche là et reviens à Bruxelles exprès demain jeudi, pour une conférence, à 2 heures. Je reste vendredi à Bruxelles pour une conférence le soir, et samedi, je vais à Gand!! — en attendant d'autres pérégrinations.

Je ne t'écrirai donc probablement pas avant après

et, après l'avoir malmené, le conduisit au poste, comme perturbateur. C'est, d'ailleurs — si l'on en croit Charles Donos (*ouvr. cité*, p. 196) — à la suite de cette intervention maladroite, que l'auteur de *Sagesse*, soudain privé de son logement, se résolut à demander l'hospitalité d'Eugénie Krantz, laquelle demeurait alors rue Pascal.

* Carte postale belge, encre noire. Adresse : Mlle *Eugénie Krantz, 9, rue des Fossés Saint-Jacques.* La date de l'année est fournie par le timbre de la poste.

demain. Toi, écris toujours Bruxelles, bureau central, poste restante.

As-tu reçu ma lettre *recommandée* d'hier ?

Je t'embrasse de tout mon cœur.

PAUL VERLAINE.

CCCXCIX

Bruxelles, mercredi, 8 h. matin [29 février] 1893 *.

Bon chéri,

Je t'écris ceci en hâte, au moment de monter en wagon pour Anvers, d'où, comme te le marque ma carte postale d'hier soir, je serai de retour demain dans la matinée. Anvers n'est qu'à trois quarts d'heure d'ici.

Ma seconde conférence à Bruxelles a été très, très bien. J'y avais un public d'élite, jusqu'à M. No-thomb, ministre d'État, avec qui je me suis long-temps entretenu du pays de mon père, dont il est.

* *Supplément littéraire* du *Figaro*, 9 avril 1922 (collection de M. François Montel). Une autre version fragmentaire de cette lettre, insérée déjà dans *Verlaine intime* (p. 222), nous permet de supposer que le poète adressa la même épître, mais en la modifiant dans la seconde version, à ses deux maîtresses : Eugénie Krantz et Philomène Boudin. L'original de celle qu'a fait paraître Ch. Donos, n'a pas été retrouvé : on la lira, toutefois, à l'appendice du présent ouvrage. Il est regrettable que nous ne puissions discerner la destinataire de chacune de ses lettres. Voyez sur ce curieux problème bio-bibliographique l'intéressant article de M. Maurice Monda : *A propos d'une lettre de Verlaine* (*Suppl. litt.* du *Figaro*, 10 déc. 1922).

Demain, j'aurai le ministre des Beaux-arts. Hier, j'ai été dans un très beau concert, où des musiciens français, entre autres le compositeur Vincent d'Indy, assistaient.

Hier soir, grand dîner chez M. Edmond Picard, homme charmant et hôte somptueux.

Je te joins trois pièces de vers que tu pourras porter, contre finances, à Deschamps, à qui je vais écrire peut-être. Tu lui diras, en tout cas, que jusqu'ici j'ai du succès, beaucoup.

La récolte d'argent est un peu lente, mais ça vaut peut-être mieux... mes poches sont si percées ! Et, comme on dit, aux derniers les bons. Je compte sur au moins mille francs.

Si je ne dois pas aller en Hollande, où j'ai écrit, je serai de retour vers le milieu de la semaine prochaine ; tu seras prévenue à temps.

Je loge ici, chez un charmant garçon, M. Henry Carton de Wiart, avocat à la Cour d'appel, rue Bosquet, 43, Bruxelles, Belgique — mais écris toujours poste restante, bureau central.

Dernières nouvelles : Samedi, je vais à Liége ; dimanche à Verviers ; lundi, de retour à Bruxelles, je fais une conférence complémentaire (Mes prisons) ; mardi je vais à Gand, dont je reviendrai sans doute jeudi... pour Paris, moi aussi, tiens ! C'est rigolo, n'est-ce pas ?

En tout cas, tu seras prévenue et, en attendant, recevras encore moult épîtres de ton

P. VERLAINE.

Tu as bien reçu les vingt francs. T'enverrai demain encore un peu et ainsi de suite jusqu'à ce que je t'apporte fidèlement, bon chéri, la grosse somme... avec mille baisers.

P. V.

CCCC

Vendredi midi 15 [février 1893] *.

Ma chère amie,

Vanier m'a fait part de ton désir d'avoir de mes nouvelles ; je ne vais pas bien et je suis sans le sou... provisoirement. Je n'ose aller chez toi, crainte de la concierge. Je t'envoie Cazals qui voudra bien t'assurer de toute ma *vraie* sympathie et me rendre aussi de tes, j'espère, meilleures nouvelles.

Je suis sans linge et comme tu en as, je crois, à moi, sois assez gentille pour en remettre à Cazals, un peu, surtout des chaussettes, un mouchoir au moins, et une ou deux chemises si possible. N'as-tu pas aussi des souliers à moi ?

Je pars en Belgique dans huit jours. Tu auras de mes lettres.

Je te serre bien la main.

PAUL VERLAINE.

4, rue de Vaugirard.

* 1 f. papier blanc, quadrillé, encre noire, recto. [*Lettre à Eugénie Krantz*]. On lit, dans le bas du feuillet, la note suivante, écrite d'une autre main : « Oct. 94. » Cette date est certainement erronée, car le voyage en Belgique, dont il est parlé au cours de la présente lettre, se fit dans les derniers jours de février 1893.

CCCCI

Bruxelles, le 3 mars 1893 *.

Chère Amie,

Oui, je suis très bien, admirablement reçu ici. Je suis sage ! ! Tu recevras un paquet de journaux pleins de moi, éloges et éreintements. J'ai, jusqu'à présent, réalisé 525 francs, nets, dont il faut défalquer mes dépenses de voyage, les petits achats, voitures, les 20 francs que j'ai eu tant de plaisir à t'envoyer, et les 20 autres ci-joints.

J'ai encore cinq conférences, c'est-à-dire encore plus que le chiffre plus haut. Je calcule qu'environ un millier de francs seront dans mon escarcelle, et à vos pieds, Madame, jeudi ou vendredi prochain.

Vas chez Vanier ; tu lui demanderas une affiche dont je lui envoie deux. Ça fera bien dans notre chambre déjà si rouge.

Je t'embrasse de cœur, — demain, départ pour Liège et Verviers, retour lundi ici, mardi, départ pour Bruges et Gand — jeudi ou vendredi, rentrée à Parigre.

Je t'embrasse bien fort.

Ton

P. VERLAINE.

Jusqu'à lundi, écris toujours ; poste restante, bureau central, Bruxelles.

* Papier blanc quadrillé, déchiré, encre noire. [*A Eugénie Krantz*].

On lit en travers de la lettre :

Tu serais bien gentille de reprendre mon pardessus chez le teinturier et de le « rarranger ».

Compliments à Mme Zélie.

Et au verso :

Je reçois à l'instant ta lettre, à laquelle je répondrai tout à l'heure, — et les cravates, dont je suis fier et dont je te remercie avec mille baisers.

P. V.

CCCCII

Liège, le 4 mars 1892 *.

Chère amie,

J'envoie de Bruxelles, par l'intermédiaire de M. Carton, 300 francs à Vanier, à qui j'écris par ce courrier pour le prier de te donner là dessus *ce que tu lui demanderas.*

Extrêmement pressé. T'écrirai tout à l'heure, ou demain, plus au long. Succès nouveau à Bruxelles. Ecris-m'y, chez M. Carton de Wiart, 43, rue Bosquet, Bruxelles. J'y serai après-demain, devant demain aller à Verviers.

Je t'embrasse de tout cœur,

Ton vieux,

PAUL VERLAINE.

* 1 f. papier blanc, avec en tête : *Hôtel du Chemin de Fer,* Liège, N. Wiser ; encre noire, recto. [*A Eugénie Krantz*[. Dans le bas de la lettre, on lit le libellé d'un reçu de cinquante francs, daté du 6 mars et portant la signature de la maîtresse du poète.

CCCCIII

[Bruxelles], lundi, 6 [mars 1893] *.

Chère amie,

Voici les 100 francs demandés. Garde-les un peu et sois sûre d'un autre envoi et de mon retour, à une heure qui sera certaine vendredi (1), à la brune.
Mille béquots et à demain.

[P. Verlaine].

CCCCIV

Le 13 juillet 1893 **.

Ecoute, Eugénie. Envoie moi, dès ceci reçu, l'article sur M. Picard (2) et la lettre du *Figaro*. Je l'enverrai, après en avoir pris copie, à M. Picard ; c'est bien le moins qu'il ait cet article. Ça le disposerait

* 1 fragment de papier déchiré, enlevant, en partie, la signature ; encre noire, recto, s. d. [*A Eugénie Krantz*].

(1) Le 9, sans doute, après avoir donné une dernière causerie à Gand.

** 1 f. de papier à lettre blanc vergé, plié en deux, encre noire, recto et verso du 1er f. Il existe, parmi les papiers du poète, appartenant au fonds Vanier, le brouillon d'un billet sur le même sujet, destiné à Philomène Boudin. Le texte écrit au verso d'une lettre adressée, le 17 juin 1893, par le secrétaire du baron de Rothschild, en réponse à une demande de secours, est à peu près illisible, et ne semble pas avoir été écrit par Verlaine. Voyez les lettres à Vanier du 19 juin et du 1er septembre 1893.

(2) Nous ignorons ce que devint cet article.

d'ailleurs bien en ma faveur, tandis que le contraire pourrait l'induire dans des soupçons déshonorants pour moi. Je lui demanderai la permission de publier dans un journal propre.

Quant à Bibi, je ne veux pour rien au monde qu'il se mêle en quoi que ce soit de mes affaires.

J'ai reçu ta lettre de ce matin. Toujours la même chose ; d'ailleurs je souffre toujours, j'ai même subi ce matin une opération (incision), qui m'a fort affaibli. (1) Défense de venir me voir.

Bon souvenir et bonne espérance.

P. VERLAINE.

[Hôp. Broussais].

CCCCV

17 août 1893 *.

Ma chère Philomène,

Je serai sage comme une image. Pardon de mes énervements. Je ne volerai que pour toi.

P. VERLAINE.

CCCCVI

[Nancy], mardi 7 novembre 1893 **.

Chère amie,

Reçu ton télégramme. J'attends ta lettre annon-

(1) Voyez l'ouvrage de Ph. Zilcken : P. V., *Lettres à propos de « Quinze jours en Hollande »*, Paris, 1922, p. 28.

* Chiffon de papier, plié en deux, déchiré au bas, encre noire, recto. Au commencement de la lettre, quelques mots barrés.

** 2 ff. papier blanc, quadrillé, encre noire, recto 1er f. [*Lettre à Eugénie Krantz ?*]

cée. Le *Figaro* annonce *aujourd'hui* qu'on m'a vu *hier* au « Rouge » de la rue de Tournon, dans l'après-midi, en train d'écouter les Tsiganes. Or, à cette heure-là je t'écrivais de la rue Victor Poirel. N'importe, çà fait de la réclame. Et le permis de circulation ? Envoie-le moi, si tu ne l'as fait déjà, à moins qu'il ne puisse être changé pour un permis pour mon voyage en Angleterre. En tout cas, il faut que l'un de nous deux l'ait et le garde précieusement. Je vais écrire à Zilcken encore, pour Blok.

Il fait beau ici. J'ai vu la ville qui est très jolie, mais je sors peu et je travaille à la conférence qui aura lieu demain mercredi, à 8 h. 1/2. Après-demain, je serai à Lunéville et probablement repartirai de Nancy le jour d'après, 10, pour arriver à Paris vers midi. Je t'écrirai l'heure juste et espère t'arriver avec une bonne petite somme. Toi, écris-moi toujours rue Victor Poirel. — Je pense que ta santé est bonne. Tout ira bien. Que nous serons heureux si nous le voulons bien !

Enfin, à bientôt, je t'embrasse comme je t'aime, de tout mon cœur.

Ton vieux,   PAUL VERLAINE.

CCCCVII

[Nancy], le mercredi 8 novembre [1893]*.

Chère amie,

Reçu ta bonne lettre ce matin, vers 8 h. 1/2, avec

---

* 1 f. papier blanc, quadrillé, plié en deux, encre noire, recto du 1er f., sans indication de lieu et sans date.

le permis qui me servira à revenir à Paris. Mon retour aura lieu après-demain, vendredi 10, à 5 h. 45 du soir, partant de Nancy à midi. J'ai dû renoncer à l'autre train de 6 heures du matin, parce que çà dérangerait trop. Ce soir conférence ici. Il est 7 h., c'est à 8 h. 1/2. Très pressé. Excuse ma briéveté. Demain, t'écrirai, soit d'ici, soit de Lunéville, d'où je rentrerai le soir ici.

Et je t'embrasse, bonne chérie, de tout mon cœur qui s'ennuie d'être loin de toi.

A demain une lettre et à toi vendredi 10, à 5 h. 45, gare de l'Est, où tu ne manqueras pas de venir me prendre, n'est-ce pas ?

Ton,

P. VERLAINE.

M. Nathan t'envoie son meilleur souvenir.

P. V.

CCCCVIII

Lunéville, le 9 novembre 1893, 2 h. 1/2 *.

Chère amie,

J'arrive à l'instant ici, d'où je repartirai ce soir, pour partir demain, de Nancy, à midi une minute, par le *rapide* qui arrive à Paris à 5 heures 45, en gare de l'Est.

---

* 2 ff. papier à lettre blanc, quadrillé, encre noire, recto et verso du 1er f. L'enveloppe sur papier bulle, porte : *Madame Verlaine, 5, rue Broca, Paris*. Il faut lire : *Eugénie Krantz*.

Viens sans faute m'attendre à la gare de l'Est, à 5 heures 45.

Ma conférence d'hier soir a complétement réussi. La salle était pleine de beau monde et les journaux m'ont été très favorables (1). J'espère qu'il en sera de même ici. Quant à de l'argent, j'en rapporterai, je pense, quelque chose comme cent francs et plus. J'ai écrit à Zilcken et fait écrire à Blok, par Nathan, qui est avocat en Cour d'appel. Et puis, il y a encore le *Figaro*. Et mon voyage de demain, grâce au permis, me coûtera un franc pour le wagon à corridor.

J'écris par ce courrier à Londres et à Oxford, demandant cent francs d'avance, au cas où Blok et le *Figaro* ne donneraient rien.

Enfin, tout va bien. Donc, *demain vendredi* 10, viens à la gare de l'Est, où j'arriverai à 5 h. 45.

Je t'embrasse de tout mon cœur, comme je t'aime, chère femme adorée.   PAUL VERLAINE.

CCCCIX

Londres, le mardi 21 novembre 1893 *.

Chère amie,

Enfin me voilà ici aujourd'hui. Mon adresse est à

---

(1) Nous l'avons vu dans la correspondance avec Léon Vanier, Verlaine sollicité par ses amis lorrains s'était rendu avec empressement à leur appel. Il donna deux causeries, entremêlées de citations de ses poèmes, l'une le 8 novembre, dans les salons du Grand Hôtel à Nancy, et l'autre, le 9, dans le petit salon des Halles, à Lunéville. Le succès en fut très vif.

* Carte postale anglaise, encre noire. Adresse : *Madame Verlaine*, 5, *rue Broca, Paris, France*. (Lisez : *Eugénie Krantz*, etc.).

Londres, chez M. Symons, Fountain Court. The Temple, Londres (Angleterre) (1).

Et à Oxford, chez M. Rothenstein, 19, Merton Street, Angleterre.

A demain, lettre en détails.

Je t'embrasse de tout mon cœur.

P. VERLAINE.

CCCCX

Fountain Court, The Temple, Londres, mercredi, 22 nov. [1893 *].

Chère femme,

Hier soir a eu lieu ma conférence (2). Succès, et, j'ai tout lieu de le croire, argent. Mais, comme il y

(1) Dans un article qu'il écrivit par la suite, sous ce titre : *My visit to London*, nov. 1893 et qui, traduit par Arthur Symons, ne parut que posthumément (*The Savoye*, avril 1896), Verlaine nous a laissé, outre le souvenir de ses conférences, des notes très attachantes sur son dernier séjour en Angleterre. On y voit un tableau séduisant de certains quartiers de Londres et, en particulier, de « Fountain Court », lieu charmant, à l'en croire, et dont le souvenir lui inspira ce frais poème de *Dédicaces* (III, 151) :

> La cour de la Fontaine est dans le Temple
> Si exquis, etc...

* 2 ff. papier à lettre gris, chiné, encre noire, recto et verso du 1er f., recto du 2e f. [*A Eugénie Krantz*]. Les mots : *Fountain Court, The Temple*, etc, sont gravés et tirés à l'encre bleue

(2) On l'a dit, les efforts combinés de deux amis du poète, l'un, le critique Arthur Symons et l'autre, William Rothenstein, peintre de talent, avaient permis de faire revenir Verlaine

avait trois personnes pour la perception des billets à domicile, je ne puis encore dire combien, ni, hélas ! encore toucher. Demain, conférence à Oxford. De là je t'écrirai et, je pense, point à vide, comme aujourd'hui. Quant à mon retour, je ne puis encore rien fixer. D'ailleurs, avec ce chemin, on n'est sûr de rien. C'est ainsi que j'ai dû passer deux nuits au buffet de Dieppe, sur une banquette. Les hôtels étaient bondés. La même chose peut m'arriver à Newhaven, en revenant. Je tâcherai toutefois de m'arranger de façon à ce que tu puisses me prendre à la gare, à une heure pas gênante pour toi. Je m'ennuie bien de ne pas avoir de tes nouvelles. Ecris-moi, *tout de suite, à Oxford (Angleterre), aux bons soins de M. Rothenstein*, 19, Merton Street.

Je ne reviendrai sans doute à Londres que pour repartir, à moins de nouvelles conférences.

en Angleterre et de le mettre en contact avec quelques-uns de ses admirateurs. On lui offrait de renouveler devant un public d'élite les causeries qu'il avait données avec succès en Hollande et en Belgique. Le 19 novembre, Verlaine se mettait en route, mais une forte tempête sévissant sur la Manche, le contraignait à passer la nuit et la journée du lendemain au buffet de Dieppe, dans l'attente d'un départ du bateau qui fait le service entre ce port et celui de Newhaven. Il arriva à Londres dans la nuit du 20, gardant de cette traversée un souvenir assez vif pour lui inspirer un curieux poème qu'il publia un an après, dans *Pall Mall Magazine* (Cf. Aubry : *P. V. et l'Angleterre*), et dont on trouve une version remaniée dans ses *Œuvres Posthumes* (I, p. 33). Le 21, on l'a vu dans les lettres à Vanier, Verlaine inaugurait la série de ses conférences dans la salle de Barnard's Inn, traitant de la Poésie française contemporaine et entremêlant sa causerie de poèmes extraits de ses principaux recueils.

Donc écris-moi, non ici, mais à Oxford et, chérie, à bientôt.

Ton vieux qui t'aime et t'embrasse de tout cœur.

P. VERLAINE.

CCCCXI

Oxford, jeudi [23 nov.], après midi [1893] *.

Chérie,

J'arrive à l'instant chez M. Rothenstein, le jeune peintre de Broussais. J'ai reçu ta bonne lettre ce matin, à Londres. Ma conférence là-bas a produit plus de 800 francs, et celle d'ici en produira environ 200, — tous frais payés (1). Maintenant, on m'offre 250 francs à Manchester, pour vendredi de la semaine prochaine, en ajoutant, « mais nous espérons *beaucoup plus* ». Dès que je serai de retour à Londres, là, je puis ne pas dépenser beaucoup, ce qui me permettrait d'attendre, si, encore, on ne consent pas là-bas à avancer ce jour sur ma demande.

Ton avis, veux-tu me le donner ?

Moi, je m'ennuie atrocement de ne pas te voir, et tu t'en doutes bien. Mais 3 ou 400 francs de plus ne nous seraient pas inutiles, et je ferai ce que tu voudras, comme c'est mon grand plaisir et mon seul devoir, toujours.

---

* 2 ff. papier à lettre crème. petit format, encre noire, recto et verso du 1ʳᵉ f., recto du 2ᵉ, s. d.

(1) Cette conférence eut lieu le soir même, dans le magasin de M. Blackwall. Voyez, au ch. x, des *Confessions* (Œ. C., V, pp. 65-69), la pièce consacrée à Oxford.

Télégraphie, si tu peux, d'un seul mot, *oui* ou *non*!

Et je t'embrasse de tout mon cœur comme je t'aime. Ton

PAUL VERLAINE.

Voici 50 francs. Ménage-les, n'est-ce pas ? Et si tu me télégraphies, fais-le après avoir reçu un télégramme de moi, car je serai à Londres, demain, à 2 heures : Verlaine, chez M. Heineman, 3, Cork Street, Londres. Oui ou non.

Et écris m'y ensuite, mais, dis-moi, si tu veux que j'aille à Manchester. Au cas contraire, je serai vite à Paris et te préviendrai à temps, pour que tu me cherches à la gare (1).

CCCCXII

Londres [M. 63, York Terrace, Regents Park, N. W.].

Samedi [25 novembre 1893] *.

Chère femme,

Encore une fois changement d'adresse. D'abord, causons finances.

(1) Les sentiments exprimés dans cette épître nous permettent de croire qu'elle eut pour destinataire Philomène Boudin. Voyez la note 1 de la p. 310.

* 2 ff. papier à lettre, hollande blanc, encre noire, recto et verso des 2 ff. L'adresse est gravée en haut du 1er f., en caractères violets, ainsi que les initiales : M. E. B. Cette lettre, on le verra par le texte, est adressée à Philomène Boudin. Elle figure à l'état de fragments incorrectement reproduits et mal datés, dans *Verlaine intime* (p. 234). Nous y relevons, néanmoins,

1° As-tu retrouvé les argents de Hollande ? n'est-ce pas ? Ménage cet argent, je t'en prie.

2° Ma conférence, à Londres, a produit environ 850 francs, celle d'Oxford, 150 francs, et non 125, comme le portait par erreur le mot (écrit en hâte d'Oxford), total : 1000. A propos, tu as reçu les 50 francs ?

3° Je demande pour celle à Manchester : 15 livres, un peu plus de 455 francs, et on me fait espérer qu'il y aura davantage. Çà fait donc, en tout, quant aux conférences, 1455 francs. Il faut en décompter le voyage à Oxford, et j'ai bien envie de sacrifier mon retour par Dieppe et prendre par Calais, en 2ᵉ classe. Çà fait bien, en tout, une centaine de francs à défalquer, en comprenant les pourboires aux domestiques. En revanche, on m'offre ici d'écrire des vers pour des journaux et, peut-être, pourrais-je toucher de la « galette » d'une revue pour conférences. Comme ici tout va par cent francs, çà rapporterait peut-être encore un joli petit boni.

Quant au bracelet, etc., si c'est possible, je ferai ta chère volonté. Quant au mariage, si tu parles sérieusement, tu m'auras fait *le plus grand plaisir de ma vie*, et nous irons chez M. le Maire quand tu

deux phrases, que ne renferme pas l'original, mais qui paraissent avoir été empruntées à une autre lettre restée inédite. Avant la phrase : *En revanche on m'offre ici d'écrire des vers...* ; on lit ce qui suit ! « Et, tu sais, ma chérie, un député qui pérorerait au Palais-Bourbon pendant six heures, ne toucherait pas plus de vingt-cinq francs. C'est vrai qu'on lui en donne autant tous les jours, même quand il ne dit rien. Ici, il faut que j'use ma salive. »

voudras. C'est d'ailleurs le plus sûr moyen de t'assurer quelque chose de fixe après ma mort. O chérie, oui, va, ce sont toujours là mes idées. Je n'aime que toi et combien !

Ici je mène une vie de pacha, pour rien, à l'œil. Dîners terribles, théâtres, cafés-concerts. Mais, celà ne m'amuse guère et j'aimerais mieux infiniment, encore passablement mieux être près de ma Philomène, même quand elle est méchante, comme çà lui arrive.... quelquefois !

Et je ne bois pas, et je ne boirai plus, si ma chérie me le défend... gentiment.

Quoi de neuf à Paris ?

J'ai reçu ta lettre chez Mr Symons. Celui-ci étant en voyage, je loge chez un de ses amis. Mais tu n'as, quand tu m'écriras, qu'à le faire à l'adresse imprimée en tête de cette lettre, à mon nom seul, sans rien oublier. Ainsi :

Mr Paul Verlaine, « M », 63, York Terrace, Regent's Park, N. W. Londres. Angleterre.

« M » veut dire l'étage. N. W. veut dire Nord-Ouest.

Ecris-moi bien vite. Je m'ennuie tant après toi, tu t'en doutes. Je ne sais encore quand je pourrai revenir. J'espère que ce sera avant dimanche, quelque chose comme vendredi, à moins que tu ne veuilles autrement. Tes volontés sont les miennes. Je sais trop ce qu'il m'en coûte de ne pas t'obéir et tu as toujours raison.

A bientôt, chérie, je t'embrasse et t'aime de tout mon cœur.

P. VERLAINE.

J'écris par ce courrier à Vanier, pour les livres dont je le prie d'avoir soin. Dès mon arrivée, je les vendrai un à un, un bon prix. Ça pourra monter haut, en les vendant moi-même, avec dédicaces écrites devant les acheteurs. Bref, tout va bien, même mon pied que j'ai déjà fait panser deux fois par un docteur et par une sœur d'hôpital.

Tu recevras bientôt un gros journal, *The Pall Mall Gazette*, avec le portrait de moi, fait à l'hôpital, par Rothenstein (1).

[J'ai envoyé une note sur mes conférences, au *Figaro*. Regarde, veux-tu (2) et achète ?]

CCCCXIII

Londres, lundi [27 novembre 1893], 11 heures 1/2 *.

Chère femme,

Je reçois ta lettre à l'instant. Tu t'es trompée pour la dépêche et la lettre chez Rothenstein. Tu les as adressées ; Merton street, 19, London, au lieu d'Oxford. Qu'est-ce que tu me disais dans la dépêche ?

(1) On doit à ce dernier quelques excellents portraits de Verlaine ; l'un d'eux se trouve reproduit, croyons-nous, dans *Pall Mall Budget*, du 23 nov. 1893. Peut-être est-ce de celui-là qu'il est question ici ?

(2) Les deux derniers paragraphes sont écrits l'un en tête et l'autre en marge.

* 2 ff. papier à lettre vergé blanc, encre noire, recto et verso du 1er f. et recto du 2e f., s. d. La dernière phrase du post-scriptum est écrite dans la marge.

(car ce serait trop long d'aller au bureau de poste,
je suis si occupé !)

As dû recevoir deux lettres de moi, d'avant hier
et d'hier. Il est 11 h. 1/2, je suis attendu, loin d'ici,
à déjeuner chez un monsieur, à 1 heure. Je vais changer une livre (25 francs), et le monsieur se chargera
d'envoyer la lettre (pas celle-ci) cette après-midi
même. Je ne puis t'en envoyer plus aujourd'hui,
l'argent étant déposé par prudence. De même, quand
je rentrerai, il me sera envoyé, dès le lendemain, et
je n'aurai sur moi qu'une petite somme, 2 ou 300.

J'attends le télé de Manchester et le résultat des
démarches, pour la conférence nouvelle ici.

A demain une lettre.

Je t'embrasse sur tes yeux adorés et sur la bouche,
comme à Broussais.

Ton vieux qui t'aime plus que soi-même.

P. VERLAINE.

Angleterre. M. York Street, 63, Regent's Park N. W.
Londres.

Angleterre. M. York Street, 63, Regent's park
N. W. Londres.

Ne crains pas les femmes. D'ailleurs, Londres m'a
porté malheur, il y a vingt ans, sous ce rapport. Et
puis, je t'aime trop.

Et toi, sois sage, et pas d'*anarchie* dans notre petit
ménage qui irait si bien autrement, toi si heureuse,
reine et moi *te* gagnant de l'argent, *à toi*, non à
d'autres, par exemple.

Économise, car nous ne sommes pas encore bien riches. Et Manchester n'est pas bien sûr, ni la conférence ici non plus.

Un peu de repos, dès moi rentré, puis la Suisse. Et la Belgique, avec toi, par exemple. Comme c'est donc dur d'être sans toi, jaloux comme je le suis !

Recevras demain, ou en même temps que ceci, le portrait.

CCCCXIV

Londres, le [mardi] 28 [novembre 1893] *.

Chère femme, voici. Je pars vendredi pour Manchester, reviens samedi à Londres, y donne une seconde conférence et probablement m'embarque pour Paris où j'arriverai, gare du Nord, soit à 5, soit à 7, selon que je partirai par Calais, ou par Boulogne. J'espère, — avec des articles et des vers publiés ici, où tout se paie bien mieux qu'à Paris, rapporter assez d'argent pour pouvoir louer, pour dans la quinzaine, quelque chose en notre nom, où l'on pourra enfin utiliser ces meubles-feuillantines.

Du reste, seras prévenue à temps. En attendant, je t'envoie ci-joint ce que je t'écrivais dernièrement sans oser te l'envoyer. Mais je n'y tiens plus ; je répète, si c'est vrai, dis-le franchement. Ce serait affreux, mais franc et honnête. Si ce n'est pas vrai, prouve-le. C'est-à-dire, dis-le fortement. Alors

* 1 f. papier à lettre vergé blanc, encre noire, écrite en travers, au recto, date incomplète. Les deux dernières phrases sont écrites dans les marges.

pardon, et que ce mot mariage devienne une réalité. Tu vois, je ne ruse pas, moi. Et tu sais assez combien je t'aime pour ne pas douter combien tu seras heureuse avec ton vieux.

P. VERLAINE.

[Angleterre. M. York Terrace, 63, Regent's Park, Londres.

Réponds tout de suite. Je t'embrasse en pleurant. J'écris à la propriétaire, retenant la chambre pour 15 jours.

CCCCXV

Regent's Park, mardi 28 novembre 1893*.

Londres, Angleterre. M. York Terrace. Regent's Park

Chère *Femme*,

J'ai passé une bien triste journée et une encore bien plus triste nuit, après mon cruel, mais nécessaire envoi d'hier. Il fallait que je me débarrasse d'un tel poids. Çà m'étouffait, vrai ! Ce chagrin est si gros que je me sens devenir fou et que pour un peu je me détruirais ! (1)

---

* 2 ff. papier à lettre blanc, vergé, encre noire, recto et verso du 1er f. Le post-scriptum en travers, à gauche et au verso. Sur l'enveloppe, datée par la poste le 27 novembre, on lit : *Madame Verlaine*, 5, *rue Broca, Paris*.

(1) Le ton de cette lettre et des suivantes (29 novembre, 2 et 4 décembre), sans rappeler celles qui précèdent, pp. 303-309, permet de supposer qu'elles furent toutes destinées à une seule et même femme. Faut-il croire que celle-ci était Philomène

Ta lettre, reçue ce matin, m'a fait du bien, mais que va être ta réponse à la mienne d'hier ? Quoique ayant bien fait, selon moi, d'avoir le courage de t'écrire çà, je tremble de rester dans l'indécision et, à vrai dire, je ne sais plus que faire. Je ne puis me passer de toi et je ne t'ai presque jamais !

Je t'en prie, rassure-moi. Je te dis que je devien-

Boudin, dite Esther ? Nous l'admettrions volontiers, si, en l'absence de toutes précisions, nous n'avions pris le parti de ne point chercher à résoudre cette énigme. A en croire certains documents qu'il serait malséant de produire ici, il apparaît que Verlaine, en quittant Paris avait à demi rompu toute relation avec Eugénie Krantz. Suivant un jeu qu'il se plaisait à entretenir, afin de provoquer la jalousie de ses maîtresses, il se prit à renouer avec cette dernière, dès son arrivée à Londres, continuant à écrire, par ailleurs, à la « douce Philomène ». On sait comment se terminèrent toutes ces aventures amoureuses. Tour à tour repris et quitté, poursuivi, trompé, dupe, enfin, de celles qu'il recherchait et de soi-même, Verlaine, après maintes querelles et menaces, délaissant Philomène, devait achever sa lamentable existence en compagnie de l'inqualifiable Eugénie. Il y gagna, toutefois, d'éviter le séjour de taudis équivoques et de pouvoir mourir décemment chez lui, « dans ses meubles », échappant de la sorte à la promiscuité d'un lit d'hôpital. Une curieuse épitre adressée à Cazals, le 5 décembre 1893, et insérée par celui-ci dans *Les Derniers jours de Paul Verlaine* (p. 95), nous renseigne sur la psychologie du poète pendant son passage sur la terre anglaise. « ...La (the) question, écrit-il, est l'éternelle Esther, la Badname (sic). I prefer Philomène. Je suis jaloux dans ce pays d'Othello. Jaloux à en mourir, si je m'étais (sic) avisé de rompre avec cette trop aimée, bizarre et savoureuse middle aged woman ! Est-ce vrai qu'elle me trompe et m'exploite dans les grands prix ? Tu peux le savoir et me le dire. Ou est-ce que je me cocufie et me vole moi-même ? Question ?..... Mais tâche à savoir si c'est vrai qu'Esther [est] en ses meubles avec l'homme nu-tête (doublement)... »

drais fou, si çà continuait. Que n'es-tu près de moi !

Je ne suis pas bien portant et il me faut bien de l'énergie pour affronter ce voyage aller et retour de Manchester, puis cette conférence encore à Londres et ce travail aussi de rédaction !

Je t'en prie, aime-moi, prouve-le moi bien. Je t'embrasse de tout cœur.

Ton pauvre,

P. VERLAINE.

Çà serait pour lundi, au plus tôt, que je reviendrais par la gare du Nord.

CCCCXVI

Londres, le mardi 28 [novembre 1893] *.

Ma chère amie, l'autre jour je suis descendu, *après la scène de rigueur*, et je ne t'ai plus trouvée. Force me fut de remonter, *n'ayant pas un sou.* Et je suis parti pour ici, dont j'espère revenir avec pas mal d'argent.

Esther n'a pas retrouvé l'argent, quel malheur !

Aussi, la consolant, je lui dis toutes sortes de choses, mais plus j'y pense, moins j'aime les trahisons et je ferai tout pour châtier celle-ci, péniblement, car je l'aime trop.

Ecris-moi *immédiatement*, surtout ne dis rien à personne, çà gâterait tout.

* 2 ff. papier à lettre, vergé blanc, encre noirâtre, recto et verso du 1er f., recto du 2e f., s. d. [*A Eugénie Krantz*].

A cette adresse dont il ne faut rien oublier.

M. Verlaine, M. York street, 63. Regent's park. Londres. Angleterre.

Affranchissement de 25 centimes.

Réponds poste pour poste.

Ton ami,

P. V.

Rien à personne. Pas d'amour-propre inopportun. Seras prévenue à temps de mon arrivée, si tu réponds.

En tous cas, silence. Çà casserait tout de bavarder :

CCCCXVII

Mercredi 29 novembre 1893.*

Chérie,

Voici les 25 francs annoncés. Demain, je t'écrirai encore. Ce sera probablement décisif, je saurai si je vais à Manchester, ou non. Si je n'y vais point, c'est possible que je revienne cette semaine, mercredi ou jeudi, mais il serait meilleur, peut-être, de remettre encore, quelle que soit mon impatience d'enfin te revoir et de te presser dans mes bras, trésor !

Aime moi, c'est tout ce que je te demande et je ferai tout pour toi, comme précédemment.

* 2 ff. papier à lettre blanc, encre noire, recto des 2 ff. Le 1er feuillet porte en haut, à gauche, gravé en noir : 144, *Cromwell Road*. S. W. Cette adresse est barrée. On lit sur l'enveloppe : *Madame Verlaine, 5, rue Broca.*

Je t'embrasse de toutes façons et je t'aime mieux que ma vie.

Ton   P. VERLAINE.

Angleterre, M. York Terrace, 63, Regent's Park, Londres.

CCCCXVIII

Londres, 30 [novembre 1893] *.

Ma chère amie,

Merci de la lettre reçue ce matin. Je vais demain en voyage ; (1) serai de retour après demain et t'écrirai dès lors plus en détails et d'une façon *mieux*.

Surtout silence, je t'en prie. Tout ira bien, à cette condition *seule*. Mais silence, et mieux vaut même déchirer mes lettres.

A bientôt.   P. V.

Ecrire à Londres, même adresse.

CCCCXIX

Vendredi matin, 1er décembre 1893 **.

Chérie,

Merci de ta lettre. Pardon deux fois. Très pressé. T'écrirai longuement demain.

* 1 f. papier à lettre vergé blanc, encre noire, recto, s. d.

(1) A Manchester ; voyez les lettres suivantes.

** 1 f. papier de cahier scolaire, réglé. Ecrit en travers, à l'encre noire, au recto seulement. L'adresse, dans l'autre sens, du côté gauche.

A mercredi prochain, soit à Bruxelles, soit à Paris. Conférences en Belgique.

Ce matin, Manchester, d'où galette un peu. T'écrirai. Demain, serai de retour. Ecris, même adresse, le plus souvent possible.

Expliquerai demain. Pour le moment, je pars en course. Pas le sou vaillant. Argent déposé. Suis accompagné. Vais d'abord faire panser mon pied.

Ne parle de la Belgique à personne.

Crois en moi, *en dépit de tout*. J'ai été comme fou tous ces jours-ci. Te dirai de vive voix.

Je t'embrasse. Demain recevras longue lettre. Ton   PAUL VERLAINE.

Vois pour un logement. Paierai la chambre rue Broca, jusqu'au 18.

Angleterre, M. York Street, 63, Regent's Park, Londres.

CCCCXX

Manchester, [vendredi] 1ᵉʳ décembre 1893 *.

Chérie,

Me voici à Manchester (1) pour, sans doute, jusqu'à

* 2 ff. papier à lettre blanc, encre noire, recto du 1ᵉʳ f. La dernière phrase est écrite en travers, dans la marge.

(1) Différente des « lectures » précédentes, la causerie faite à Manchester eut pour sujet : « Racine et Shakespeare ». La traduction de cet entretien littéraire a été publiée dans *Fortnightly Review*. Verlaine a rappelé dans un court poème de *Dédicaces* (III, 150), le souvenir de son passage à Manchester :

Je n'ai vu Manchester que d'un coin de Salford...

demain samedi, où je rentrerai à Londres. Ne t'inquiète pas si tu ne reçois rien avant lundi. Ce soir est ma conférence. Dès demain, si j'ai touché, je t'enverrai quelque chose et enverrai 20 francs à la propriétaire, pour la chambre jusqu'au 18. Dis-le lui.

O non, ne me trompe pas ! Ne me sois plus méchante. Je t'assure que j'ai comme perdu la tête ces jours-ci. Pour un peu, je faisais... je ne sais quoi !

Tu vois, c'est pour toi que je travaille, je fais et ferai tout pour toi. A demain une lettre et je t'embrasse les mains.

Ton vieux qui t'aime tant !

P. VERLAINE.

Chez M. London, West High Street, 23, Manchester (Angleterre), (Salford).

Je te donne mon adresse ici, en cas d'accident, mais écris toujours à *Londres, M.* 63, *York Street, Regent's Park.*

CCCCXXI

Londres, samedi 2 décembre 1893 *.

Chère amie,

De retour à Londres, je trouve ta lettre. Je ne puis t'envoyer que des petites sommes. Les choses sont, pour le surplus, arrangées de sorte que des

---

* 1 f. papier à lettre blanc, encre noire, recto et verso. Le post-script. est écrit en tête de la lettre.

petits malheurs, comme celui de l'autre jour (1) ne se renouvelleront plus et que je ne resterai pas, au reçu de 600 francs, *sans le sou* deux jours entiers. D'ailleurs, je ne fais que t'obéir. Ne m'as-tu pas dit en partant de placer cet argent de manière à en avoir toujours un peu ? — Et puis l'ombre de ce *monsieur* me tourmente toujours, et tant et tant que je n'aurai pas de certitudes..... Et je te fous mon billet que je souffre affreusement.

Je t'envoie 25 francs et 20 francs à la propriétaire jusqu'au 18. Prends soin de mes affaires. Tout ira bien, si tu es aussi franche, *à présent*, que moi.

Je ne pourrai, en tous cas, partir que mercredi matin. Un gain de 5 ou 600 francs n'est pas à dédaigner. Et encore, peut-être passerai-je par la Belgique. Dans tous les cas, tu seras prévenue. Tu vois que je t'écris tous les jours.

(1) Peut-être Verlaine fait-il allusion ici à une aventure qu'il eut à Londres, après le succès de ses premières conférences. « L'argent des « causeries » de Londres et d'Oxford, écrit M. Jean Aubry (*loc. c., Rev. de Paris*, 1ᵉʳ déc. 1918), formait un petit pécule auquel, depuis longtemps, le poète n'était plus habitué, et, au retour d'Oxford, c'est en vain que ses amis de Londres l'attendirent, on ne le revit de quelques jours. Il était allé remuer de vieux souvenirs dans le « Soho », des souvenirs du temps de Rimbaud, des souvenirs d'il y avait vingt ans. Il s'acoquina avec une péripatéticienne de Leicester-square, ou des environs, et on ne le revit que lorsqu'il n'eut plus un sol en poche. Il rentra enfin, incorrigible et l'oreille basse, chez Arthur Symons, qui, avec son inlassable amitié, s'employa encore à lui trouver quelque nouveau prétexte à subsides » (Cf. *P. V. en Angleterre, Rev. de Paris*, fasc. du 1ᵉʳ déc. 1918).

Je t'aime trop, voilà. Mais je ne puis m'en empêcher, ni de t'embrasser de tout mon cœur.

P. V.

Angleterre. M. York Street, 63, Regent's Park. Londres

Il est samedi ; pas de bureau de change ouvert, le samedi à 5 heures. Tu recevras mardi matin. La poste ne fonctionne pas le dimanche.

CCCCXXII

M. 63, York Terrace, Regents Park, N. W. [Dimanche 3]
décembre 1893 *.

Chère amie,

Je t'écrirai après demain, *définitivement*. « Ne sais quand reviendrai » ; probablement jeudi.

Ton dévoué,

P. V.

Toujours silence. Ma prochaine sera plus longue et *probablement meilleure*.

Mais, silence. Autrement tout *foutu*.

---

* 1 f. papier blanc, vergé de hollande, encre noire, recto. Dans le haut, à gauche, on lit ce monogramme : M.E.B., gravé en taille douce, et tiré en violet, ainsi que l'adresse. On lit sur l'enveloppe : *Madame Verlaine, 5, rue Broca.*

CCCCXXIII

Londres, lundi 4 décembre [1893] *.

Chérie, trop !

C'est la mort dans l'âme que je t'écris ceci. Quand une idée fixe s'empare d'un homme, c'est fini. J'ai l'idée, tout me le dit, le passé, le présent, 3.000 francs dépensés, ou mis de côté, sans un profit pour moi, les propos de gens, — tout m'indique que tu as un amant, que tu demeures avec lui et qu'il se *fout* de moi, comme de toi. A ton âge, on n'a pas *pour rien* des amants de 29 ans !

Je suis écrasé de chagrin, j'ai pensé tout le temps à tout cela.

Morale :

Ci-joint 25 francs, mais tu sais, je ne rapporterai pas gros, car j'ai des habits et du linge à m'acheter car tout me manque. Je te propose ceci : restons bons amis. Nous pourrons nous revoir et je ne te refuserai jamais un service. Mais vivre avec toi ! D'abord, nous ne l'avons jamais fait, avec tes multiples logements. C'est toi qui te méfie de moi — et je ne veux plus coucher hors d'une chambre que j'ai payée. Puis, c'est trop cher, vraiment. Des 600 francs,

---

* 2 ff., papier à lettre blanc, vergé, encre noire, recto et verso des 2 ff., s. d. [*A Philomène Boudin*]. Ce texte a été reproduit, mais avec des additions qui ne sont pas de l'auteur, dans *Verlaine intime*, p. 236. Le post-scriptum manque dans cette version inexacte. Il est écrit en marge dans l'original.

ou tout proche, qui disparaissent, et tu voudrais que je te confiasse *tout* mon argent. Merci ! et m.....
aux maquereaux qui s'en pourlécheraient.

Tu me menaces de « te fâcher ». Mon Dieu, fais-le, mais je n'ai plus, je n'ai jamais eu de confiance, même à l'hôpital, et je sais bien, par exemple, que ton voyage en ton pays est imaginé, comme pour ton bandagiste, etc., etc. (1)

Néanmoins, je t'aime trop, — on peut aimer sans confiance, — pour renoncer, moi, à toi.

Toi, qui ne m'aimes, tu me l'as dit rue Pascal, que pour mon argent, pour qui je ne suis qu'un miché, qu'un client, qui suis le monsieur qui t'entretient, tandis que d'autres sont tes amants (2), — tu l'as dit à quelqu'un, en face de moi, rue Saint-Jacques, tu devrais gentiment m'écrire : « Eh bien oui, c'est vrai. Je suis dans mes meubles avec A..., rue de la Glacière, 20. J'ai quelques sous d'avance. Quand je n'en aurai plus, je te le dirai. »— Et nous resterions bons amis. Tandis qu'autrement ce sera toujours des querelles. C'est terrible (pour moi), mais c'est ainsi.

Au surplus, et si vraiment tu ne me trompes pas odieusement, salement, ignoblement (3), vois.

J'aurai mon argent placé que j'irai chercher au fur et à mesure (4). *Je suis sûr*, en outre, de 250 francs

---

(1) On lit dans *Verlaine intime* cette version fantaisiste : « ...comme pour ton bandagiste, un alibi de ...catin. »

(2) Donos écrit : « tes amants de cœur. » Ces mots ne sont pas dans l'original.

(3) *Ibid.* : « en salope ».

(4) Nous voyons, dans les papiers de Léon Vanier, à la date

par mois qui me viendront *d'ici*, contre des travaux. Tous les papiers, «j'autorise, » etc., ne pourront rien. *Je toucherai moi-même, seul.*

Si nous devons vivre ensemble, marions-nous, et je t'assurerai la vie après ma mort. Je crois que je te fais la part belle.

En tous cas, écris *vite*, dans un sens, ou dans un autre. Je puis repartir jeudi. Serais prévenue, en cas de consentement tien. Et la confiance revenue sur preuves, je saurai te rendre la plus heureuse des femmes sur le retour, moi.

Ton trop vieux, hélas ! il paraît,

P. VERLAINE.

Angleterre. M. York Terrace, 63, Regent's park. Londres.

Je ne puis pourtant t'écrire : Mme Alfred ! ni « Esther » ! Çà sent trop mauvais.

CCCCXXIV

[Londres, mardi] 5 décembre 1893 *.

Chère amie,

Çà tient toujours. Demain *Mercredi*, c'est-à-dire

du 21 décembre, que Verlaine avait déposé chez ce dernier une somme de cent francs, provenant du règlement de ses conférences anglaises. Il se proposait alors d'augmenter ce dépôt, afin d'échapper à la cupidité de ses maîtresses et, il faut bien le dire, de quelques-uns de ses compagnons de bohème. Malheureusement, le retrait de l'argent versé se fit un peu plus rapidement qu'il ne l'avait prévu.

* 2 ff. papier à lettre vergé blanc, encre noire, recto du 1^e

le jour même où tu recevras ceci, 7 heures du soir, à la gare du Nord, train venant de Calais. J'apporte peu d'argent, mais vais en gagner quelque chose comme 250 francs par mois, à Londres seulement.

Je me sépare d'Esther, avec un gros chagrin. J'aime et j'aimerai toujours cette femme-là. Mais, elle m'est dangereuse et mon parti est bien pris. Toi, je t'aime aussi. Tu as toujours été bonne pour moi et je travaille bien seulement avec toi. Ne me parle plus de l'autre. Aie un meilleur caractère, tout ira bien.

A demain et nous ferons un bon petit dîner, près de la gare, avant de faire dodo.

Ton PAUL.

Nous pourrons être heureux, si nous sommes *sages*. Seulement, il faudra changer de quartier. Je *dois* m'éloigner d'Esther, autant que possible. On dirait que cette pauvre fille a jeté un sort sur moi, et toujours çà va mal avec elle.

Cazals n'est plus ton ami, tu sais. Mais, je m'en ris, après tout, bien que je l'aime bien. On peut se voir entre hommes, au café...

C'est si incommode ici d'envoyer de l'argent, qu'il

et du 2e f. [*A Eugénie Krantz*]. Le papier a été plié en six et porte cette adresse, au crayon : *Madame Eliane Dufour*, 26, *rue Servandoni, chambre* 19. Cette lettre figure, mais avec des erreurs et des additions qui en faussent le sens, dans *Verlaine intime*, p. 238. Dans cette mauvaise transcription de l'original, l'auteur du livre a volontairement changé des mots, voire même des phrases, désignant Philomène comme la destinataire et substituant au nom d'Esther celui d'Eugénie.

faut m'excuser de me montrer, si avare. Dès demain, si tu viens à ma rencontre 7 h. soir, gare du Nord, tout se récupérera (1).

CCCCXXV

Londres, mardi matin, [5 déc. 1893] *.

Ma pauvre chérie,

Adieu, va ! Çà vaut mieux. Quant tu auras besoin de moi, fais-moi signe et tout je le ferai. Mais vivre ensemble, c'est impossible. Tu te paierais toujours des..... jeunes gens et çà finirait par de la charcuterie !

Comme tu as plusieurs logements, je ne sais si j'irai rue Broca, où j'ai payé — sauf pour mes papiers. Je ne vais pas en Belgique et je ne fais pas de conférence aujourd'hui, c'est beaucoup d'argent de moins, et je n'en ai pas des masses.

Si tu veux me voir, je serai après demain *jeudi*, gare du Nord, par le train qui arrive de Calais à 7 heures du soir à Paris.

J'aurai le plus grand plaisir à t'embrasser, peut-être pour la dernière fois. Surtout ne sois pas accompagnée, comme l'autre jour, à la gare de l'Est, et ne débusque pas tout d'un coup d'une porte.

Ton   P. V.

(1) Ce dernier paragraphe est écrit au crayon dans l'original.

* 2 ff. papier à lettre vergé blanc, encre noire, recto des 2 ff. date incomplète. [*A Philomène Boudin*]. Ce texte est reproduit fragmentairement et avec des inexactitudes volontaires, dans *Verlaine intime*, page 235.

CCCCXXVI

Jeudi soir, 7 juin [1894[*.

Chère amie,

J'ai regretté d'autant plus ton absence d'aujourd'hui, que j'avais du nouveau à te dire, du bon, du très bon et pas du mauvais, mais du désagréable.

Un journal a dit que j'étais à Saint-Louis, le *Gaulois*, où je ne connais personne. Un rédacteur de *La Patrie*, qui est un ami de *La Revue Blanche*, où je l'ai vu jadis, est venu ce matin. Je lui ai dit d'être très discret. Voilà pour le désagréable

Reçu lettre de Londres. A très bientôt la grosse somme. M. Barrès, d'autre part, s'occupe de moi ; il viendra me voir aussi très bientôt et m'écrit d'être tout à fait rassuré, quant au paiement ici. Enfin, M. de la Rochefoucauld m'envoie un mandat de 40 francs.

Et toi, as-tu réussi « aussi » dans tes démarches ?

Je t'embrasse de tout cœur, à demain, n'est-ce pas ?

P. VERLAINE.

[Hôp. Saint-Louis].

* 2 f. papier blanc, encre noire, recto. La dernière phrase est écrite en marge, date incomplète. [*A Philomène Boudin ?*]

CCCCXXVII

Paris, le 13 août 1894 *.

Ma chère Eugénie,

Zélie (1) a dû te dire combien j'étais calme hier. Je le suis encore plus aujourd'hui, mais désolé de te savoir si souffrante et d'être moi-même trop souffrant pour pouvoir t'aller voir, comme je le voudrais de tout mon cœur.

Dès que tu le pourras, viens donc ici, — et, mon dieu ! revivons donc ensemble, en paix, cette fois. Je t'embrasse et t'aime de tout mon cœur.

PAUL VERLAINE.

CCCCXXVIII

Vendredi, 13 [octobre 1894] **.

Ma chère amie,

Je n'ai pas le sou en ce moment et *depuis longtemps*. Ce n'est donc pas moi qui ai payé la robe et

* 1 f. papier blanc, quadrillé, à en-tête, avec cette mention imprimée dans le haut de la feuille, à gauche : *Grand Hôtel de Lisbonne, 4, rue de Vaugirard, Paris. Robert, propriétaire*, etc. Texte à l'encre noire, au recto.

(1) Femme de charge, parfois au service d'Eugénie Krantz.

** 2 ff. papier vergé blanc, encre noirâtre. recto et verso du 1er et recto du second f., sans indication de lieu. Date incomplète. [*A Philomène Boudin*] ?

le chapeau en question, mais bien M. B..... [Blok ?] qui gagne beaucoup plus d'argent que ton serviteur. Je n'ai, d'ailleurs, avec ces personnes que des relations de bon voisinage. Quant à Madame E..., ce matin même (et ce n'est pas la première fois depuis pas mal de temps), elle s'est vu refuser d'ouvrir ma porte et a entendu un double tour de clef à l'intérieur. J'étais d'ailleurs seul. Mais, elle m'a tellement menti tous ces jours-ci que j'ai résolu de rompre définitivement avec elle. Aussi bien, je suis souffrant, très souffrant, et Paris me pue au nez tant, depuis que j'y suis, pour mes péchés, venu en 1851 !!! Et dès que je le pourrai, enfin ! fuir cette puanteur, et cet odieux vacarme, je le ferai pour des mois, et, peut-être, pour toujours.

Dès que je le *pourrai* aussi, je t'aiderai d'argent, bien que tu aies été TRÈS MÉCHANTE avec moi. Mais on a couché ensemble !!

Enfin, dès que je le pourrai, tu auras de mes nouvalles. En attendant, sois sûre que je n'ai pas le sou.

P. V.

CCCCXXIX

Dimanche, 15 [oct. 1894] *.

Ma chère enfant,

Je regrette amèrement ce qui s'est passé avant-hier, mais je te jure qu'hier soir j'étais très gentil

* 2 ff. papier à lettre vergé, jaunâtre, encre bleue, recto du 1er f.

et que je ne me suis mis en colère que d'après le langage de la concierge.

Cela m'a rendu plus souffrant que tu ne le crois
peut-être. Je ne puis plus marcher. Viens donc, *dès
que tu pourras*, je t'en prie et t'embrasse bien
fort.

PAUL VERLAINE.

(Chambre 10, 4, rue de Vaugirard).

CCCCXXX

Paris, le 23 octobre 1894 *.

Je veux avoir mes papiers, correspondances anciennes et confidentielles, mes portraits et papiers
de famille, mes manuscrits.

Si je ne les ai pas reçus avant 24 heures, j'aurai
l'honneur de me plaindre auprès de Monsieur le
Procureur de la République, à votre propos, sous
le motif de m'avoir, volontairement, détenu des
objets m'appartenant, *preuves et témoins étant là*,
objets indispensables à ma vie, autrement dit :
instruments de travail.

Et puis que la *diffamation* cesse, et la *lacéra-*

---

* 2 f. papier blanc, encre noire, recto du 1er et verso du
second ; écriture très irrégulière. Cette lettre a été insérée dans
Verlaine intime (p. 247). Le commentaire qui l'accompagne
établit qu'elle fut adressée à Eugénie Krantz. Les menaces
qu'elle renferme n'empêchèrent point cette dernière d'être
autorisée par le poète, le 3 novembre suivant, à percevoir, au
Café Procope, tous les droits provenant d'une représentation
de *Madame Aubin.*

tion d'affiche (1)   et, peut-être un ignoble chan-
tage.

PAUL VERLAINE.

4, rue de Vaugirard.

CCCCXXXI

Le 29 novembre [18]94 *.

Chère amie,

Je suis très malade et les médecins me prescri-
vent un repos absolu.
N'aie crainte et sois sûre de ton

P. VERLAINE.

Un mot, si tu veux, chez moi, — je t'en prie.

CCCCXXXII

Le 29 novembre [18]94 **.

Ma chère Eugénie,

Je suis forcé d'être au repos absolu, pendant
quelques jours, au bout desquels t'écrira

Ton   P. VERLAINE.

----

(1) Sans doute s'agit-il de l'Affiche composée par F.-A. Cazals pour la *Septième Exposition des Cent*, et représentant Verlaine en compagnie de Jean Moréas.

* 2 f. papier blanc vergé, encre noire, recto. [*A Philomène
Boudin*].

** 2 ff. papier blanc, vergé, encre noire recto.

CCCCXXXIII

Jeudi, 6 décembre 1894 *.

[Hôpital Bichat].

Viens donc demain, vendredi 7. Tu prends l'Odéon-Clichy, tu descends à la fourche et enfiles l'avenue de Saint-Ouen, au bout de laquelle se trouve l'hôpital. C'est de 2 à 3, mais tu peux arriver *avant*. On te laissera entrer tout de même. Ma salle est au bout de la grande salla Jarjavay. C'est une petite chambrée à deux lits. On peut y arriver par un autre escalier ; tu n'as qu'à demander au concierge.

J'ai des choses à te dire, bonnes, et d'autres, drôles. Tu verras.

Sous très peu, j'espère être un peu plus à la hauteur. Demain, je te donnerai deux « *invectives* » pour Deschamps.

En tout cas, ne viens ni samedi, ni dimanche. Te dirai demain pourquoi.

Je ne vais pas mal, mais je ne dors plus. J'ai le cœur gros, tu sais !

Je t'attends et t'embrasse de tout cœur.

Ton

P. V.

Mets un chapeau, veux-tu ?

* 2 ff. papier vergé vert, encre noire, recto et verso. Cette lettre, adressée à *Philomène Boudin*, a été reproduite, mais avec des inexactitudes qui en dénaturent le sens, dans *Verlaine intime*, p. 249.

CCCCXXXIV

Dimanche [Décembre 1894] *.

Chère amie,

Je reçois ta bonne lettre et t'attends demain de bonne heure. Ça va toujours de même, sauf que j'ai un peu dormi la nuit dernière. Dieu veuille que ça continue !

J'ai oublié l'autre jour de te montrer une lettre d'un homme d'affaire (quelque escroc, dont les journaux parleront un de ces jours, sans doute) qui me réclame, au nom du sieur Bréchet, 100 francs que je dois à celui-ci depuis décembre 91 !!!! C'est dans le genre de la fameuse note : « report ».

Reçu aussi, renvoyée de la rue de Vaugirard, une lettre d'Eugénie. Je n'y ai pas plus répondu qu'à celle ci-dessus.

L'heure s'avance. Je t'embrasse et t'attends de cœur.

Ton   P. VERLAINE.

[Hôp. Saint-Louis].

Surtout, toi, prudence et discrétion. Moi, je travaille beaucoup.

J'ai à refaire un tas de choses déchirées par Mlle Krantz (1).

* 2 ff., papier vergé, gris, encre noire, recto, [*A Philomène Boudin.*] La date que nous fournissons ici est douteuse.

(1) Le 9 décembre 1894, Verlaine réclamait à Théo de Belle-

CCCCXXXV

15 au soir [1894] *.

Chère amie,

J'espère qu'il ne t'est rien arrivé et que je te verrai demain 16. J'ai reçu la visite de Symons, l'Anglais chez qui j'ai logé en premier, à Londres. Il demeure Hôtel Corneille, rue Corneille, à côté de l'Odéon. Apporte-moi donc mes paperasses qui doivent être dans la table à manger. C'est pour trouver des vers. Ils doivent être dans le petit buvard. Pas la peine d'apporter tout. J'espère recevoir des sous de Londres, encore d'un autre côté. J'ai tout de même écrit au type des 350 francs (1), le pressant. Je t'embrasse de tout mon cœur.

Ton

P. VERLAINE.

Mon cou va mieux.

fond, propriétaire du Café Procope, les pages lacérées par Eugénie Krantz d'un fragment de manuscrit relatif à Louis XVII. Il demandait, en même temps, qu'on prit soin de quelques nippes, linges, papiers divers déposés en son nom, lors de son séjour à l'hôpital.

Consultez d'ailleurs, sur le même sujet, les lettres à Ph. Zilcken, (*op. cit.*, p. 26.) Nous voyons dans cette correspondance, le 13 juillet 1893, que la plupart des pages consacrées à la description d'Amsterdam, dans *Quinze jours en Hollande*, avaient été détruites par l'irascible maîtresse du poète.

(1) Lisez : Blok.

* 2 f. papier blanc, encre noire, recto, s. d. Cette lettre fut sans doute écrite à l'Hôpital Saint-Louis, entre les mois d'avril et de juillet.

CCCCXXXVI

[Fin 1894] *.

Ma chère petite,

Il y avait erreur et je pensais aller indépendant, là, tandis que j'aurais dû aller dans la salle commune, en payant ! Zut, et me voici revenu. Je ne puis malheureusement grimper tes six étages, mais tu peux gravir les deux miens et dormir avec ton vieux

PAULOT.

Jeudi matin.

Viens vers 9 heures. Aurai sans doute quelque braise.

CCCCXXXVII

Mercredi 22 [mars 1895 ?] **

Ma chère Eugénie,

Je suis beaucoup plus malade et beaucoup plus triste que tu ne le penses. Triste à mourir, — mais

---

* 1 f. papier blanc, vergé, encre noire, recto, s. d. Dans ces lignes, le poète paraît fournir une allusion à un récent séjour à l'Hôpital Bichat, vers la fin de 1894. Ce fut sa dernière étape dans les maisons hospitalières de l'Assistance publique. Verlaine, on le sait, termina ses jours rue Descartes, nº 39, partageant son nouveau logis avec Eugénie Krantz.

** 1 f. papier blanc, vergé, encre noire, recto, date incomplète.

il faut vivre, et, pour vivre, travailler. Je travaille pour le *Fin de Siècle* (1). C'est dans trois jours que j'aurai mon argent du Ministère, et alors nous verrons. Je t'en prie, d'ici là, patience. Hélas! j'en ai besoin, moi aussi. Aussitôt nanti de cet argent, *je t'écrirai* (2). J'ai des projets qui, s'ils se réalisent, nous sauveront. Ma jambe va mieux et je la soigne.

Je t'embrasse et t'aime de tout mon pauvre vieux cœur.

P. VERLAINE.

CCCCXXXVIII

[1895] (?) *

Ma chère amie,

Je suis plus pauvre que jamais et de *meilleure foi* que personne. Donc, ne compte sur moi que dans peut-être quelques jours, peut-être plus tôt.

Je ne suis pas *double*, en dépit des apparences, mais je suis toujours, ton vieux reconnaissant

P. VERLAINE.

---

(1) C'est à la librairie du « Fin de Siècle », que parut, en 1895, la première édition de *Confessions*. Le manuscrit en fut en partie composé à l'Hôpital Bichat.

(2) Il s'agit ici de la pension accordée par le Ministère de l'Instruction publique. Voyez : E. Delahaye, *ouvr. cité*, pp. 526 et p. 541, et, ci-dessus, *Lettres à Vanier*, pp. 252-253.

* UN fragment, papier d'hôpital, encre noire, recto. s. d.

APPENDICE

I

SUPPLÉMENT AU TOME PREMIER

Les deux poèmes qui suivent ne figurent dans aucune édition des œuvres de Verlaine. Le premier a paru dans *Le Nain Jaune*, le lundi 28 septembre 1868 ; le second est extrait de *L'Avenir* (journal français publié à Londres), du jeudi 13 novembre 1872 ; il a été réimprimé dans l'ouvrage de Félix Régamey : *Verlaine dessinateur* (Paris, Floury, 1896), puis au cours de l'intéressante étude de M. G.-Jean Aubry : *Paul Verlaine et l'Angleterre*, I. (*Revue de Paris*, 15 octobre 1918, pp. 810-812), enfin dans le *Supplément littéraire* du Figaro (3 mars 1923).

LE MONSTRE (1)

J'ai rêvé d'une bête affreuse et d'un grand nombre
De femmes et d'enfants et d'hommes que dans l'ombre
D'une nuit sans étoile et sans lune et sans bruit
Le monstre dévorait ardemment, et la nuit
Etait glacée, et les victimes dans la gueule
Du monstre s'agitaient et se plaignaient, et seule
La gueule, se fermant soudain, leur répondait
Par un grand mouvement de mâchoires. —

          C'était
Non loin d'un fleuve. — Autour, des masses étagées,
Lourdes et divergeant par confuses rangées

(1) Voyez les lettres nº LII, LXXXIV et LXXXVII, à Edmond Lepelletier, t. I, p. 105, 192, 194.

Dans une obscurité blafarde que piquait
Çà et là la lueur diffuse d'un quinquet
Probable, dénonçaient le centre d'une ville,
Tant que, violent tour à tour et servile
Un murmure très sourd venu de tout côté
Semblait le cri lointain d'un peuple épouvanté!
Ténébreuse, gluante et froide, cette bête
Faisait corps avec l'ombre, en sorte que la tête
Etait seule visible, et c'était bien assez
Pour l'épouvantement de mes sens convulsés.
Et voici : sous un front étroit deux yeux que bride
Une profonde, noire et chassieuse ride,
Méchamment luisaient gris et verts, et clignotants ;
La peau, flasque, était jaune et sale, et de longtemps
Je n'oublierai l'horreur du mufle, comparable
Au mufle du mammouth le plus considérable ;
Et cela reniflait et soufflait, et dessous
Grognait la gueule vaste et ceinte de crins roux
Dont le hérissement formait deux pointes, presque
A l'instar d'un homard qui serait gigantesque,
Et, visqueux, le menton s'allait continuant
En longs poils, tout pareils à ceux d'un bouc géant.
Des dents étincelaient, longues, blanches et minces.
Et j'ai vu que le monstre avait comme deux pinces
Qu'il manœuvrait ainsi que des bras de levier,
Pour pêcher je ne sais dans quel sombre vivier,
Et porter, à sa gueule ouverte qui s'abaisse,
La pâture dont j'ai plus haut marqué l'espèce.
Et le sang dégouttait, tiède, le sang humain,
Tiède, avec un bruit lourd de pleurs sur le chemin,
Lourd, et stupéfiant, dans l'infâme nuitée
D'une exécrable odeur laiteuse et fermentée...
Mes narines... Tel fut mon rêve. J'ai crié.
— Et je ne me suis pas encore réveillé.

Nain Jaune, lundi, 28 sept. 1868.

DES MORTS

2 JUIN 1832 ET AVRIL 1834 (1)

O cloître Saint-Merry funèbre ! sombres nues ,
Je ne foule jamais votre morne pavé
Sans frissonner devant les affres apparues.

Toujours ton mur en vain recrépit et lavé,
O maison Transnonnain, coin maudit, angle infâme,
Saignera, monstrueux, dans mon cœur soulevé.

Quelques-uns d'entre ceux de Juillet que le blâme
De leurs frères repus ne décourage point,
Trouvent bon de montrer la candeur de leur âme.

Alors dupes ? — eh bien ! ils l'étaient à ce point
De mourir pour leur œuvre incomplète et trahie.
Ils moururent contents, le drapeau rouge au poing.

Mort grotesque d'ailleurs, car la tourbe ébahie
Et pâle des bourgeois, leurs vainqueurs étonnés,
Ne comprit rien du tout à leur cause haïe.

C'était des jeunes gens francs qui riaient au nez
De tout intrigant comme au nez de tout despote,
Et de tout compromis désillusionnés.

Ils ne redoutaient pas pour la France la botte
Et l'éperon d'un Czar absolu, beaucoup plus
Que la molette d'un monarque en redingote.

Ils voulaient le devoir et le droit absolus,
Ils voulaient « la cavale indomptée et rebelle »,
Le soleil sans couchant, l'Océan sans reflux.

(1) Voyez les lettres LXXXI, P. S., et LXXXIV, P. S.,
pp. 188 et 192, t. I du présent ouvrage.

La République, ils la voulaient terrible et belle,
Rouge et non tricolore, et devenaient très froids
Quant à la liberté constitutionnelle...

Ils étaient peu nombreux, tout au plus deux ou trois
Centaines d'écoliers, ayant maîtresse et mère,
Faits hommes par la haine et le dégoût des Rois.

Ils savaient qu'ils allaient mourir pour leur chimère,
Et n'avaient pas l'espoir de vaincre, c'est pourquoi
Un orgueil douloureux crispait leur lèvre amère ;

Et c'est pourquoi leurs yeux réverbéraient la foi
Calme ironiquement des martyres stériles,
Quand ils tombèrent sous les balles et la loi.

Et tous, comme à Pharsale et comme aux Thermopyles,
Vendirent cher leur vie et tinrent en échec
Par deux fois, le courroux des généraux habiles.

Aussi, quand sous le nombre ils fléchirent, avec
Quelle rage les bons bourgeois de la milice
Tuèrent les blessés indomptés à l'œil sec.

Et dans le sang sacré des morts où le pied glisse,
Barbottèrent, sauveurs tardifs et nasillards
Du nouveau Capitole et du Roi, leur complice.

— Jeunes morts, qui seriez aujourd'hui des vieillards,
Nous envions, hélas ! nous vos fils, nous la France,
Jusqu'au deuil qui suivit vos humbles corbillards.

Votre mort, en dépit des serments d'allégeance,
Fut-elle pas pleurée, admirée et plus tard
Vengée, et vos vengeurs sont-ils pas sans vengeance ?

Ils gisent vos vengeurs à Montmartre, à Clamart,
Ou sont devenus fous au soleil de Cayenne,
Ou vivent affamés et pauvres, à l'écart.

Oh ! oui, nous envions la fin stoïcienne
De ces calmes héros, et surtout jalousons
Leurs yeux clos, à propos, en une époque ancienne.

Car leurs yeux contemplant de lointains horizons
Se fermèrent parmi des visions sublimes,
Vierges de lâcheté comme de trahison,

Et ne virent jamais, jamais, ce que nous vîmes.

PAUL VERLAINE.

———

II

SUPPLÉMENT A LA CORRESPONDANCE AVEC LÉON VANIER, ALBERT SAVINE ET LES CHÈRES AMIES

On trouvera ci-après, en même temps que certains billets autographes, peu dignes de prendre place dans la Correspondance, l'analyse succincte de quelques lettres importantes qui ont échappé à nos recherches, et dont nous avons emprunté le texte fragmentaire à divers répertoires de ventes d'autographes. Parmi ces derniers, nous citerons les Catalogues Le Petit (1918), J. Claretie, (1918), Fernand Vandérem (1921), Latombe (1921), etc., ainsi que ceux de MM. Charavay et Henri Leclerc.

I. LETTRES A VANIER

I. *Lettre écrite de Coulommes* (probablement en 1885). Dans cette lettre, Verlaine rapporte qu'il a trois procès en cours. Il fournit quelques détails sur ses ouvrages et sa collaboration à des revues et à divers journaux, qui, tel *Lutèce*, doivent publier bientôt la nouvelle série des *Poètes Maudits*. Les noms de Jean Moréas, Félix Fénéon et Jacques Madeleine sont mentionnées au cours de cette lettre (Cf. *Catalogue Latombe*, nº 583).

II. *Lettre du 20 Janvier* 1886. Après quelques lignes relatives aux *Mémoires d'un Veuf* et à *Louise Leclercq*, Verlaine donne des détails précis sur son mauvais état de santé (il a une jambe immobilisée dans le plâtre.) Il se montre fort alarmé de la santé de sa mère. — On sait que Mme Verlaine mourut le lendemain 21 janvier et que son fils ne put suivre son convoi. (Cf. *Catal. Latombe*, nº 585).

III. *Lettre du 2 février* [1886 ?] Billet. « Par grâce, venez dès ceci reçu, ne fût-ce qu'un instant, dès le matin, avec ce que vous avez de prose de moi chez vous... P. V. » (*Fonds Vanier*).

IV. *Lettre du 2 octobre* [1886 ?] Billet. « Je vous serais extrêmement obligé de bien vouloir venir demain samedi, etc... P. V. » (*Fonds Vanier*).

V. *Lettre du* 13 *mai* 1887, quatre pages. Verlaine se dispose à quitter l'hôpital Broussais, pour se rendre à l'Asile national de Saint-Maurice : « ... On n'y reste d'ordinaire que quinze jours ; je tâcherai, avec des protections, d'y rester un mois ou plus. » Songeant à l'avenir, le poète fait le compte de ce qui lui reste à toucher sur les manuscrits d'*Amour* et de *Parallèlement*, dont le produit est déjà fort entamé. Rappelant le travail auquel il s'est livré durant ses mois d'hôpital : « j'ai, dit-il, de la copie à placer : *Deux mots d'une fille*, les *Nouveaux Mémoires d'un Veuf*... Je vous en supplie encore, tâchez que j'aye chez vous une « petite bourse » en cas de sortie inopportune, sans qu'il y ait de ma faute ! Et je vous réponds de ma *sagesse*, cette fois. » (Cf. *Catal. Latombe*, nº 588).

VI. *Lettre écrite en* 1888, *à l'Hôpital Broussais.* Verlaine demande à son éditeur le compte des avances reçues et de ce qui lui reste à toucher sur *Histoires comme ça*, qu'il termine en même temps qu'il travaille à *Bonheur*. (Cf. *Catal. Latombe*, nº 595).

VII. *Billet non signé, ni daté* [1887]. Écrit à la mine de plomb, au verso d'une carte de visite de Anatole Baju. « Préparez les petites monnaies et le manuscrit d'*Amour* que je corrigerai illico, et qu'il faut, je crois, imprimer. Préparez aussi les belles frusques. » (*Fonds Vanier*).

VIII. *Billet du* 11 *décembre* 1888. Écrit par F. A. Cazals, sous la dictée de Verlaine. « Rops, vu aussi, *ne peut* rien faire actuellement pour *Parallèlement*. Il nous faut donc refaire le traité, etc... P. V. » (*Fonds Vanier*.)

IX. *Billet du* 16 *décembre* 1888. De la main de Cazals. « Envoyez-moi donc ma copie du traité de *Parallèlement* jusqu'à lundi, 216, rue Saint-Jacques. P. V. ». — P.-S. « Je suis toujours disposé à refaire ce traité, puisque Rops y engagé se refuse à le signer... » (*Fonds Vanier.*)

X. *Billet du samedi* 24 *décembre* [1888]. « Rops ayant déclaré vous refuser son concours pour *Parallèlement*, et notre traité se trouvant par cela annulé, je désire en faire un autre. Veuillez... me donner un rendez-vous à mon nouveau domicile, 246, rue Saint-Jacques. P. V. » (*Fonds Vanier.*)

XI. *Lettre du* 26 *février* 1891, de la main de Cazals. « A quand les épreuves ? Et veuillez me dire quand vous pourrez me donner cinquante francs. P. V. » (*Fonds Vanier.*)

XII. *Lettre de décembre* 1891. Détails sur la vie besogneuse du poète. (Cf. *Catal. Latombe*, nº 593).

XIII. *Billet sans date* [20 *juillet* 1893]. « Confiez donc à Philomène mes vers sur Rotterdam que recopierai vite, et *les Trophées* de Hérédia. P. V. » (*Fonds Vanier.*)

XIV. *Billet sans date* [1893 ?] « Très souffrant. Je tourne littéralement au stropiat, tant ma jambe est méchante. Je vous envoie Mlle Krantz.... Demain, aurez une longue pièce : *La Tribune de la Chambre*... [P. V.] » (*Fonds Vanier.*)

XV. *Billet sans date* [1894 ?] « Envoyez-donc une *Bonne Chanson* à Vittorio Pica, etc... Toujours fil à la patte. pour encore un mois. dit le docteur. Venez donc me voir si possible ou écrivez-moi : très gros, s. v. p., à cause de ma sale vue. P. V. » (*Fonds Vanier.*)

XVI. *Billet sans date* [1895], *non signé*. Le poète adresse 28 vers à son éditeur, et faisant état de son indigence, en demande le paiement immédiat. « Sérieusement, dit-il, c'est pour demain, et après, une affaire de vie... D'ailleurs, d'ici à

très peu, je toucherai au *Figaro* et ne vous cramponnerai
plus... ».

XVII. *Billet sans date*. Verlaine propose deux biographies.
« Que diriez-vous d'un Mendès chouette aux pommes ?...
[P. V.] » (Cf. *Catal. Charavay*, nº 43.613).

II. LETTRES A SAVINE

XVIII. *Lettre du 21 août 1888*. Verlaine vient d'apprendre
par Cazals que *Histoires comme çà* doit être triplé. « Cela sera
fait en temps voulu. » (Cf. *Catal. Charavay*, nº 87.485).

XIX. *Lettre de mai 1889*. Le poète réclame ses droits sur
Histoires comme çà et *Bonheur*. Il expose ses projets littéraires.
(Cf. *Catal. Charavay*, nº 53.797.)

XX. *Lettre du 27 septembre 1889*. S'adressant à un éditeur
dont le nom n'est pas mentionné dans le texte, Verlaine prie
son correspondant de lui faire connaître ses intentions au café
François Iᵉʳ. « Faute de quoi, dit-il, je me croirai forcé d'en
porter le double à un autre éditeur. Il y a demandes. Je me
permets de vous parler de même au sujet de *Histoires comme çà*. »
(Cf. *Catal. Charavay*, 86.147.)

III. LETTRES AUX « CHÈRES AMIES »

XXI. *Lettre du 23 avril 1893*. Destinataire inconnue. « Sale
petite bébête, je serai entre onze et midi et demie audit *Soleil
d'or* et je t'embrasse. P. V., etc... » (*Fonds Vanier*.)

XXII. *Billet*, 1893. Destinataire inconnue. « Ma chère amie,
est-ce de la plaisanterie ? J'arrive. Veux-tu m'accueillir ou
non ? P. V... »

« Finissons-en avec cet ennui et cette solitude. » (*Fonds Vanier*.)

XXIII. *Billet sans date*. Destinataire inconnue. « Ma chère enfant, je t'attends cette nuit. Pardonne-moi et je te pardonnerai. P. V., 4, rue de Vaugirard. » (Cf.. : F. A. Cazals et G. Le Rouge, *Les derniers moments de Paul Verlaine*, p. 95).

XXIV. *Billet sans date*. [*A Eugénie Krantz*]. « Eugénie, reviens, je te prie, chez Mme Agathe, *sans hésiter une minute*. L'autre et autres sont à la porte, — sous préjudice de mes griefs autres. P. V. » (*Fonds Vanier*.)

XXV. *Billet du* 28, au soir [?]. Destinataire inconnue. « Chère amie, bien que très souffrant, veux-tu demain *soir*, vers six heures, ou plutôt à *six heures précises*, être au coin, chez Foiret, où je t'attendrai sur le comptoir... (*sic*) P. V. — Si tu savais combien je suis souffrant et combien je m'ennuie ? Heureusement je travaille... » (*Fonds Vanier*.)

XXVI. *Billet sans date. Dimanche...* Destinataire inconnue. « Ma chère enfant, tu m'as fait beaucoup de peine, surtout en me refusant la main devant des gens. Allons, rien n'est cassé, etc. etc... » (*Fonds Vanier*.)

—

Il convient d'ajouter aux documents ci-dessus, un curieux recueil autographe intitulé : *Poésies et correspondance intime*, réunion de lettres d'amour adressées à Philomène, pièces de vers pour Esther, Andrée, Eugénie, Marie, poésies érotiques. (*Catal. Claretie*, 1re partie, n° 1403.)

ADDITIONS

—

NOTES ET ÉCLAIRCISSEMENTS

Page 7, note 1 : « .. Verlaine qui avait brillamment collaboré aux deux précédents volumes... » *Le Parnasse Contemporain*, de 1866, contenait huit poèmes inédits de Verlaine, dont un sonnet intitulé : *Vers dorés*, qui n'a pas été recueilli dans les *Œuvres Complètes*. Voici cette curieuse pièce :

L'Art ne veut point de pleurs et ne transige pas,
Voilà ma poétique en deux mots : elle est faite
De beaucoup de mépris pour l'homme et de combats
Contre l'amour criard et contre l'ennui bête.

Je sais qu'il faut souffrir pour monter à ce faîte
Et que la côte est rude à regarder d'en bas.
Je le sais, et je sais aussi que maint poète
A trop étroits les reins ou les poumons trop gras.

Aussi ceux-là sont grands, en dépit de l'envie,
Qui, dans l'âpre bataille ayant vaincu la vie
Et s'étant affranchis du joug des passions,

Tandis que le rêveur végète comme un arbre
Et que s'agitent, — tas plaintif, — les nations,
Se recueillent dans un égoïsme de marbre.

Page 56, l. 14 : « Je suis à l'hospice Broussais... » Verlaine y était entré au commencement de novembre. Il y demeura plusieurs semaines et y entra de nouveau à la fin de 1886. Ce dut être un heureux début, car, depuis cette époque, les séjours qu'il fit dans les hôpitaux ne se comptent plus. Sans vouloir en donner un état précis, on peut dire qu'au cours de neuf années il leur dut quelques-uns des meilleurs moments de sa vie. En fait, le poète vécut à Broussais quelques mois, au cours des années 1886 à 1893 et en 1895 ; à Tenon, d'août à octobre 1886, et de juillet à août 1887 ; à Cochin, en mai et en juin 1887, ainsi qu'en juillet 1890 ; à Saint-Antoine, en janvier-février 1891 et de janvier à mars 1895 ; à Saint-Louis, en avril, en mai et en juillet 1894 ; à Bichat, en novembre et décembre 1894 ; enfin, à l'Asile des convalescents de Saint-Maurice, de février à mars et d'avril à mai, puis en août 1887. — Voyez, indépendamment de l'ouvrage de Verlaine intitulé : *Mes Hôpitaux* (Paris, Vanier, 1891, in-16), deux curieux articles, l'un signé A. B. de F. (*Paul Verlaine. Un Nouveau Livre*), dans « La France », du 25 mai 1891, et l'autre, sans nom d'auteur, publié sous ce titre : *Pauvre Lélian*, dans « L'Eclair », du 10 janvier 1896.

Page 88, l. 1 : « ... Lemaître, qui est en train de faire son étude sur moi... » Elle parut sous ce titre : *M. Paul Verlaine et les poètes symbolistes et décadents*, dans la *Revue Bleue*, du 7 janvier 1888.

Page 100, l. 17 : « ... rue de la Bûcherie... ou la revanche de Gladys... » Plaisanterie devenue incompréhensible. On sait que Glady était l'éditeur des *Amours Jaunes*, de Tristan Corbière.

Page 119, l. 1 : « ... J'ai opté en 72, non en 73... » C'est à Londres que Paul Verlaine né, ainsi qu'on le sait, à Metz, fit sa déclaration d'option pour la nationalité française.

Page 127, note 2 : « ... Il est, sans nul doute, de Laurent Tailhade... » On trouve dans *Le Décadent* (1886 et 1888) plusieurs sonnets pastichés de Rimbaud, qui ont été revendiqués, dans la suite, par Laurent Tailhade, Maurice du Plessys

et Ernest Raynaud. Soit, en 1886 : *Sonnet* (*Il splendit*, etc...), et
en 1888 : *Instrumentation* (1-15 janvier), *Le Limaçon* (15-31 mars),
Doctrine (1-15 juillet), *Oméga blasphématoire* (15-30 septembre .

Page 146, l. 17 : « ... Ci-joint un sonnet pour *Parallèlement...* »
Sans doute l'*Impudent* (*Œ. C.*, tome II, p. 171).

Page 164, note 1 : « Cette préface... a paru dans la *Revue
d'aujourd'hui*, etc... (Cf. *Œ. P.*, II, p. 245) ». Deux paragraphes
de cette étude n'ont pas été recueillis dans les *Œuvres Posthumes*.
Comme ils ont trait à l'origine des *Poèmes Saturniens*, nous
en détachons les lignes suivantes :

« J'avais donc, dès cette lointaine époque de bien avant 1867,
car quoique les *Poèmes Saturniens* n'aient paru qu'à cette
dernière date, les trois quarts des pièces qui les composent
furent écrites en rhétorique et en seconde, plusieurs même en
troisième (pardon !) j'avais, dis-je, déjà des tendances bien
décidées vers cette forme et ce fond d'idées, parfois contradic-
toires, de rêve et de précision, que la critique, sévère ou bien-
veillante, a signalés surtout à l'occasion de mes derniers ouvrages... »

Page 165, Lettre CCXXVI, 24 septembre [1890] : La date de
cette lettre est incertaine. Peut-être serait-elle mieux à sa
place en 1891 ?

Page 185, note 3 : « ... Voyez dans le *Centre Artistique et
Littéraire*... deux lettres de Verlaine à un avocat de ses amis... »
Dans l'une de ces lettres, datée du 18 novembre 1891, on lit ce
qui suit : « Il y a deux ans et plus que M. Savine détient les
manuscrits de *Dédicaces*... Il n'y a pas de traité, mais il était
convenu verbalement que je toucherais trois cents francs par
tirage. Il y a trois ans et plus qu'il me détient également un
manuscrit en prose : *Histoires comme çà*, me refusant communication des nouvelles et fantaisies qui le composent, etc...
Quant à *Bonheur*, qu'il détenait depuis plus de deux ans, et
dont j'avais heureusement un double, M. Vanier... lui en avait

parlé avant la publication de cet ouvrage chez lui, Vanier, sans que M. Savine formulât la moindre velléité d'opposition... »

Page 206, note 2 : « Lisez *Hombres*... » On trouve, parmi les papiers du fonds Vanier, un reçu de quarante francs, à valoir sur ce livre, à la date du 19 mars 1892.

Page 208, l. 1 : « ... Deux nouvelles chroniques de l'Hôpital. » Il s'agit là, sans doute, de deux articles publiés, l'un, dans *Le Chat Noir*, du 8 novembre 1890 (*Chronique de l'Hôpital* : Un de mes amis, professeur, etc...) et l'autre, dans *Le Courrier Français* du 5 juillet 1891 (*Souvenir d'Hôpital* : Bien qu'étant, etc...). Indépendamment de ces pages postérieures à la publication de *Mes Hôpitaux* (1891), on trouve encore trois variétés sur le même sujet dans *La Revue Blanche* des 1er mars et 1er juin 1895 : I. *L'Hôpital chez soi* : « Malgré tout, etc... II ». *L'Hôpital partout* : « Il est regrettable, etc... » III. *La Prison nulle part* ! « Quelle perspective, etc... »

Page 210, note 1 : « ... Le voyage dura deux semaines ... » Exactement du 2 au 13 novembre 1892.

Page 212, note 1 : « ... Verlaine avait été victime d'un vol... » Une grande partie de l'argent touché par le poète, pour ses conférences en Hollande, avait assez mystérieusement disparu. Verlaine habitait, à ce moment, chez sa maîtresse, Eugénie Krantz, rue des Fossés-Saint-Jacques. Une enquête discrètement conduite, démontra l'innocence de cette dernière, sans permettre, toutefois, de retrouver le véritable auteur du larcin. Voyez l'ouvrage de Ph. Zilcken : *Paul Verlaine. Lettres à propos de Quinze jours en Hollande*, Paris, 1922, in-4°, pp. 17 et 18.

Page 231, l. 21 : « ... Je vais mieux, mais toujours au lit... et au bistouri... » Verlaine venait d'être de nouveau très éprouvé par la maladie. On sait que, depuis le 13 juin 1893, il séjournait à Broussais, sous la menace, presque quotidienne, du bistouri :

« Pensez, que j'ai failli mourir il y a quinze jours d'un érysipèle infectieux à la jambe », écrivait-il le 16 juillet, à M. Ph. Zileken. Et il ajoutait, faisant état de ses maux : « Ma satanée jambe gauche est un répertoire d'immondices (vieux ferments ! sans doute Londres, peut-être Paris !) qu'il faut sabrer, et qu'on sabre, saperlipopette ! vigoureusement... Je suis, paraît-il, sauvé, mais comme je me passerais bien de ces caresses d'acier ! »

On trouvera des détails précis sur l'état pathologique du poète dans un fragment de lettre de Verlaine, publié sous ce titre : *De profundis*, par le *Figaro* (26 juillet 1893).

Page 240, note 3 : « ... *Shakespeare et Racine ?...* » Un parallèle entre ces deux écrivains figure également dans les *Notes sur la Poésie contemporaine*, fragments de conférences faites à Bruxelles et à Charleroi. (*Œ. P.*, II, p. 372 et ss.) Il est probable que Verlaine tira de ces notes les éléments de sa conférence anglaise.

Page 259, dernière ligne : « ... ce serait Willette qui illustrerait les *Fêtes Galantes...* » Ce projet n'eut pas la suite prévue par Verlaine, l'artiste n'ayant, nous assure-t-on, qu'un goût fort modéré pour l'œuvre du poète.

Page 265, l. 1 : « La place était prise au *Figaro*. » En outre de l'étude du *Senate*, mentionnée ci-dessus, Verlaine donna également, au moment de la publication des *Poésies Complètes* de Rimbaud, deux autres articles, exaltant le génie de son ancien compagnon : *Arthur Rimbaud*, chronique. *Les Beaux-Arts*, 1er déc. 1895 ; *Nouvelles Notes sur Rimbaud*, *La Plume*, 1er déc. 1895. Ces pièces ont été recueillies dans les *Œuvres Posthumes*, II, pp. 269 et ss.

Page 287, * « Mlle *Eugénie Krantz, 2 rue Pascal.* » On sait que celle-ci habita aussi : 16, rue Saint-Victor, puis rue Descartes, 39. Verlaine fut très vivement épris d'elle. Elle mourut, croyons-nous, dans les derniers jours de mars 1897, et sa fin passa inaperçue. « Aucune femme, écrivait Saint-Georges de Bouhélier

(*L'Evénement*, 23 mars 1897) ne semblait moins propre à inspirer de déchirantes romances. » Et il ajoute : « Je me souviens que Paul Verlaine éprouvait une extrême passion pour une femme « délicieuse », répétait-il sans cesse, » la seule qu'il ait jamais aimée et digne, certes, de l'être à jamais, et bien ! » Et comme je m'enquérais du nom de cette demoiselle, ce ne fut pas sans stupeur que j'appris de son illustre amant que c'était Mlle Krantz, une assez basse courtisane. A vrai dire, cet étrange poète s'exaltait avec innocence sur une petite miniature figurant son amie, quand celle-ci, aux jours de l'Empire, portait une blanche robe à ramages, rendue plus majestueuse encore par la rigide splendeur d'une brillante crinoline... » Cet amour pour Eugénie, ne fut d'ailleurs pas exclusif. On trouve, dans l'*Intermédiaire des Chercheurs*, du 30 avril 1910, les premiers vers de deux curieux poèmes, l'un à Eugénie, (*Bonne fille simple des rues*, etc.,.), l'autre à Esther, (*Et toi, tu me charmes aussi...*) dans lesquels Verlaine semble faire participer les deux femmes au même hommage. Ces pièces ont été publiées dans l'édition de *Femmes*. (VI, I, II).

Page 291, *. « On la lira [cette lettre]... à l'appendice du présent ouvrage... » Voici cette pièce, telle qu'on la trouve fragmentairement dans *Verlaine intime*, p. 222 :

Mercredi, 8 heures du matin.

« Ma grosse chérie,

« Je t'écris ceci en hâte, au moment de monter en wagon pour Anvers. Ma seconde conférence, à Bruxelles, a été très, très bien. J'y avais un public d'élite, jusqu'à M. Nothomb, ministre d'Etat, avec qui je me suis longtemps entretenu du pays de mon père, dont il est. Demain, j'aurai le ministre des Beaux-Arts !

« Hier à l'issue de ma causerie, j'ai été dans un très beau concert, où des musiciens français, entre autres le compositeur Vincent d'Indy, assistaient. Le soir, grand dîner chez M. Edmond Picard, homme charmant et hôte somptueux.

« Je te joins 3 pièces de vers que tu pourras porter, mais contre-

finances au comptant, à D.... de la *Plume*, à qui je vais écrire'
Tu lui diras, en tous cas, que j'ai jusqu'ici beaucoup de succès.

« La récolte d'argent est un peu lente ; cela vaut peut-être
mieux. Mes poches sont si percées ! Et, comme on dit, aux
derniers les bons. Je compte au minimum sur 1.000 francs.

« Si je ne dois pas aller en Hollande où j'ai écrit, je serai
de retour vers le milieu de la semaine prochaine. Tu seras
prévenue.

« Je loge ici, chez un excellent garçon, M. Henri Carton
de W.... avocat à la Cour d'appel de Bruxelles ; — mais écris-
moi poste restante.......

« Tu as bien reçu ma lettre *chargée*, pas ? T'enverrai demain
encore un peu, et ainsi de suite jusqu'à ce que je t'apporte
fidèlement, bon chéri, la grosse somme... avec mille et mille
baisers. »

                                          « P. V. »

Page 293. Lettre CCCC. Cette lettre est mal datée. Elle devrait
figurer p. 288, à la suite de la lettre CCCXCV.

Page 302, suite de la note 2 de la p. 301 : « Il arriva à
Londres dans la nuit du 20, gardant de cette traversée un
souvenir assez vif pour lui inspirer un curieux poème qu'il
publia... dans *Pall-Mall-Magazine*, etc... » Cette pièce parut
sous ce titre : *Conquistador*, en novembre 1894. La leçon originale offre, nous l'avons dit, une version tout à fait différente
de celle que contient l'édition des *Œuvres Posthumes*. Ce n'est
d'ailleurs pas l'unique page qu'ait inspiré à Verlaine ce pénible
voyage. Nous avons trouvé dans les papiers de Vanier un
poème anglais de douze vers, composé par l'auteur de *Sagesse*,
dans cette nuit du 20 dont il garda un assez piètre souvenir.
La pièce intitulée : *In the refreshment Room* est restée inédite.
Elle commence par ce quatrain :

> I' m bor'd immensely
> In this buffet of Calais,
> Supposing to be, me, your lover
> Loved, — if true ?.....

Page 302 (suite de la note 2 de la p. 301) « Le 21, Verlaine inaugurait la série de ses conférences dans la salle de Barnard's Inn. » On peut lire, dans la *Revue Encyclopédique* du 1er janvier 1895, la reproduction de ce poème, d'après l'autographe original. Le texte est accompagné d'un petit dessin représentant Verlaine assis dans un fauteuil de conférencier.

Page 304. Le texte original de la lettre CDXI porte, avant la signature, cette adresse biffée par l'auteur : « *Verlaine*, 19 *Merton Street, Oxford.* »

Page 324, l. 5 : « ... Un journal a dit que j'étais à Saint-Louis... » Verlaine s'efforçait alors de ne point révéler ses différents changements de domicile. Nous possédons, à la date du 5 juin, deux billets qu'il écrivit à des revues, afin de réclamer des droits d'auteur. Dans l'une d'elles, envoyée à la *Revue Parisienne*, il donne comme adresse : 187, rue Saint-Jacques, et dans l'autre, destinée à la *Revue Blanche*, celle de l'Hôpital Saint-Louis.

TABLE DES MATIÈRES

LETTRES À ÉMILE BLÉMONT

Deuxième Série

1875-1894

LETTRES A LÉON VANIER

1884-1895

LETTRES A ALBERT SAVINE

1889-1891

LETTRES AUX « CHÈRES AMIES »

1892-1894

APPENDICE

POÈMES PUBLIÉS DANS LE PRÉSENT VOLUME

ACHEVÉ D'IMPRIMER

le dix-neuf mai 1923, par

BUSSIÈRE

A SAINT-AMAND (CHER)

pour le compte de

A. MESSEIN

éditeur

19, QUAI SAINT-MICHEL, 19

PARIS (Ve)